古典文獻研究輯刊

初編

潘美月・杜潔祥 主編

第33冊

正史源流考

李 伯 華 著

杜佑《通典》的編纂創新及其史學思想

廖 正 雄 著

國家圖書館出版品預行編目資料

正史源流考，李伯華著／杜佑《通典》的編纂創新及其史學思
想，廖正雄著 — 初版 — 台北縣永和市：花木蘭文化工作坊，
2005〔民 94〕
目 1 +99 面：+ 目 1 +96 面：19×26 公分
（古典文獻研究輯刊 初編：第 33 冊）
ISBN：986-7128-05-2（精裝）
1.（唐）杜佑－學術思想－史學 2. 通典－研究與考訂 3. 中國－
歷史－研究與考訂
610.83   94019020

ISBN 986-7128-05-2

9 789867 128058

古典文獻研究輯刊
初　編　第三三冊   ISBN：986-7128-05-2

李伯華：正史源流考
廖正雄：杜佑《通典》的編纂創新及其史學思想

作　　者　李伯華／廖正雄
主　　編　潘美月　杜潔祥
企劃出版　北京大學文化資源研究中心
出　　版　花木蘭文化工作坊
發 行 所　花木蘭文化工作坊
發 行 人　高小娟
聯絡地址　台北縣永和市中正路五九五號七樓之三
　　　　　電話：02-2923-1455 ／傳真：02-2923-1452
電子信箱　sut81518@ms59.hinet.net
初　　版　2005 年 12 月
定　　價　初編 40 冊（精裝）新台幣 62,000 元

正史源流考

李伯華　著

作者簡介

李伯華
民國 62 年出生，輔仁大學歷史學系、輔仁大學圖書資訊學研究所畢業，民國 89 年特種考試臺灣省及福建省基層公務人員圖書資訊管理科考試及格，曾任職於臺北縣三芝鄉立圖書館、臺北縣泰山鄉同榮國民小學，現服務於臺北縣立圖書館。

提　要

　　正史在中國史部目錄學與歷史學的研究領域中，向來佔有重要的地位。從中國古代目錄學的範疇來看，正史是史籍分類的類目之一，在各官修和私撰的目錄著作中，史部設置正史一類的仍佔多數；而在這些目錄著作中，大部分也都將正史列在史部的第一順位，由此可知正史在史部目錄的重要性。而利用歷代各家目錄對正史類史籍的著錄情形作直接的整理與比較，除了能瞭解當時正史類史籍的成長、散佚與流傳外，更能溯源析流地考據正史的形成與發展沿革。

　　另一方面，就歷史學的領域而言，正史係指《史記》、《漢書》等紀傳體史籍，從歷代累積而成的正史，迄今共有 25 部。二十五史一向為治史者視為必讀的典籍，因為中國每一朝代的歷史，遠從傳說中的黃帝時代到明代為止，都可透過相對應的正史有系統的揭示出來。所以對於研究中國歷史的人而言，正史是必須憑藉參考的史料，舉凡歷代的人物、政治、經濟、社會、文化等方面的課題，均可由正史的記載來瞭解與探索。

　　本論文採用文獻分析法與歷史研究法。參考資料為二十五史、中國目錄學專論、中國史學史專論、期刊論文等文獻，探討正史的起源及其形成的理念演變；論述正史的內容範圍、著述的動機與成書的經過；考據各官修、私撰目錄對於正史類史籍的著錄與傳世情形；最後分析與討論正史對後世的影響。

目

錄

自 序

　　記得多年以前，指導教授盧荷生老師在課堂上曾經說過：當年他考上師大國文研究所，準備做目錄學的研究，那時候台大歷史學系的教授認為盧老師從此將不讀書，只讀「書皮」了！可見那個時代目錄學的研究不甚受到學術界的重視。盧老師因而決定要把目錄學研究出一番成就，證明目錄學不僅只是一門研究「書皮」的學問。當然，老師做到了，也啟發了我。

　　很榮幸本論文能收入並出版在「古典文獻研究輯刊」上，希望讀者能不吝指正。

第一章　緒　論

一、問題陳述

　　我國歷史悠久，典籍卷帙，淼如煙海。早在兩漢時期，隨著典籍卷帙數量的成長，朝廷不得不將典籍作有系統的整理，進而編製成圖書目錄，而目錄學正是源起於此種整理典籍的一門學術。

　　自西漢劉向、劉歆以降，歷代的目錄學皆強調我國目錄學的學術特性，認為目錄學的主要任務是「辨章學術，考鏡源流」〔註 1〕，其所服務的對象是學者、讀書人。換言之，傳統的目錄學是為了追溯學術的源流，剖析各種學術的條流，使之各有其序，所以目錄學和學術思想的演變與發展實有密切的關係〔註 2〕。其次，中國傳統目錄學對於分類的基本理念，一直是以學術分類來思考，所謂學術分類，係指在設定典籍隸類的標準時，不單獨以典籍的本身為定位依歸，而是去考量這部典籍的學術特性。舉例來說，正統王朝的歷史屬於正史類，非正統王朝的歷史則屬於偽史類；而私人所撰的史籍雖然以紀傳體寫正統王朝的歷史，但是又不歸入正史類，另立別史類或雜史類等等，這都是學術分類的表現〔註 3〕。這與現代圖書館所採用的依學科性質主題內容來歸類是不同的，以《中國圖書分類法》為例，其將一般史籍分為通史及斷代史兩主類，每類之下再依體分為紀傳、編年、紀事本末、表志等

〔註 1〕（清）章學誠，《校讎通義》（臺北市：廣文，民 70 年），頁 1。
〔註 2〕逯耀東，〈隋書經籍志史部的形成〉，《中國歷史學會史學集刊》5 期（民 62 年 5 月），
　　　　頁 49。
〔註 3〕周彥文，《中國目錄學理論》（臺北市：學生，民 84 年），頁 8。

小類〔註4〕。

　　雖然目前利用傳統目錄學從事學術研究的例子不多，但「目錄學」這門課在部份大學的圖書資訊學系仍列爲必修科目（如臺灣大學、輔仁大學），可見其重要性仍不容忽視。此外，中國目錄學亦具有極爲明顯的歷史特性，特別是從類例的衍變觀之，更是一脈相承，系統分明。在四部之中，尤以史部類例的歷史特性，最爲明顯〔註5〕。所以本論文以史部目錄「正史類」爲研究對象，考述正史的源流。

　　「正史」在過去與現在均具有其重要性與影響力。首先，從目錄學的角度來看，「正史」之名，確立於《隋書‧經籍志》史部。歷代目錄學著作對於「正史」特別重視，多數將其置於史部之首要位置；其次，「正史」在中國史學上亦佔有十分重要的地位，「二十五史」是中國史學系統的基本骨架，爲治史者必讀的典籍；更重要的是，「正史」在政治上所造成的影響——自從唐代開始設立史館官修前代正史，此後「正史」遂淪爲各王朝宣揚本身政權正統性的工具，甚至在今日仍深深影響著海峽兩岸的關係，而這也是本論文所欲研究的課題。

二、研究目的

（一）探討正史的起源、正史產生的時代背景、及其形成的理念演變。

（二）論述正史的內容範圍、著述的動機與成書的經過。

（三）考據正史經籍志與各官修目錄、私撰目錄之正史類史籍的著錄、散佚及流傳情形。

（四）研究及分析正史的沿革與對後世的影響。

三、文獻分析

　　以正史爲研究主題的參考文獻並不少，本文將前人對正史的研究情形，分成正史的定義與其相關之史部類名的介紹、「正史」類目在正史經籍志及各官修、私撰目錄之部居情形、正史的著述經過與正史的沿革等方面作一介紹，藉此作爲本論文撰

〔註4〕賴永祥編訂，《中國圖書分類法》增訂七版（臺北市：編印者，民78年），頁489。

〔註5〕盧荷生，〈中國目錄學的歷史特性——略考中國目錄類例之衍變〉，《輔仁學誌文學院之部》15期（民75年6月），頁2：16。

述之參考。

（一）正史的定義

近來學者對於正史的定義的探討，列舉如下文：

1、鄭鶴聲《中國史部目錄學》：

正史者，以紀紀傳表志。故《隋志》舉《史》、《漢》以爲祖，凡屬斯體，皆得謂之正史。自唐有《三史》之稱，宋有《十七史》，明有《二十一史》之目；至清乾隆間，復欽定《史記》以下至《明史》二十四部爲正史，共三千二百四十三卷。於是正史之目嚴，而其範圍狹矣〔註6〕。

2、勞榦〈正史〉（龍岡雜記）：

正史之體例以紀表志傳爲主，實爲一種綜合體裁，自司馬遷《史記》以還，規模即已大定。正史爲太史公所特創之體例，舉世之中，爲中國文化所及者，如日本、韓國、越南，咸有此體製，而西洋各國則無之。故正史之可貴，在於用各種之表現方法，以成鉅製〔註7〕。

3、吳天任《正史導讀》：

正史之名，始見於《隋書·經籍志》，乃指《史記》、《漢書》以下，以紀傳爲主之史書，所以別於古史、雜史、霸史等類而言。正史除紀傳必備外，多有志表，其少數無志表者，率由後人補編。其所紀述之時代，除史記、南北史、五代史爲通史外，餘爲斷代史〔註8〕。

4、張大可《中國歷史文獻學》：

所謂正史，就是標準和典範的意思。清乾隆年間敕修《四庫全書》，確定以歷代紀傳史爲正史，並明確規定，凡未經「宸斷」的不得列入〔註9〕。

5、雷家驥〈中國史學的正統主義〉：

「正史」一名始見於《隋書·經籍志》，大約唐以前各朝皆爭正統地位，國既有正統，則史亦當有正統；正統之史的地位由正統之國奠定，故正統之史稱曰「正史」〔註10〕。

〔註6〕鄭鶴聲，《中國史部目錄學》（臺北市：華世，民63年），頁13。
〔註7〕勞榦，〈正史（龍岡雜記）〉，《大陸雜誌》十三卷九期（民45年11月），頁4，10。
〔註8〕吳天任，《正史導讀》（臺北市：商務，民79年），頁1。
〔註9〕張大可，《中國歷史文獻學》（陝西：人民教育，民80年），頁181。
〔註10〕雷家驥，〈中國史學的正統主義〉，《鵝湖》7期（民65年1月），頁47。

6、楊翼驤《中國史學史辭典》：

　　「正史」是史書分類名目之一。被認爲是最正規、最重要者。始見於《隋書·經籍志》，以紀傳體著作爲正史，居首位。劉知幾《史通》以《尚書》、《春秋》及以後之編年、紀傳二體史書均爲正史。《明史·藝文志》以紀傳、編年二體並稱正史。清乾隆時編輯《四庫全書總目》，以紀傳體爲正史，並詔定《史記》至《明史》二十四種爲正史，自此正史遂爲二十四史專有之名稱〔註11〕。

　　至於其他與正史相關之史部類名之定義如下：

別　史

1、《四庫全書總目》：

　　陳振孫書錄解題創立別史一門，以處上不至於正史，下不至於雜史者，……命曰別史，猶大宗之有別子云爾〔註12〕。

2、《千頃堂書目》：

　　非編年，非紀傳，雜記歷代或一代之事實者，曰別史〔註13〕。

3、《書目答問》：

　　別史、雜史頗難分析，今以官撰及原本正史重爲整齊，關係一朝大政者，入別史；私家記錄，中多碎事者，入雜史〔註14〕。

雜　史

1、《隋書·經籍志》：

　　自秦撥去古文，篇籍遺散。……靈、獻之世，天下大亂，史官失其常守。博達之士，愍其廢絕，各記聞見，以備遺亡。……又自後漢已來，學者多鈔撮舊史，自爲一書，或起自人皇，或斷之近代，亦各其志，而體制不經。又有委巷之說，迂怪妄誕，眞虛莫測。然其大抵皆帝王之事，通人君子，必博采廣覽，以酌其要，故備而存之，謂之雜史〔註15〕。

2、《四庫全書總目》：

　　雜史之目，肇於隋書，蓋載籍既繁，難於條析，義取乎兼包眾體，宏括殊名，……

〔註11〕明文書局編，《中國史學史辭典》（臺北市：明文，民75年），頁79。

〔註12〕（清）永瑢、紀昀等著，《欽定四庫全書總目·史部》，卷五十〈別史類〉（臺北市：商務，出版年不詳），頁111。

〔註13〕（明）黃虞稷，《千頃堂書目》，《叢書集成續編》4（臺北市：新文豐，出版年不詳），頁186。

〔註14〕（清）張之洞，《書目答問》，《人人文庫》2375（臺北市：商務，民67），頁57。

〔註15〕（唐）魏徵等著，《隋書》，卷三三〈經籍二〉（北京市：中華，出版年不詳），頁962。

今仍用舊文，立此一類，凡所著錄，則務示別裁。大抵取其事繫廟堂，語關軍國，或但具一事之始末，非一代之全編；或但述一時之見聞，衹一家之私記，要期遺文舊事，足以存掌故，資考證，備讀史者之參稽云爾〔註16〕。

霸　史

1、《隋書・經籍志》：

　　自晉永嘉之亂，皇綱失馭，九州君長，據有中原者甚眾。或推奉正朔，或假名竊號，然其君臣忠義之節，經國字民之務，蓋亦勤矣。而當時臣子，亦各記錄。……諸國記注，盡集祕閣。尒朱之亂，並皆散亡。今舉其見在，謂之霸史〔註17〕。

2、《國史經籍志》：

　　孔子觀於周而論次史記，其采撮者宏已。後世史學中絕，惟一統之代，率修闕文，備觀聽，至於群雄割據，多未暇纂述之事也。然或推奉正朔，或假竊名號，其匡定之偉略，制馭之密謀，不無可觀者。當時方聞之士，私相綴述，以示勸戒，蓋往往有之。通人達士，必博采廣覽，以酌其要。故備而存之，謂之霸史〔註18〕。

3、《四庫全書總目・載記類》：

　　五馬南浮，中原雲擾，偏方割據，各設史官，其事跡亦不容泯滅。故阮孝緒作《七錄》，偽史立焉。《隋志》改稱霸史，《文獻通考》則兼用二名。然年祀綿邈，文籍散佚，當時僭撰，久已無存。存於今者，大抵後人追記而已，曰霸、曰僞，皆非其實也。……今採錄《吳越春秋》以下，述偏方僭亂遺跡者，準《東觀漢記》、《晉書》之例，總題曰載記〔註19〕。

（二）「正史」類目在正史經籍志及各官修、私撰目錄之部居情形

書　　名	部居情形	書　　名	部居情形
《隋書・經籍志》	史部：正史	《舊唐書・經籍志》	史部：正史
《新唐書・藝文志》	史部：正史	《宋史・藝文志》	史部：正史
《明史・藝文志》	史部：正史	《崇文總目》	史部：正史
《四庫全書總目》	史部：正史	《郡齋讀書志》	史部：正史

〔註16〕（清）永瑢、紀昀等著，《欽定四庫全書總目・史部》，卷五一〈雜史類〉（臺北市：商務，出版年不詳），頁145。

〔註17〕同註15，頁964。

〔註18〕（明）焦竑，《國史經籍志》，《粵雅堂叢書》5（臺北市：華文，出版年不詳），頁1990。

〔註19〕（清）永瑢、紀昀等著，《欽定四庫全書總目・史部》，卷六六〈載記類〉（臺北市：商務，出版年不詳），頁423。

《遂初堂書目》	史部：正史	《直齋書錄解題》	史部：正史
《玉海・藝文》	卷四十六：正史	《文獻通考・經籍考》	史部：正史
《百川書志》	史部：正史	《萬卷堂書目》	史部：正史
《紅雨樓書目》	史部：正史	《國史經籍志》	史類：正史
《澹生堂藏書目》	第十三：正史	《絳雲樓書目》	第十七：正史
《千頃堂書目》	史部第二：正史	《文瑞樓藏書目錄》	史部：正史
《書目答問》	史部：正史	《通志・藝文略》	史類：正史
《世善堂藏書目錄》	史類：正史	《孝慈堂書目》	第十九：正史
《孫氏祠堂書目》	史學：正史		

上表所列目錄中，《隋書・經籍志》、《崇文總目》、《四庫全書總目》、《郡齋讀書志》、《玉海・藝文》、《文獻通考・經籍考》、《國史經籍志》等目錄著作均有正史類「小序」或「序言」可作爲研究正史之參考。

（三）正史的著述經過

關於二十五史著述的動機與成書的經過，主要的參考文獻爲各正史的人物列傳；其次，唐代劉知幾在《史通》外篇卷十二：「古今正史」中亦陳述《史記》至《隋書》的撰述情形，爲史學評論性著作；此外，專門論述正史的專書有：

1、金靜庵：《中國史學史》　台北：鼎文書局　民 75.3
2、李宗侗：《史學概要》　台北：正中書局　民 57.11
3、徐浩：《二十五史論綱》　上海：上海書局　民 78.5
4、范文瀾：《正史考略》　上海：上海書局　北平文化學社 1931 年版
5、王錦貴：《中國紀傳體文獻研究》　北京大學出版社　民 85.8
6、梁啓超：《中國歷史研究法》　台北：里仁書局　民 83.12
7、吳天任：《正史導讀》　台北：商務印書館　民 79.2
8、張立志：《正史概論》　台北：商務印書館　民 53.10
9、吳樹平：《二十四史簡介》　北京：中華書局　民 76
10、周谷城主編：《中國學術名著提要——歷史卷：正史》　上海：復旦大學出版社　民 83.1
11、倉修良主編：《中國史學名著評介——二十五史》　台北：里仁書局　民 83.4
12、宋衍申主編：《中國歷史要籍介紹及選讀》　東北師範大學出版社　民 76.6

13、李宗鄴：《中國歷史要籍介紹》　　上海：古籍出版社　民 71.8
14、陶懋炳：《中國古代史學史》　　湖南人民出版社　民 76.12
15、高振鐸主編：《中國歷史要籍介紹及選讀》　　哈爾濱：黑龍江人民出版社
　　民 71.9

其中金靜庵《中國史學史》、李宗侗《史學概要》和陶懋炳《中國古代史學史》三書著重在史學史方面的探討，但對於各正史著述的動機與成書的經過亦有論述；其次，徐浩《二十五史論綱》、范文瀾《正史考略》、王錦貴《中國紀傳體文獻研究》述及二十五史的體例、內容範圍、著述的經過與著者介紹等亦有獨到的見解；梁啟超《中國歷史研究法》對中國史學的派別、史學史及正統論均有研究；至於其他各書則屬於正史通論性質的論述。

（四）正史的沿革

代表中國正史系統的二十五史，係經過長時間發展而形成的，把「正史」統括在一起，即有各種不同的名目，如「三史」、「四史」、「十三史」……等等。至於探討這方面的著作有：徐浩《二十五史論綱》、李宗侗《史學概要》及王錦貴《中國紀傳體文獻研究》三書，皆從「三史」論述到「二十五史」；其次，汪家熔〈二十四史的二百五十年版本史〉〔註20〕文中從版本學的觀點論述正史的沿革；此外，清代錢大昕《十駕齋養新錄》〔註21〕亦述及「三史」、「十史」、「十三史」、「十七史」、「十八史」與「監本二十一史」等內容；清代王鳴盛《十七史商榷》〔註22〕亦論及「三史」、「十七史」等主題。

四、研究方法

（一）文獻分析法

本論文首先採用文獻分析法，參考資料為二十五史、中國目錄學專論、中國史學史專論、期刊論文等文獻，將其分別歸納、整理、比較、分析，進而對正史做一

〔註20〕汪家熔，〈二十四史的二百五十年版本史〉，葉再生主編，《出版史研究》2（北京市：中國書籍，民 83 年）。
〔註21〕（清）錢大昕，《十駕齋養新錄》（臺北市：商務，出版年不詳）。
〔註22〕（清）王鳴盛，《十七史商榷》，《續修四庫全書‧史部‧史評類》（上海市：古籍，出版年不詳）。

完整的論述。

（二）歷史研究法

　　以歷史研究法考證正史經籍志及各家目錄關於正史類史籍的著錄、散佚及流傳情形，揭示正史的源流。

五、研究範圍與限制

（一）本論文的研究對象，包括各正史經籍志、官修和私撰目錄，限於有正史類者，並不包含後世史志目錄的補撰與輯佚者。

（二）本論文對二十五史的個別介紹，僅探討其著述的動機與成書的經過，不包含各正史內容的研究；所依據的直接史料為北京市中華書局的《二十四史點校本》與臺北縣藝文印書館的《新元史》。

第二章　正史的起源及其形成的理念演變

第一節　正史的起源

　　「正史」一詞，昉於何時，歷來看法不一。根據文獻資料的探討，約可歸納出三種代表性的觀點。首先是「正史」一詞始於《隋書・經籍志》史部的「正史類」；其次爲「正史」一詞源起於梁代阮孝緒《正史削繁》一書；最後一種觀點則認爲「正史」一詞乃創自梁元帝《金樓子・戒子篇》一文中。本節就此三種觀點，分別加以探討。

　　唐代《隋書・經籍志》將群書分成經、史、子、集四部，史部著錄的史籍又細分爲十三類，分別是正史、古史、雜史、霸史、起居注、舊事、職官、儀注、刑法、雜傳、地理、譜系、簿錄。而「正史」列爲史部第一，其序云：「自是世有著述，皆擬班、馬，以爲正史〔註1〕。」清代《四庫全書總目・史部正史類》小序亦云：「正史之名，見於隋志〔註2〕。」這是就史籍分類的角度來著眼，即「正史」作爲史籍分類的類目之一，是從《隋書・經籍志》開始的。大多數的學者們亦認同此種看法，如張舜徽《中國歷史要籍介紹》〔註3〕、張立志《正史概論》〔註4〕、陳秉才、王錦貴《中國歷史書籍目錄學》〔註5〕、金靜庵《中國史學史》〔註6〕、徐浩《二十五史

〔註1〕（唐）魏徵等著，《隋書》，卷三三〈經籍二〉（北京市：中華，出版年不詳），頁957。

〔註2〕（清）永瑢、紀昀等著，《欽定四庫全書總目・史部》，卷四五〈正史類〉（臺北市：商務，出版年不詳），頁2～2。

〔註3〕張舜徽，《中國歷史要籍介紹》（湖北：人民，民46年），頁94。

〔註4〕張立志，《正史概論》（臺北市：商務，民53年），導言頁1。

〔註5〕陳秉才、王錦貴合著，《中國歷史書籍目錄學》（北京市：書目文獻，民73年），頁45；頁95。

〔註6〕金靜庵，《中國史學史》（臺北市：鼎文，民75年），頁121。

論綱》〔註7〕、吳天任《正史導讀》〔註8〕等著作中均有提及此種看法。

　　至於第二種觀點認爲「正史」之名，源於梁代阮孝緒所著《正史削繁》一書。柳詒徵在《國史要義》一書中提出「正史之名，始於阮孝緒。其《正史削繁》一書，今雖不傳，疑其所謂正史，即《七錄》所謂國史，取別於僞史者也〔註9〕。」阮孝緒生於齊高帝建元元年（479），至梁武帝普通四年（523）作《七錄》。《隋書・經籍志》總序曰：

　　　　普通中，有處士阮孝緒，沉靜寡慾，篤好墳史，博採宋、齊已來，王
　　　　公之家凡有書記，參校官簿，更爲《七錄》：一曰經典錄，二曰記傳錄，
　　　　三曰子兵錄，四曰文集錄，五曰技術錄，六曰佛錄，七曰道錄〔註10〕。

由於《七錄》一書已佚，所流傳於後世者，僅其目錄可資參考。《廣弘明集》卷三收錄《七錄》序文及其分類目錄，並在文末附有阮孝緒所撰七種著述，分別是：《文字集略》、《正史削繁》、《高隱傳》、《古今世代錄》、《序錄》、《雜文》、《聲緯》，共 21 帙 181 卷〔註11〕。而《南史》卷 76〈隱逸傳下〉亦稱：

　　　　阮孝緒，……大同二年……十月卒，年五十八。門徒追論德行，諡曰
　　　　文貞處士。所著《七錄》、《削繁》等一百八十一卷，並行於世〔註12〕。

另外，據清代姚振宗的考證，「正史削繁 94 卷阮孝緒撰。……唐書經籍志正史削繁 14 卷，唐書藝文志正史削繁 14 卷。按顏氏家訓書證篇引正史削繁音義一條，則其書亦兼音義，隋時尚存 94 卷，至唐僅存 14 卷。」〔註13〕

　　本文所探討的第三種說法，認爲「正史」一詞乃創自梁元帝《金樓子・戒子篇》一文中，係由雷家驥在《中古史學觀念史》著作中所提出的，茲將雷氏論述「正史」的起源，摘錄其原文如下〔註14〕：

（一）「正史」一名，似由蕭繹（梁武帝第七子）等首先確定。他倡議人之所
　　　以爲人，是因爲有師儒教育，故呼籲凡讀書必讀五經、「正史」及譜牒，

〔註7〕徐浩，《二十五史論綱》（上海市：上海，民78年），頁12。

〔註8〕吳天任，《正史導讀》（臺北市：商務，民79年），自序頁1。

〔註9〕柳詒徵，《國史要義》（上海市：中華，民37年），頁50。

〔註10〕（唐）魏徵等著，《隋書》，卷三二〈經籍一〉（北京市：中華，出版年不詳），頁907。

〔註11〕（唐）釋道宣，《廣弘明集》，卷三〈七錄目錄〉，《四部叢刊初編子部》（上海涵芬樓影印，出版年不詳）。

〔註12〕（唐）李延壽，《南史》，卷七六〈隱逸下〉（北京市：中華，民72年），頁1895～1896。

〔註13〕（清）姚振宗，〈隋書經籍志考證〉，《師石山房叢書》（臺北市：開明，民25年），頁247。

〔註14〕雷家驥，《中古史學觀念史》（臺北市：學生，民79年），頁385；431～432；559。

此外，並認為「正史既見得失成敗，此經國之所急。」

（二）阮孝緒據正統主義將國史級著作，劃分為「國史」及「偽史」兩部，但國史猶未正名為「正史」。晚他29歲的梁元帝蕭繹（508～554），……即位後曾整理其江陵藏書，殆「正史」之名自他首訂。……他首訂「正史」之名，江陵藏書分類後又被《五代史志》列入重要學術目錄之一，是則《五代史志》將阮氏之「國史」易為「正史」，恐承梁元帝之旨也。

（三）梁元帝倡讀「正史」，殆未專指紀傳體國史而言。……至於孝緒似又承元帝之倡議，撰《正史削繁》一書，殆亦兼涵古、今二體之國史著作，以為論述範圍者也。

由上文中得知：雷家驥認為「正史」一詞，應由梁元帝蕭繹首先確定。不過，在上文的論述中，似乎隱約地發現作者仍持保留的態度。如「正史一名，『似』由蕭繹等首先確定」、「孝緒『似』又承元帝之倡議，撰《正史削繁》一書」等說明中，含有不確定之意。

梁元帝蕭繹是中國歷史上好學不倦、博總群籍的國君之一，《南史》卷八〈梁本紀〉云：

> 世祖孝元皇帝諱繹，……及長好學，博極群書。……性愛書籍，……著《孝德傳》、《忠臣傳》各三十卷，《丹陽尹傳》十卷，注《漢書》一百十五卷，《周易講疏》十卷，《內典博要》百卷，《連山》三十卷，《詞林》三卷，《玉韜》、《金樓子》、《補闕子》各十卷，……〔註15〕。

其中在《金樓子》第二卷：「戒子篇」一文中，提及「正史」一詞，其內容如下：

> 處廣廈之下，細氈之上，明師居前，勸誦在後，豈與夫馳騁原獸，同日而語哉！凡讀書必以五經為本，所謂非聖人之書勿讀。讀之百遍，其義自見。此外眾書，自可汎觀耳。正史既見得失成敗，此經國之所急。五經之外，宜以正史為先〔註16〕。

從上文可知，梁元帝的確倡議讀「正史」；從另一方面而言，梁元帝撰《金樓子》的時間是在梁元帝承聖二年（553），而阮孝緒《七錄》則撰於梁武帝普通四年（523），可以知道的是《七錄》較《金樓子》早三十年出現，而從目前的文獻史料來看，仍無法得知阮氏《正史削繁》的確切成書年代，僅能推測該書應撰於《金樓子》一書之前，進而可以確定的是《正史削繁》一書在梁元帝撰述《金樓子‧戒子篇》時，

〔註15〕（唐）李延壽，《南史》，卷八〈梁本紀下〉（北京市：中華，民72年），頁246。

〔註16〕梁元帝，《金樓子》，第二卷〈戒子篇〉，《中國子學名著集成》090（臺北市：中國子學名著集成編印基金會，出版年不詳），頁354～355。

應早已出現。至於雷家驥在《中古史學觀念史》著作中，認為「孝緒似又承元帝之倡議，撰《正史削繁》一書」的看法，仍值得再商榷。

第二節 正史產生的時代背景

「正史」作為史籍分類的類目，始於《隋書・經籍志》。根據目前所見資料，《隋書・經籍志》以前的圖書分類目錄，對於史籍的歸類，最早可追溯至西漢哀帝時期，劉歆「復領五經，卒父前業，乃集六藝群書，種別為《七略》〔註17〕。」《七略》將史籍歸入六藝略的「春秋家」；至東漢班固完成《漢書・藝文志》，其分類體系仍沿《七略》之舊，將史籍附於「春秋」之末。魏晉南北朝是史學呈現高度發展的時期，其特色是史家輩出、史學著作量多且多元、史學人才興盛，再加上著史風氣高，使得史學正式獨立成為一門學科，此種轉變也影響到圖書的分類。西晉荀勗《新簿》始以丙部收錄史學著作，繼而東晉李充「因荀勗舊簿之法，而換乙丙之書〔註18〕」編成《晉元帝書目》，史學於是躍升為「乙部之學」。直到梁代阮孝緒《七錄》內篇第二「記傳錄」將史籍細分為十二類，奠定了唐代《隋書・經籍志》史部目錄分類的基礎。本文從兩漢、魏晉南北朝、隋唐三個時期的圖書分類來瞭解史部之角色演變，進而探討正史產生的時代背景。

一、兩漢時期

兩漢時代，有鑑於秦始皇及項羽的先後焚書，對先秦典籍的流傳，造成了災厄，再加上漢興以來，圖書典籍的數量增多，因此產生了整理典籍的必要。《史記・太史公自序》云：

> 於是漢興，蕭何次律令，韓信申軍法，張蒼為章程，叔孫通定禮儀，
> 則文學彬彬稍進，《詩》《書》往往間出矣〔註19〕。

其中，曰次、曰申、曰為、曰定，則都含有整理之義，這是漢代建立後由官方整理圖書典籍的最早記錄〔註20〕。

〔註17〕（漢）班固，《漢書》，卷三六〈楚元王傳第六〉（北京市：中華，民72年），頁1967。
〔註18〕（唐）釋道宣，《廣弘明集》，卷三〈七錄序〉，《四部叢刊初編子部》（上海涵芬樓影印，出版年不詳）。
〔註19〕（漢）司馬遷，《史記》，卷一三〇〈太史公自序第七十〉（北京市：中華，民76年），頁3319。
〔註20〕李瑞良，《中國目錄學史》（臺北市：文津，民82年），頁43。

至漢武帝時，由於「書缺簡脫，禮壞樂崩，……於是建藏書之策，置書寫之官，下及諸子傳說，皆充祕府〔註21〕。」這是第一次由帝王策動的公開徵集藏書。值得注意的是，當時收藏的範圍以經書為主，並擴及「諸子傳說」，顯然已經包括諸子和史籍在內了，這可以說是一大轉變〔註22〕。

漢代一直到漢成帝河平三年（公元前 26 年）才正式將當時所有的圖書典籍作有系統的分類。《漢書·藝文志》云：

> 至成帝時，以書頗散亡，使謁者陳農求遺書於天下。詔光祿大夫劉向校經傳諸子詩賦，步兵校尉任宏校兵書，太史令尹咸校數術，侍醫李柱國校方技。每一書巳，向輒條其篇目，撮其指意，錄而奏之〔註23〕。

由此可知，劉向在受詔校書，整理群籍的那個時期，顯然已將當時的圖書典籍分為六部分了。

劉向死後，「哀帝復使向子侍中奉車都尉歆卒父業。歆於是總群書而奏其《七略》，故有輯略，有六藝略，有諸子略，有詩賦略，有兵書略，有術數略，有方技略〔註24〕。」劉向、劉歆父子的《別錄》、《七略》早已散佚，僅可從後人輯本〔註25〕略知其原本，但亦不全。幸而東漢班固完成的《漢書·藝文志》係依《七略》而編著，據班固云：「歆於是總群書而奏其《七略》，……今刪其要，以備篇籍〔註26〕。」阮孝緒《七錄》序亦云：「班固乃因《七略》之辭，為《漢書·藝文志》〔註27〕。」因此，欲探究《七略》的分類體例為何，則可憑藉《漢書·藝文志》來瞭解。

《漢書·藝文志》是中國現存最早且最完整的圖書分類目錄。《漢書·藝文志》將群書分為六略三十八種，共五百九十六家，一萬三千二百六十九卷〔註28〕。其與《七略》相較，則《漢書·藝文志》少「輯略」一類，而輯略即相當於《漢書·藝文志》六略之總序及總目，故《漢書·藝文志》僅有六略，六略之名一仍《七略》之舊，而未加改變〔註29〕。《漢書·藝文志》對於史籍的處理，是歸入六藝略的「春

〔註21〕（漢）班固，《漢書》，卷三十〈藝文志第十〉（北京市：中華，民72年），頁1701。
〔註22〕盧荷生，《中國圖書館事業史》（臺北市：文史哲，民75年），頁38。
〔註23〕同註21。
〔註24〕同前註。
〔註25〕（清）姚振宗撰有〈七略別錄佚文〉與〈七略佚文〉，《師石山房叢書》（臺北市：開明，民25年）。
〔註26〕同註21。
〔註27〕同註18。
〔註28〕同註21，頁1781。
〔註29〕盧荷生，〈中國目錄學的歷史特性——略考中國目錄類例之衍變〉，《輔仁學誌文學院之部》15期（民75年6月），頁2。

秋家」。根據《漢書・藝文志》得知六藝略之下分成九小類，分別是：易、書、詩、禮、樂、春秋、論語、孝經、小學。六藝略的「六藝」即六經，是儒家的經典，也是「王教之典籍，先聖所以明天道，正人倫，致至治之成法也〔註30〕。」漢武帝以後崇尚儒術，所以把六藝略放在六略之首，加上論語、孝經、小學這三門學習六藝的基礎圖書，共九種〔註31〕。茲就《漢書・藝文志》六藝略的「春秋家」來探討當時對史籍的歸類。

《漢書・藝文志》春秋家的著錄內容如下：

書　名、篇（卷）數	備　　　註	書　名、篇（卷）數	備　　　註
《春秋古經》十二篇，《經》十一卷	公羊、穀梁二家。	《左氏傳》三十卷	左丘明，魯太史。
《公羊傳》十一卷	公羊子，齊人。	《穀梁傳》十一卷	穀梁子，魯人。
《鄒氏傳》十一卷		《夾氏傳》十一卷	有錄無書。
《左氏微》二篇		《鐸氏微》三篇	楚太傅鐸椒。
《張氏微》十篇		《虞氏微傳》二篇	趙相虞卿。
《公羊外傳》五十篇		《穀梁外傳》二十篇	
《公羊章句》三十八篇		《穀梁章句》三十三篇	
《公羊雜記》八十三篇		《公羊顏氏記》十一篇	
《公羊董仲舒治獄》十六篇		《議奏》三十九篇	石渠論。
《國語》二十一篇	左丘明著。	《新國語》五十四篇	劉向分《國語》。
《世本》十五篇	古史官記黃帝以來訖春秋時諸侯大夫。	《戰國策》三十三篇	記春秋後。
《奏事》二十篇	秦時大臣奏事，及刻石名山文也。	《楚漢春秋》九篇	陸賈所記。
《太史公》百三十篇	十篇有錄無書。	馮商所續《太史公》七篇	
《太古以來年紀》二篇		《漢著記》百九十卷	
《漢大年紀》五篇			

〔註30〕（漢）班固，《漢書》，卷八八〈儒林傳第五八〉（北京市：中華，民72年），頁3589。
〔註31〕同註20，頁56。

　　凡《春秋》二十三家，九百四十八篇（省《太史公》四篇）〔註32〕。其中史籍共十一家四百八十六篇，約佔「春秋家」數量的一半，這些史籍與《春秋》並無關聯，爲何附於「春秋家」之末，而不能獨立成爲一類？分析其可能的原因有二：

（一）史籍編帙數量不多

　　史籍在《漢書・藝文志》未能獨立成類，一般均認爲是「秦漢之事，編帙不多」，所以不必特立史部〔註33〕。《七錄》序亦曰：

　　　　劉王並以眾史合於春秋，劉氏之世，史書甚寡，附見春秋，誠得其例。……

　　　　且《七略》詩賦不從六藝詩部，蓋由其書既多，所以別爲一略〔註34〕。

根據目錄學者余嘉錫的解釋，認爲「史出於《春秋》，後爲史部，詩賦出於《三百篇》，後爲集部，乃《七略》於史則附入《春秋》，而詩賦自爲一略者，因史家之書，自《世本》至《漢大年紀》，才八家四百十一篇，不能獨爲一略，只可附錄。附之他略皆不可，故推其學之所自出，附之《春秋》〔註35〕。」

（二）經、史的概念未能區分

　　漢武帝獨尊儒術，儒學便成爲漢代教育、用人的基礎，而儒學的背景就是經學。《漢書・藝文志》所以將史籍附於「春秋家」之末，原因是當時「史」的獨立概念沒有形成，經、史尚未分立的表現。且漢代時期認爲《春秋》本身就是史，是中國史學的根源〔註36〕。此外，《春秋》一書向來被視爲經書之一，但就實際內容來看，《春秋》毫無疑問的是一部歷史典籍。《漢書・藝文志》基於傳統的學術觀點，將《春秋》置於「六藝略」中，以彰顯一門合「六藝」爲一體的獨立學術〔註37〕。

　　由此可知，史籍在漢代未能獨立成爲一類，除了史籍編帙不多，同時也是當時經、史沒有嚴格區分，更由於漢代崇尚經學，史學貶降於經學之下，此種結果便顯現於圖書目錄中。

二、魏晉南北朝時期

　　魏晉南北朝時期圖書分類的最大特色是四分法和七分法的創立。首先是魏祕書

〔註32〕同註21，頁1712～1714。
〔註33〕（元）馬端臨，《文獻通考》，卷一九一〈經籍考十八〉（京都市：中文，民67年），頁1619。
〔註34〕同註18。
〔註35〕余嘉錫，《目錄學發微》（臺北縣：藝文，民76年），頁141～142。
〔註36〕逯耀東，〈隋書經籍志史部的形成〉，《中國歷史學會史學集刊》5（民62年5月），頁47。
〔註37〕周彥文，《中國目錄學》理論》（臺北市：學生，民84年），頁21。

郎鄭默「考覈舊文，刪省浮穢」〔註38〕編著《中經》，但僅是刪定舊文而已，未必有所創新，且《中經》早已不存，故其分類體例如何，也不得而知了。後來晉祕書監荀勗「因魏《中經》，更著《新簿》，雖分爲十有餘卷，而總以四部別之〔註39〕。」《隋書·經籍志》總序記載其分類情形：

> 一曰甲部，紀六藝及小學等書；二曰乙部，有古諸子家、近世子家、
> 兵書、兵家、術數；三曰丙部，有史記、舊事、皇覽簿、雜事；四曰丁部，
> 有詩賦、圖讚、汲塚書，大凡四部合二萬九千九百四十五卷〔註40〕。

《新簿》將史籍歸入丙部，使得史籍自兩漢時代附於《春秋》之末，至此得以獨立成一部。但《新簿》丙部之中，史記、舊事、雜事三者，皆史籍也，至於皇覽簿則非史籍一類，何以與史籍並列呢？歷史學者逯耀東認爲「皇覽簿」，就是《皇覽》的目錄，《皇覽》是曹魏文帝時由眾人合作編輯而成的，共約八百多萬字，千餘卷四十餘部，每部數十篇，是中國第一部類書。類書是主題目錄的擴大，其分類以事物爲主題，搜集不同的參考資料，置於不同類別的主題下，使學者「因類求書」一目了然〔註41〕。目錄學者李瑞良認爲「《皇覽》在後來定爲類書，當時性質未定，也無法單獨成爲一部，所以附在丙部〔註42〕。」

西晉武帝時期，荀勗完成《新簿》不久之後，至太熙元年（290），惠帝繼位，由於惠帝的愚闇，爆發宗室諸王之爭，史稱「八王之亂」；而當諸王忙於內爭的時候，中國境內的若干胡族，乘機脫離晉室的羈絆。晉惠帝末年，胡族大舉叛亂，史家名之爲「五胡亂華」；當時鎮守建業的晉宗室琅邪王睿被立爲晉王，即帝位後，是爲元帝，從此晉室偏安江左，史稱「東晉」〔註43〕。東晉渡江以後，由於「惠懷之亂，其書略盡。江左草創，十不一存。後雖鳩集，淆亂已甚〔註44〕。」著作郎李充乃「以勗舊簿校之，其見存者，但有三千一十四卷。充遂總沒眾篇之名，但以甲乙爲次〔註45〕。」《晉書》文苑傳則曰：

> 充刪除煩重，以類相從，分作四部，甚有條貫，祕閣以爲永制〔註46〕。

〔註38〕（唐）房玄齡等著，《晉書》，卷四四〈列傳第十四：鄭默〉（北京市：中華，民71年），
頁1251。
〔註39〕同註18。
〔註40〕同註10，頁906。
〔註41〕同註36，頁51。
〔註42〕同註20，頁81。
〔註43〕傅樂成，《中國通史》（臺北市：大中國圖書，民83年），頁264。
〔註44〕同註18。
〔註45〕同註10。
〔註46〕（唐）房玄齡等著，《晉書》，卷九二〈列傳第六二：文苑〉（北京市：中華，民71

目錄學者姚名達認為這部書是李充據元帝所遺留的書而編目的，故名為《晉元帝書目》，其收書既少，所謂「但以甲乙為次」，表示該書不分小類，而「沒眾篇之名」，則是該書亦無解題〔註47〕。值得注意的是，李充《晉元帝書目》雖依循荀勗《新簿》的四部分類法而編著，但部類的次序則不同於《新簿》。《七錄》序云：

　　　　著作佐郎李充，……因荀勗舊簿四部之法，而換其乙丙之書〔註48〕。

由此可知，荀勗《新簿》所定的甲、乙、丙、丁四部次序，即經、子、史、集；李充則加以改定成為乙部著錄史籍，諸子則著錄在丙部。因此，甲、乙、丙、丁四部的內容，就成為經、史、子、集。此種轉變，顯示了史籍在當時的重要性已提高，超越了諸子一類的著作，就學術觀點而言，史學的地位，僅次於經學，而成為一門獨立的學術。

　　魏晉南北朝時期的圖書分類，繼四分法之後的另一特色是七分法的產生。南北朝時期，四部分類法是官修目錄的主流，但仍有不以四分法的分類方式所編著的目錄，其中以王儉的《七志》和阮孝緒的《七錄》對後世影響較大。

　　《隋書‧經籍志》敘述《七志》產生的經過及內容：

　　　　宋元嘉八年，祕書監謝靈運造《四部目錄》，……元徽元年，祕書丞王儉又造《目錄》，……儉又別撰《七志》：一曰經典志，紀六藝、小學、史記、雜傳：二曰諸子志，紀今古諸子：三曰文翰志，紀詩賦：四曰軍書志，紀兵書：五曰陰陽志，紀陰陽圖緯：六曰術藝志，紀方技：七曰圖譜志，紀地域及圖書。其道、佛附見，合九條〔註49〕。

《七志》的前六志恢復了《漢書‧藝文志》的分類法，在史籍的歸類上，亦無視當時的實際情況，仍將史籍著錄在《經典志》內，把史籍拉回到經學的範疇，難免有倒退之嫌〔註50〕。

　　魏晉南北朝是中國史學迅速發展的時期。促成史學迅速發展的因素約有下列三項〔註51〕：

　　（一）、自東漢末年造紙術發明以來，大約在東晉以後，紙完全取代了絹帛、簡牘等其他書寫工具；紙既能長久保存，且便於流通。

　　　年），頁2391。
〔註47〕姚名達，《中國目錄學史》（臺北市：商務，民77年），頁181。
〔註48〕同註18。
〔註49〕同註10，頁906～907。
〔註50〕同註20，頁86。
〔註51〕王余光，《中國歷史文獻學》（臺北市：天肯文化，民84年），頁17～18。

（二）、魏晉以來，長期的政權分裂、割據，經學壟斷學術獨尊的局面被打破。
部分有志之士企圖從歷史中總結經驗教訓，以為鑒戒。此一時期私人撰史的風氣極
盛，進而促進了史學的發展。

（三）、南北朝各統治政權亦重視史籍的修撰，當時有著作、著作郎、修史學
士、起居注令史等史官的設置，其主要任務是撰寫起居注或國史。

史學的迅速發展，同樣地也影響到學術分類的目錄學。梁代阮孝緒的《七錄》
即是根據當時學術發展的實際情況，將群書分為內、外二篇，其分類如下：

內篇：經典錄、記傳錄、子兵錄、文集錄、術伎錄。

外篇：佛法錄、仙道錄。

《七錄》在每「錄」之下，又細分成「部」；以史籍為例，《七錄》是著錄在內
篇第二的「記傳錄」，「記傳錄」又細分成十二部，分別是：國史部、注曆部、舊事
部、職官部、儀典部、法制部、偽史部、雜傳部、鬼神部、土地部、譜狀部、簿錄
部〔註52〕。故中國目錄學史部各類目的創設，殆始於阮孝緒《七錄》之「記傳錄」。
《七錄》序亦記載設立「記傳錄」的理由：

> 劉王並以眾史合于春秋，劉氏之世，史書甚寡，附見春秋，誠得其例。
>
> 今眾家記傳，倍於經典，猶從此志，實為繁蕪。且《七略》詩賦不從六藝
> 詩部，蓋由其書既多，所以別為一略。今依擬斯例，分出眾史，序記傳錄
> 為內篇第二〔註53〕。

阮孝緒認為兩漢時代，史籍數量不多，故劉歆將史籍附在春秋之末，這是可以理解
的；但魏晉以降，史學漸有脫離經學的附庸而獨立的趨勢，史學著作量亦大幅成長，
茲可從《七錄》目錄中，比較當時各種學術發展及典籍著錄部（卷）帙的情況：

	部	種	帙	卷
經典錄	9	591	710	4710
記傳錄	12	1020	2248	14888
子兵錄	11	290	553	3894
文集錄	4	1042	1375	10755
術伎錄	10	505	606	3736
佛法錄	5	2410	2595	5400
仙道錄	4	425	459	1138

〔註52〕同註11。

〔註53〕同註18。

從上表可知：「記傳錄」在《七錄》的著錄部（卷）帙的數量最多，也反映出史籍數量的增加，故阮氏將史籍析出別為一錄，是合理的。

　　《七錄》的「記傳錄」是史學著作的專類，且將史學的形式分為十二部，也呈現出史學著作內容的多元性。《隋書‧經籍志》的史部，就是以阮孝緒《七錄》的「記傳錄」為藍圖，不僅總結了中國上古及魏晉以來的史學著作，更重要的是劃清經學與史學的界限，樹立起史學獨立的旗幟〔註54〕。

三、隋唐時期

　　隋代建立之初，朝廷即重視圖書典籍的徵集工作。「開皇三年，祕書監牛弘，表請分遣使人，搜訪異本。每書一卷，賞絹一匹，校寫既定，本即歸主。於是民間異書，往往間出。及平陳已後，經籍漸備〔註55〕。」根據《隋書‧經籍志》記載當時徵集的典籍，數量並不多，約三萬餘卷。至隋煬帝即位，由於「煬皇好學，喜聚逸書」〔註56〕，故大規模的整理圖書典籍工作遂展開焉。《隋書‧經籍志》言：

　　　　祕閣之書，限寫五十副本，……於東都觀文殿東西廂構屋以貯之，東屋藏甲乙，西屋藏丙丁。又聚魏已來古跡名畫，於殿後起二臺，……又於內道場集道、佛經，別撰目錄〔註57〕。

而其中於東都觀文殿之東屋藏甲乙、西屋藏丙丁，所編著的目錄即〈大業正御書目錄〉九卷〔註58〕。這部目錄收錄在《隋書‧經籍志》的簿錄類中，而同時也成為唐代纂修《隋書‧經籍志》的底本。

　　唐高祖武德五年（622）討平偽鄭王世充，將洛陽所存的隋朝藏書，以船溯黃河欲西運京師長安，行經陝州附近的底柱地方，不少的船隻觸石沉沒，運抵京師的不過十分之一二〔註59〕。當時祕書監令狐德棻有鑒於喪亂之餘，經籍亡逸，奏請唐太祖「購募遺書，重加錢帛，增置楷書，專令繕寫〔註60〕。」至唐太宗貞觀二年，祕書監魏徵亦「奏引學者，校定四部書，數年之間，祕府粲然畢備〔註61〕。」

〔註54〕逯耀東，〈從隋書經籍志史部的形成論魏晉史學轉變的歷程〉，《食貨月刊》10卷四期（民69年7月），頁128。
〔註55〕同註10，頁908。
〔註56〕（後晉）劉昫，《舊唐書》，卷四六〈經籍上〉（北京市：中華，民75年），頁1962。
〔註57〕同註55。
〔註58〕同註47，頁186。
〔註59〕昌彼得、潘美月合著，《中國目錄學》（臺北市：文史哲，民80年），頁135。
〔註60〕（宋）王溥，《唐會要（中）》，卷三五〈經籍〉（臺北市：中華，出版年不詳），頁643。
〔註61〕同前註。

　　貞觀三年，唐太宗以梁、陳、齊、周、隋五代未有史書，於是命學士分修，至貞觀十年始完成修纂，稱之爲《五代紀傳》，然而皆無志書，故貞觀十五年「詔左僕射于志寧、太史令李淳風、著作郎韋安仁、符璽郎李延壽〔註62〕」同撰五代史的志書，於高宗顯慶元年完成，凡十志三十卷，此十志並編附於《隋書》中。

　　《隋書‧經籍志》是繼《漢書‧藝文志》而編著的第二部史志。中國歷代正史有藝文志或經籍志共有六部：《漢書‧藝文志》、《隋書‧經籍志》、《舊唐書‧經籍志》、《新唐書‧藝文志》、《宋史‧藝文志》、《明史‧藝文志》。中國歷代的史志往往是由後代史官根據以前的國家藏書目錄及其他文獻資料編纂而成，其著錄大致有二種情況：一種是通記本朝與前代的著作，如《漢書‧藝文志》、《隋書‧經籍志》、兩唐志。第二種是僅記載本朝的著作，如《明史‧藝文志》〔註63〕。

　　《隋書‧經籍志》是研究中國目錄學的重要目錄，因爲南北朝的戰亂，使得各官私目錄均已散佚不存；《隋書‧經籍志》不僅記載隋代藏書之盛，亦兼述南北朝時期典籍的流傳狀況，進而反映出當時學術思想的演變與發展。《隋書‧經籍志》將群書典籍分爲四部，四部之後，附道經部、佛經部。四部之下，各立小類，其分類體例如下：

　　經部：易、書、詩、禮、樂、春秋、孝經、論語、緯讖、小學。
　　史部：正史、古史、雜史、霸史、起居注、舊事、職官、儀注、刑法、雜傳、地理、譜系、簿錄。
　　子部：儒、道、法、名、墨、縱橫、雜、農、小說、兵、天文、曆數、五行、醫方。
　　集部：楚辭、別集、總集。

　　《隋書‧經籍志》史部總結了中國先秦至魏晉南北朝以來的史學著作，將史籍分爲十三類，凡八百一十七部，一萬三千二百六十四卷（通記亡書，合八百七十四部，一萬六千五百五十八卷）〔註64〕。《隋書‧經籍志》史部的設立，並非偶然的，係經過長期的演變而形成確立的，此種轉變在魏晉之際。前文已探討魏晉時期史學迅速發展的因素，以下就另一個角度來論述《隋書‧經籍志》史部的形成。

　　《隋書‧經籍志》史部序云：

〔註62〕（唐）劉知幾著、（清）浦起龍釋，《史通通釋》，卷十二〈古今正史〉（臺北市：里仁，民 69 年），頁 371。

〔註63〕程千帆、徐有富合著，《校讎廣義──目錄編》（齊魯書社，民 77 年），頁 218。

〔註64〕（唐）魏徵等著，《隋書》，卷三三〈經籍二〉（北京市：中華，出版年不詳），頁 992。

夫史官者，必求博聞強識，疏通知遠之士，使居其位，百官眾職，咸所貳焉。是故前言往行，無不識也；天文地理，無不察也；人事之紀，無不達也。內掌八柄，以詔王治，外執六典，以逆官政。書美以彰善，記惡以垂戒，範圍神化，昭明令德，窮聖人之至賾，詳一代之壺壺。……一代之記，至數十家，傳說不同，聞見舛駁，理失中庸，辭乖體要。致令允恭之德，有關於典墳，忠肅之才，不傳於簡策。斯所以為蔽也。班固以《史記》附《春秋》，今開其事類，凡十三種，別為史部〔註65〕。

歷來研究中國史學的起源，一般都從中國的史官制度為起點，關於中國史官源起於何時？歷史學者李宗侗認為在未有文字以前，各國或各部落皆有十口相傳的國史或部落史，由一代一代的用口相傳。等到有了文字以後，方才寫定，成為用文字記載的歷史，因此在夏以前，必定已有史官〔註66〕。古代史官的職掌主要是典藏資料、發布公告、宗教祭祀以及文章記事等，而史學的起源，亦可說是始於史官的記事，進而產生史學著作。故《隋書・經籍志》史部序云：「夫史官者，必求博聞強識，疏通知遠之士，……是故前言往行，無不識也；天文地理，無不察也；人事之紀，無不達也。……詳一代之壺壺〔註67〕。」唐代劉知幾亦言：「史之為用，其利甚博，乃生人之急務，為國家之要道。有國有家者，其可缺之哉〔註68〕！」由此可知，中國自古以來重視歷史，歷史與國家、政治關係十分密切，這也是《隋書・經籍志》設立史部的理由之一。

其次，《隋書・經籍志》史部十三類與《七錄》記傳錄十二部相較，二者互有異同，在類目設置與安排上，《隋書・經籍志》有所因襲《七錄》，但亦有新創見。茲就各家看法，敘述如下：

1、（清）姚振宗《隋書經籍志考證》

以《七錄》敘目校之，唯史部之正史、古史、雜史、起居注四篇不用阮例，餘或合并篇目，或移易次第，大略相同〔註69〕。

2、許世瑛《中國目錄學史》

《隋志》將原紀傳錄之注曆部，析為古史與起居注；又刪鬼神部，而增雜史。

〔註65〕同前註，頁992～993。
〔註66〕李宗侗，《史學概要》（臺北市：正中，民57年），頁11。
〔註67〕同註64。
〔註68〕（唐）劉知幾著、（清）浦起龍釋，《史通通釋》，卷十一〈史官建置〉（臺北市：里仁，民69年），頁303～304。
〔註69〕同註13，頁5。

至於類名亦有改動，如易國史爲正史，僞史爲霸史，儀典爲儀注，法制爲刑法，土地爲地理，譜狀爲譜系〔註70〕。

3、昌彼得、潘美月《中國目錄學》

《七錄》紀傳錄十二類，《隋志》將其國史類各依體裁，衍分爲正史、古史（即編年）、雜史三類；將雜傳、鬼神併爲雜傳。其餘名稱略有改易，如注曆改起居注，儀典改儀注，法制改刑法，土地改地理，譜狀改譜系，並將僞史改霸史，移至雜史類之後而已，故有十三類〔註71〕。

4、鄭鶴聲《中國史部目錄學》

正史、古史所以紀紀傳編年，《阮錄》則以國史統之。雜史爲《隋志》所獨創，蓋雜史以紀異體，非史策之正，……《阮錄》立僞史一門，《隋志》改爲霸史，而升起居注之前。蓋霸史爲霸國紀傳編年之書，以繼正古雜史之後也。《阮錄》國史後次注曆，《隋志》則以起居注繼霸史之後。……舊事、職官，《阮錄》、《隋志》並同。儀注、刑法，《阮錄》稱儀典、法制，……《隋志》改之甚當。雜傳《阮錄》、《隋志》並同。《阮錄》下有鬼神一門，《隋志》入雜傳。……《阮錄》土地，《隋志》改爲地理。《阮錄》譜狀，《隋志》改爲譜系，皆當以《隋志》爲是。簿錄則《阮錄》、《隋志》同也〔註72〕。

由上面敘述，可知《隋書・經籍志》史部與《七錄》記傳錄的異同，下面僅就學者們對「國史部」與「正史」的看法，歸納如下：

　　（一）許世瑛認爲《七錄》國史部——《隋書・經籍志》正史。

　　（二）鄭鶴聲認爲《七錄》國史部——《隋書・經籍志》正史、古史。

　　（三）昌彼得、潘美月認爲《七錄》國史部——《隋書・經籍志》正史、古史、
　　　　　雜史。

就史部目錄而言，《隋書・經籍志》史部與《七錄》記傳錄之相互比較，可確定《隋書・經籍志》史部在類目的設置與安排上，大部分均因襲《七錄》記傳錄，至於少數類名則稍加改易而已。故可以說《隋書・經籍志》史部的形成，是奠基於《七錄》之記傳錄，進而承襲發展成一個系統，《隋書・經籍志》以後的各正史藝文志或經籍志，亦繼承此一分類系統，而成爲中國史部目錄的典範。

〔註70〕許世瑛編著，《中國目錄學史》（臺北市：中國文化大學，民71年），頁55。
〔註71〕同註59，頁138。
〔註72〕鄭鶴聲，《中國史部目錄學》（臺北市：華世，民63年），頁57。

第三節　正史的特性及其形成的理念演變

　　《隋書・經籍志》將「正史」列爲史部第一，所以「正史」一詞，作爲史籍類目是從《隋書・經籍志》開始的。《隋書・經籍志》以後的各正史藝文志或經籍志、官修及私撰目錄也都有設置「正史類」。本文首先以《隋書・經籍志》與《四庫全書總目》「正史類」小序，分析正史的定義與特性；其次則探討正史形成的理念演變。

一、正史的定義與特性

　　《隋書・經籍志》史部「正史類」小序從中國古代史官的職務與漢代至魏晉時期的修史情況來說明設置「正史」一類的理由。

　　《隋書・經籍志・正史類》小序首先敘述古代史官的職掌與分工，當時史籍的產生，以及史籍的整理編纂情形。《隋書・經籍志・正史類》小序云：

> 古者天子諸侯，必有國史，以紀言行，後世多務，其道彌繁。殷夏已
> 上，左史記言，右史記事，周則太史、小史、内史、外史、御史，分掌其
> 事，而諸侯之國，亦置史官。又《春秋》《國語》引周志、鄭書之說，推
> 尋事跡，似當時記事，各有職司，後又合而撰之，總成書記〔註73〕。

《隋書・經籍志》剖析正史的源流，認爲中國古代史官「當時記事，各有職司，後又合而撰之，總成書記。」也就是說明正史是將一個時代的歷史作一綜合歸納後，所完成的最後總結〔註74〕。

　　其次，由於古代史官制度沒有繼承下來，且當時「陵夷衰亂，史官放絕，秦滅先王之典，遺制莫存」〔註75〕，於是就產生了搜集與整理史籍的必要。《隋書・經籍志・正史類》小序云：

> 至漢武帝時，始置太史公，命司馬談爲之，以掌其職。時天下計書，
> 皆先上太史，副上丞相，遺文古事，靡不畢臻。談乃據《左氏》、《國語》、
> 《世本》、《戰國策》、《楚漢春秋》，接其後事，成一家之言。談卒，其子
> 遷又爲太史令，嗣承其志〔註76〕。

最後，《隋書・經籍志》對正史的界定，提出一個規範：

〔註73〕（唐）魏徵等著，《隋書》，卷三三〈經籍二〉〈正史類小序〉（北京市：中華，出版年不詳），頁956。

〔註74〕同註54，頁134。

〔註75〕同註73。

〔註76〕同前註。

自是世有著述，皆擬班、馬，以爲正史，作者尤廣。一代之史，至數
十家，唯《史記》、《漢書》，師法相傳，並有解釋。《三國志》及范曄《後
漢》，雖有音注，既近世之作，並讀之可知。梁時，明《漢書》有劉顯、
韋稜，陳時有姚察，隋代有包愷、蕭該，並爲名家。《史記》傳者甚微，
今依其世代，聚而編之，以備正史〔註77〕。

由此可知，《隋書・經籍志》所規範的正史，是指《史記》、《漢書》一類的史
籍，其體裁是紀傳體；再者，將紀傳體列爲正史，正代表著史學脫離經學而獨立的
趨勢，而《史記》、《漢書》亦成爲一種所謂「《史記》、《漢書》師法相傳，並有解釋」
的專家之學，其與經學同樣作爲教學傳授的對象，所以這應該是《隋書・經籍志》
將《史記》、《漢書》等紀傳體的體裁，升爲史部正史第一的原因〔註78〕。《隋書・
經籍志》的正史，除了體裁是紀傳體各史之外，尚包括關於這些史籍的集注、集解、
音訓、音義等著作〔註79〕。《隋書・經籍志・正史類》小序文末論及研究《漢書》
的名家，顯示出由於《漢書》「究西都之首末，窮劉氏之廢興，包舉一代，撰成一書。
言皆精練，事甚該密，故學者尋討，易爲其功」〔註80〕。《漢書》較《史記》的變
化少，容易掌握，且《漢書》較《史記》更接近儒家的經典意義。所以自魏晉以後
研究《漢書》的專家特別多，而著錄在《隋書・經籍志》有關《漢書》的注釋，就
有近二十家之多。至於《史記》「傳者甚微」，於是《漢書》乃成爲隋唐以後正史寫
作的典範〔註81〕。

清代乾隆皇帝下令纂修《四庫全書》，並編制成《四庫全書總目》，其分類亦依
《隋書・經籍志》四部分類法：經、史、子、集。其史部正史類小序首先敘述正史
的起源、範圍及其演變。《四庫全書總目・正史類》小序曰：

正史之名，見於隋志。至宋而定著十有七，明刊監板，合宋、遼、金、
元四史爲二十有一。皇上欽定明史，又詔增舊唐書爲二十有三。近蒐羅四
庫，薛居正舊五代史得裒集成編，欽稟睿裁，與歐陽修書並列，共爲二十
有四〔註82〕。

宋代印刷技術嫻熟，使用亦廣泛。故宋代國子監刊刻了十七部紀傳體史籍，南

〔註77〕同註73，頁957。
〔註78〕同註54，頁134～135。
〔註79〕瞿林東，〈雜談正史和野史〉，《中國史學散論》（湖南：教育，民81年），頁87。
〔註80〕（唐）劉知幾著、（清）浦起龍釋，《史通通釋》，卷一〈六家〉（臺北市：里仁，民69年），頁22。
〔註81〕同註54，頁135。
〔註82〕同註2。

宋時期並有「十七史」之稱；至明代立國之初，亦令修元代史，其後書成，由國子監刊刻「二十一史」，係以宋代「十七史」加上元代纂修的宋、遼、金、元四史。清乾隆四年（1739）《明史》編纂成書，於是詔刻《明史》；其後又詔增《舊唐書》定於正史之中，故有「二十三史」。最後從《永樂大典》中輯錄薛居正《舊五代史》，依新舊唐書之例，刻入正史〔註83〕。從此，正史至清代共有二十四部，即稱「二十四史」。

其次，《四庫全書總目・正史類》小序說明了正史的特性、地位、以及史籍被歸入正史的分類原則和標準。如下文：

> 今並從官本校錄，凡未經宸斷者，則悉不濫登。蓋正史體尊，義與經配，非懸諸令典，莫敢私增，所由與稗官野記異也。其他訓釋音義者，如《史記索隱》之類；捃拾遺闕者，如《補後漢書年表》之類；辨正異同者，如《新唐書糾繆》之類；校正字句者，如《兩漢刊誤補遺》之類；若別為編次，尋檢為繁，即各附本書，用資參證〔註84〕。

由上述文中可知，正史係以朝廷欽定的史籍為正宗，即《史記》、《漢書》等二十四史，並強調「未經宸斷者，悉不濫登」、「非懸諸令典，莫敢私增」，而有關各家對正史的訓釋、補闕、校正等著作，則分別列入各史之後，以為參考〔註85〕。

從《隋書・經籍志》和《四庫全書總目・正史類》小序的敘述，對於正史的定義及其特性，約可分析歸納成以下二點：

（一）、正史係指《史記》、《漢書》等二十四史，其體裁為紀傳體（即用本紀、列傳、表、志的形式所寫成）的史籍，並包括對這些史籍的注釋、校正、補闕等著作，亦附於正史類。

（二）、正史雖以紀傳體為限，然更嚴格區別「未經宸斷者，則悉不濫登」，顯示出正史的權威性，其必須是國君欽定的史籍，方能列為正史一類，又「正史體尊，義與經配」，表示了正史的重要性及其地位的崇高。

二、正史形成的理念演變

《七錄》記傳錄有「國史部」一類，至《隋書・經籍志》則析為「正史」與「古史」二類。正史類著錄紀傳體的國史，而古史類則以編年體裁的史籍為範疇。由此

〔註83〕汪家熔，〈二十四史的二百五十年版本史〉，葉再生主編，《出版史研究》2（北京市：中國書籍，民83年），頁80～83。

〔註84〕同註2，頁2～3；2～4。

〔註85〕同註5，頁45。

可知，《七錄》的國史部，應該是指紀傳、編年二者，而當時紀傳、編年似猶未析爲兩部，仍合稱爲國史部〔註86〕。

其次，《七錄》記傳錄第七有「僞史部」，根據《四庫全書總目・載記類》小序稱：

> 五馬南浮，中原雲擾，偏方割據，各設史官，其事跡亦不容泯滅。故阮孝緒作《七錄》，僞史立焉。《隋志》改稱霸史，《文獻通考》則兼用二名〔註87〕。

因此，「正史」的確立雖然以紀傳體爲限，但尤與記敘對象的政治地位有關，亦即記敘正統王朝之史被視爲「正史」，否則即爲「僞史」〔註88〕，或曰「霸史」。

南北朝時期「國史」的概念是如何演變成爲「正史」？《隋書・經籍志》「正史」理念的形成與「正統」觀念之間是否存在必然的關係？分別探討如下。

中國自古以來，即重視歷史，前文已論述推測殷夏以前，已有史官記言、記事。《隋書・經籍志・正史類》小序稱：「古者天子諸侯，必有國史，以紀言行。」當時的國史僅爲記注性質，即將史官所掌握的史料加以整理，並不作撰述的工作。金靜庵認爲「古代史官，有記注而無撰述，如所謂虞書、夏書、周書，……後世史家，則重撰述而輕記注，自孔子、左丘明、司馬遷、班固、荀悅以來，所修編年紀傳之史，皆撰述也。記注爲史家世守之業，撰述開私家修史之風〔註89〕。」自東漢班固以降，「國史」的概念已極爲明顯，班固以其父彪所寫前史後傳數十篇未詳，於是乃「潛精研思，欲就其業，……既而有人上書顯宗，告固私改作國史者〔註90〕。」由此可知，早在東漢時代，班固曾因著《漢書》而被指控「私改國史」，故國史的撰述也漸由朝廷力量的介入而受到重視。

五世紀後期至六世紀初期，北朝史官並出，值得注意的是北魏孝文帝時，祕書丞李彪與祕書令高祐合奏的〈改國書爲紀傳體疏〉一文，改變了當時國史體例結構和修史方法，其內容如下：

> 臣等聞典謨興，話言所以光著；載籍作，成事所以昭揚。然則《尚書》者記言之體，《春秋》者錄事之辭。尋覽前志，斯皆言動之實錄也。夏殷

〔註86〕同註14。

〔註87〕（清）永瑢、紀昀等著，《欽定四庫全書總目・史部》，卷六六〈載記類〉（臺北市：商務，出版年不詳），頁2～423。

〔註88〕同註14。

〔註89〕同註6，頁54。

〔註90〕（宋）范曄，《後漢書》，卷四十上〈班彪列傳第三十上〉（北京市：中華，出版年不詳），頁1333～1334。

以前，其文弗具。自周以降，典章備舉。史官之體，文質不同；立書之旨，隨時有異。……逮司馬遷、班固，皆博識大才，論敍今古，曲有條章，雖周達未兼，斯實前史之可言者也。至於後漢、魏、晉咸以放焉。……臣等疏陋，忝當史職，披覽《國記》，竊有志焉。愚謂自王業始基，庶事草創，皇始以降，光宅中土，宜依遷固大體，令事類相從，紀傳區別，表志殊貫，如此修綴，事可備盡。……〔註91〕

該疏全文除了有立即改變北魏國史體例結構及修史方式之功外，尚有正式宣揚國史必須以紀傳體爲正史的意義。而《隋書・經籍志》在史部分類上正式將紀傳體國史劃歸正史類，亦可能受其影響〔註92〕。

而後李彪在北魏宣武帝時所上的〈求復舊職修史表〉一文亦提及「國之大籍，成於私家，末世之弊」〔註93〕。此說無異是主張國史必須官修，對當時私修之風誠爲挫折〔註94〕。而此種「國史」觀念的轉變，亦皆爲促成「正史」形成的原因之一。

至於南朝君主則偏好紀傳體史籍，自劉宋以降，不復有官修編年體國史，甚至有國君親撰紀傳體史籍，如《南史》卷八：梁本紀載有梁元帝（蕭繹）著有《孝德傳》、《忠臣傳》各三十卷。是則紀傳體國史，在唐初取得「正史」之地位，於此時情勢已奠定矣〔註95〕。以紀傳體裁修纂的國史，毫無疑問的首先必立本紀，本紀所載係按年紀錄帝王的行事，並錄詔誥號令、三公拜罷、宰相升黜、外交朝貢、災祥變異等事跡〔註96〕。故本紀即代表中國正統之所在，如果是統一的時代，則無所爭論，但在分裂鼎立的時代，就眾說紛紜，透露出中國正史的窘境〔註97〕。

在朝廷的介入下所修撰的本朝國史，其本身即含有政治目的；除了朝廷加強控制及干預的政治目的外，另一方面是宣揚本朝政權的正統性，因此國史亦漸漸地變成一種政治的工具。歷史學者雷家驥認爲國家全史（即國史）逐漸發展成爲「正史」，實與正統思想有關。正統思想是我國史學與政治思想的一大特色，其理論根據主要有兩大系統：一爲採用戰國時鄒衍所創之五行德運說，五行爲金、木、水、火、土，

〔註91〕（北齊）魏收，《魏書》，卷五七〈列傳第四五：高祐〉（北京市：中華，民63年），頁1260～1261。

〔註92〕同註14，頁403。

〔註93〕（北齊）魏收，《魏書》，卷六二〈列傳第五十：李彪〉（北京市：中華，民63年），頁1396～1397。

〔註94〕同註92。

〔註95〕同註14，頁557。

〔註96〕同註7，頁19。

〔註97〕楊安華，〈中國正統思想之基礎探源〉，《台南家專學報》16期（民86年6月），頁98。

鄒衍根據五行相生相剋的概念來解釋政權轉移的關係；正統思想另一種為根據《春秋》公羊傳加以推衍，在《春秋》公羊傳中對「正」與「統」兩個獨立的意義作了詮釋，隱公三年《公羊傳》云：「故君子大居正。」又隱公元年《公羊傳》曰：「何言乎王正月？大一統也〔註98〕。」而「居正」與「一統」合稱為「正統」。自第五世紀初期進入南北朝以後，正統之爭原則上出現在敵對政權之間，亦即一政權與敵對政權爭正統之時，必然宣稱自己奉天得統，並同時解釋自己的正統來自前朝，而該前朝也必然為正統〔註99〕。因此也就產生了「正史」及為前朝修「正史」的觀念意識。

依照中國的傳統，每一朝代纂修前代的歷史，等於是承認前代的正統地位，同時也暗示本身的政權是繼承前代的正統而來的。中國自唐代以後，每一朝代都設立史館纂修前代的歷史，如唐代修《晉書》、《梁書》、《陳書》、《北齊書》、《北周書》、《隋書》等六朝的正史（唐代李延壽《南史》、《北史》為私撰性質）；而官修前代史亦具有宣傳價值，顯示了新興王朝的寬宏大量，亦可吸收前朝的士大夫對其先朝做最後的效忠─編纂前朝正史〔註100〕。

綜合上文的論述，對於正史形成的理念演變，可得出一個概念：「正史」的形成，係由「國史」演變而來，這可從目錄學著作中反映出來，即由《七錄》國史部推衍至《隋書‧經籍志‧正史類》；此外，中國「正統」觀念的延續，也是正史形成的另一項關鍵因素。

〔註98〕傅鏡暉，〈中國歷代正統論研究──依據春秋公羊傳精神的正統論著分析〉（國立政治大學政治研究所，碩士論文，民83年6月），頁4～5。

〔註99〕同註14，頁596～597。

〔註100〕陳芳明，〈宋遼金史的纂修與正統之爭〉，《食貨月刊》二卷八期（民61年11月），頁10。

第三章　正史的內容範圍、著述動機
　　　　與成書的經過

第一節　正史的體例

　　中國史籍，浩如煙海，號稱正史者，自古迄今，只有二十五部，即今日所稱「二十五史」。二十五史的體例，大抵依循《史記》稍加變化而已。《史記》是中國的第一部正史，其體例係由本紀、表、書、世家、列傳所構成的紀傳體。《史記》以後的各朝正史，雖然在例目上略有調整，但「本紀」（或稱「帝紀」）與「列傳」是必備的設置，故紀傳體於是成為正史的標準規範。本節依序介紹正史的六種體例，分別敘述於下文。

　　西漢武帝時期，太史令司馬遷撰述《史記》，其分類體例為「本紀以序帝王，世家以記侯國，十表以繫時事，八書以詳制度，列傳以誌人物〔註1〕」的紀傳體。此後歷代的各正史，不能出其範圍，遞相祖述而奉為圭臬。茲就《史記》的六種體例，說明如下：

一、本　紀

　　本紀，亦稱「紀」，或稱「帝紀」。關於「本紀」一詞的定義，有三種不同說法：
（1）司馬貞《史記・五帝本紀索隱》
　　紀者，記也。本其事而記之，故曰本紀。又紀，理也，絲縷有紀。而帝王書稱

〔註1〕（清）趙翼著、杜維運考證，《二十二史劄記及補編》，卷一〈各史例目異同〉（臺北市：鼎文，民64年），頁3。

紀者，言爲後代綱紀也〔註2〕。

（2）張守節《史記・五帝本紀正義》

裴松之《史目》云：「天子稱本紀。本者，繫其本系，故曰本；紀者，理也，統理眾事，繫之年月，名之曰紀〔註3〕。」

（3）劉知幾《史通》

蓋紀者，綱紀庶品，網羅萬物。考篇目之大者，其莫過於此乎？及司馬遷之著《史記》也，又列天子行事，以本紀名篇。……蓋紀之爲體，猶《春秋》之經，繫日月以成歲時，書君上以顯國統。……又紀者，既以編年爲主，唯敘天子一人。有大事可書者，則見之於年月；其書事委曲，付之列傳〔註4〕。

從上述前人所論，可知「本紀」，名義上是序帝王，實際上是以帝王年號爲順序，反映一朝政治、經濟、文化等重大事件。換言之，本紀是以各朝發生之史實，分別前後順序繫於各個帝王，即所謂「以事繫人」〔註5〕。故本紀是一種以時間爲綱的記事方法，以記載帝王的言行政蹟爲中心，亦兼述一朝的國政大事。

二、世　家

「世家」一體，首創於司馬遷《史記》。《史記・太史公自序》云：「二十八宿環北辰，三十輻共一轂，運行無窮，輔拂股肱之臣配焉，忠信行道，以奉主上，作三十世家〔註6〕。」劉知幾更進一步闡述「世家」創設之名義：

自有王者，便置諸侯，列以五等，疏爲萬國。當周之東遷，王室大壞，於是禮樂征伐自諸侯出。迄乎秦世，分爲七雄。司馬遷之記諸國也，其編次之體，與本紀不殊。蓋欲抑彼諸侯，異乎天子，故假以他稱，名爲世家〔註7〕。

《史記》「世家」一體，係記載王侯諸國，至《漢書》改爲「列傳」，此例一定，歷代因襲之。然而亦有異名者，如「《晉書》於僭僞諸國，數代相傳者，不曰世家，而曰載記。蓋以劉、石、苻、姚諸君，有稱大號者，不得以侯國例之也」；又「歐陽修《五代史》，則於吳、南唐、前蜀、後蜀、南漢、北漢、楚、越、閩、南平，皆稱

〔註2〕（漢）司馬遷，《史記》，卷一〈五帝本紀第一〉（北京市：中華，民76年），頁1。
〔註3〕同前註。
〔註4〕（唐）劉知幾著、（清）浦起龍釋，《史通通釋》，卷二〈本紀〉（臺北市：里仁，民69年），頁36～38。
〔註5〕王錦貴，《中國紀傳體文獻研究》（北京市：北京大學出版社，民85年），頁119。
〔註6〕（漢）司馬遷，《史記》，卷一三〇〈太史公自序第七十〉（北京市：中華，民76年），頁3319。
〔註7〕（唐）劉知幾著、（清）浦起龍釋，《史通通釋》，卷二〈世家〉（臺北市：里仁，民69年），頁41～42。

世家。《宋史》因之，亦作十國世家。《遼史》於高麗、西夏，則又變其名曰外紀〔註8〕。」

三、表

　　史之有表，始見於《史記》。《史記》有十表，其中一個世表（即「三代世表」）、一個月表（即「秦楚之際月表」），其餘八種為年表，故《史記·太史公自序》云：「並時異世，年差不明，作十表〔註9〕。」二十五史之中，有表之設置者，計有十部：《史記》、《漢書》、《新唐書》、《新五代史》、《宋史》、《遼史》、《金史》、《元史》、《明史》、《新元史》。

　　史表的功用，有下列三項〔註10〕：

（一）提要：紀傳主於詳，表則提綱揭領，一覽了然。

（二）匯總：紀傳主於分，表主於合。合則匯總，便於尋檢。

（三）省繁：凡人與事非要而又不可闕者，見之於表，不必列於紀傳，則文省而事具。

四、書　志

　　書志體例，首創於《史記》之「八書」。司馬遷在自序中明白地說明「八書」設置之目的：「禮樂損益，律曆改易，兵權山川鬼神，天人之際，承敝通變，作八書〔註11〕。」繼《史記》之後，班固又於《漢書》中設立「十志」，由於《史記》稱「書」，《漢書》曰「志」，後人遂統稱為「書志」。書志是有關各種典章制度的專篇，舉凡郡縣之僑置或更異，官職官制之興廢，刑罰之輕重，戶口之登耗，經濟之盛衰，禮樂風俗之丕變，兵衛之興革，以及河渠之通塞等事項〔註12〕，故其記載的內容包括政治、經濟、軍事、文化等重要領域。

　　歐陽修於《新五代史》另立「司天」與「職方」二考，亦是書志體例，而變更其名。

五、列　傳

　　列傳，亦簡稱「傳」。列傳主要是人物傳記，亦兼述我國少數民族，以及與我國互相往來的一些國家和地區的歷史情況〔註13〕。歷史學者對於「列傳」一體，亦

〔註8〕同註1，頁4～5。
〔註9〕同註6。
〔註10〕徐浩，《二十五史論綱》（上海市：上海，民78年），頁20。
〔註11〕同註6。
〔註12〕同註10，頁22。
〔註13〕吳樹平，〈《二十四史》簡介〉，《古代要籍概述》（北京市：中華，民76年），頁87。

有所論述：

（一）劉知幾《史通》

紀傳之興，肇於《史》、《漢》。蓋紀者，編年也；傳者，列事也。編年者，歷帝王之歲月，猶《春秋》之經；列事者，錄人臣之行狀，猶《春秋》之傳。《春秋》則傳以解經，《史》、《漢》則傳以釋紀〔註 14〕。

（二）趙翼《二十二史箚記》

古書凡記事立論及解經者，皆謂之傳，非專記一人事蹟也。其專記一人爲一傳者，則自遷始〔註 15〕。

從上文可知，敘述人物以爲傳，始於《史記》一書。司馬遷在《史記》中設置列傳的動機是：「扶義俶儻，不令己失時，立功名於天下，作七十列傳〔註 16〕。」質言之，列傳係記載歷史上具有影響力的各類型人物，敘述其生平事蹟，使之流傳於後世者。

徐浩將列傳分爲四種類型〔註 17〕：

（一）專傳：凡皇公巨卿大臣勳業顯著，及有關國政之大奸大惡者，皆立專傳，或稱大傳。

（二）合傳：合傳之體，施於通史者多，如《史記》之〈老子韓非列傳〉、〈屈原賈生列傳〉等。

（三）附傳：史家對於同一事跡，或共事之人，恆取其主要一人爲主，而附載此事相關之人一一類敘，或帶敘，蓋因人各一傳，則不勝傳，不爲立傳，則其人又有事可傳，故用附傳之例。

（四）類傳：如《史記》之〈儒林列傳〉、〈滑稽列傳〉、〈貨殖列傳〉等，傳目各就一朝所有人物傳之。

六、論　贊

論贊是一種品評歷史人物、歷史事件的體例。論贊不僅有悠久的歷史，而且名目繁多。早在《春秋・左氏傳》中，作者就每每以「君子曰」的形式發表自己的看法。《公羊傳》中的「公羊子曰」、《穀梁傳》中的「穀梁子曰」均可視爲此一體例之

〔註 14〕（唐）劉知幾著、（清）浦起龍釋，《史通通釋》，卷二〈列傳〉（臺北市：里仁，民 69 年），頁 46。

〔註 15〕同註 1，頁 6。

〔註 16〕同註 6。

〔註 17〕同註 10，頁 23～24。

濫觴〔註18〕。

　　《史記》之「太史公曰」即是論贊的同義語。其他如《後漢書》「論」、「贊」並用（論為散文，贊為四言詩）；唐代以後官修正史多稱「史臣曰」；《晉書》以唐太宗御筆評點而特稱「制曰」；歐陽修《新五代史》以「嗚呼」二字發論；《宋史》、《遼史》區別論、贊（本紀曰「贊」、列傳曰「論」〔註19〕），此皆為論贊體例之異名。

第二節　正史的內容範圍

　　在二十五部正史之中，除《史記》和《三國志》以外，其他二十三部正史的名稱，分別以「史」字為書名的有10部：《南史》、《北史》、《舊五代史》、《新五代史》、《宋史》、《遼史》、《金史》、《元史》、《明史》、《新元史》；而以「書」字為名的正史有《漢書》、《後漢書》、《晉書》、《宋書》、《南齊書》、《梁書》、《陳書》、《魏書》、《北齊書》、《周書》、《隋書》、《舊唐書》、《新唐書》等十三部。本節分別介紹二十五史的作者、記事起迄年代、內容範圍及卷數；並述及正史之官修與私修之利弊、比較通史與斷代史之優、缺情形。

一、《史記》
　　（一）記事起迄年代：上起傳說中的黃帝，下至漢武帝太初年間（公元前 104 ～101 年），共約三千年史事。
　　（二）內容：本紀（12 卷）、表（10 卷）、書（8 卷）、世家（30 卷）、列傳（70 卷）。
　　（三）總卷數：130 卷。
　　（四）作者：（西漢）司馬遷

二、《漢書》
　　（一）記事起迄年代：上起西漢高祖元年，下迄王莽地皇 4 年。（公元前206～公元 23 年）
　　（二）內容：帝紀（12 卷）、表（8 卷）、志（10 卷）、列傳（70 卷）。
　　（三）總卷數：120 卷。
　　（四）備註：篇幅太長的，分為上下或上中下卷，故卷數多於篇數。

〔註18〕同註5，頁170～171。
〔註19〕同前註，頁171。

（五）作者：（東漢）班固

三、《後漢書》

（一）記事起迄年代：自東漢光武帝建武元年，至獻帝建安 25 年。（25～220）

（二）內容：帝紀（10 卷）、志（30 卷）、列傳（80 卷）。

（三）總卷數：130 卷。

（四）備註：帝后紀分為 12 卷，列傳分為 88 卷，合志 30 卷。

（五）作者：（宋）范曄

四、《三國志》

（一）記事起迄年代：東漢靈帝中平元年，至西晉武帝太康元年。（184～280）

（二）內容：魏書（30 卷）、蜀書（15 卷）、吳書（20 卷）。

（三）總卷數：65 卷。

（四）作者：（晉）陳壽

五、《晉書》

（一）記事起迄年代：晉武帝泰始元年，至恭帝元熙 2 年。（265～420）

（二）內容：帝紀（10 卷）、志（20 卷）、列傳（70 卷）、載記（30 卷）。

（三）總卷數：130 卷。

（四）作者：（唐）房玄齡等

六、《宋書》

（一）記事起迄年代：宋武帝永初元年，至宋順帝昇明 3 年。（420～479）

（二）內容：帝紀（10 卷）、志（30 卷）、列傳（60 卷）。

（三）總卷數：100 卷。

（四）作者：（梁）沈約

七、《南齊書》

（一）記事起迄年代：齊高祖建元元年，至和帝中興元年。（479～502）

（二）內容：本紀（8 卷）、志（11 卷）、列傳（40 卷）。

（三）總卷數：59 卷。

（四）作者：（梁）蕭子顯

八、《梁書》

（一）記事起迄年代：梁武帝天監元年，至梁敬帝太平元年。（502～557）

（二）內容：本紀（6 卷）、列傳（50 卷）。

（三）總卷數：56 卷。

（四）作者：（唐）姚思廉

九、《陳書》

　　（一）記事起迄年代：陳武帝永定元年，至後主禎明 3 年。（557～589）

　　（二）內容：本紀（6 卷）、列傳（30 卷）。

　　（三）總卷數：36 卷。

　　（四）作者：（唐）姚思廉

十、《南史》

　　（一）記事起迄年代：宋武帝永初元年，至陳後主禎明 3 年。（420～589）

　　（二）內容：本紀（10 卷）、列傳（70 卷）。

　　（三）總卷數：80 卷。

　　（四）作者：（唐）李延壽

十一、《魏書》

　　（一）記事起迄年代：自北魏道武帝登國元年，至東魏孝靜帝武定 8 年。（386
　　　　～550）

　　（二）內容：帝紀（12 卷）、列傳（92 卷）、志（10 卷）。

　　（三）總卷數：130 卷。

　　（四）備註：帝紀分爲 14 卷，列傳分爲 96 卷，志分爲 20 卷。

　　（五）作者：（北齊）魏收

十二、《北齊書》

　　（一）記事起迄年代：北齊文宣帝元年，至齊幼主承光元年。（496～577）

　　（二）內容：帝紀（8 卷）、列傳（42 卷）。

　　（三）總卷數：50 卷。

　　（四）作者：（唐）李百藥

十三、《周書》

　　（一）記事起迄年代：自周文帝至周靜帝大定元年。（505～581）

　　（二）內容：本紀（8 卷）、列傳（42 卷）。

　　（三）總卷數：50 卷。

　　（四）作者：（唐）令狐德棻

十四、《隋書》

　　（一）記事起迄年代：隋文帝天皇元年，至隋恭帝義寧 2 年。（581～618）

　　（二）內容：帝紀（5 卷）、志（30）、列傳（50 卷）。

（三）總卷數：85 卷。

（四）作者：（唐）魏徵等

十五、《北史》

（一）記事起迄年代：自北魏道武帝登國元年，至隋恭帝義寧 2 年。（386～618）

（二）內容：本紀（12 卷）、列傳（88 卷）。

（三）總卷數：100 卷。

（四）作者：（唐）李延壽

十六、《舊唐書》

（一）記事起迄年代：自唐高祖武德元年，迄於唐哀帝天祐 4 年。（618～907）

（二）內容：本紀（20 卷）、志（30 卷）、列傳（150 卷）。

（三）總卷數：200 卷。

（四）作者：（後晉）劉昫

十七、《新唐書》

（一）記事起迄年代：同《舊唐書》。

（二）內容：本紀（10 卷）、志（50 卷）、表（15 卷）、列傳（150 卷）。

（三）總卷數：225 卷。

（四）作者：（宋）歐陽修、宋祁

十八、《舊五代史》

（一）記事起迄年代：自後梁太祖開平元年，至後周顯德元年。（907～960）

（二）內容：本紀（61 卷）、志（12 卷）、列傳（77 卷）。

（三）總卷數：150 卷。

（四）作者：（宋）薛居正

十九、《新五代史》

（一）記事起迄年代：同《舊五代史》。

（二）內容：本紀（12 卷）、列傳（45 卷）、考（3 卷）、世家（10 卷）、十國世家年譜（1 卷）、四夷附錄（3 卷）。

（三）總卷數：74 卷。

（四）作者：（宋）歐陽修

二十、《宋史》

（一）記事起迄年代：上起宋太祖建隆元年，下至南宋趙昺祥興 2 年。（960～1279）

（二）內容：本紀（47 卷）、志（162 卷）、表（32 卷）、列傳（255 卷）。

（三）總卷數：496 卷。

（四）作者：（元）脫脫等

二十一、《遼史》

　　（一）記事起迄年代：遼太祖元年，至天祚帝保大 5 年。（907～1125）

　　（二）內容：本紀（30 卷）、志（31 卷）、表（8 卷）、列傳（46 卷）。

　　（三）總卷數：116 卷。

　　（四）作者：（元）脫脫等

二十二、《金史》

　　（一）記事起迄年代：金太祖收國元年，至哀宗天興 3 年。（1115～1234）

　　（二）內容：本紀（19 卷）、志（39 卷）、表（4 卷）、列傳（73 卷）。

　　（三）總卷數：135 卷。

　　（四）作者：（元）脫脫等

二十三、《元史》

　　（一）記事起迄年代：元太祖元年，至元順帝 28 年。（1206～1368）

　　（二）內容：本紀（47 卷）、志（53 卷）、表（6 卷）、列傳（97 卷）。

　　（三）總卷數：210 卷。

　　（四）作者：（明）宋濂等

二十四、《新元史》

　　（一）記事起迄年代：元太祖元年，至昭宗 8 年。（1206～1378）

　　（二）內容：本紀（26 卷）、志（70 卷）、表（7 卷）、列傳（154 卷）。

　　（三）總卷數：257 卷。

　　（四）作者：柯劭忞

二十五、《明史》

　　（一）記事起迄年代：明太祖洪武元年，至思宗崇禎十七年。（1368～1644）

　　（二）內容：本紀（24 卷）、志（75 卷）、表（13 卷）、列傳（220 卷）。

　　（三）總卷數：332 卷。

　　（四）作者：（清）張廷玉等

　　自從唐代設館修史，宰相監督任提舉，開創了新王朝修撰前朝歷史的通例，於

是正史遂有官修與私修的區別〔註20〕。

關於官修，其利有三。首先，文獻資料充分。上自國家藏書、政府文件、各類檔案，下至各種私人著述，皆可利用；其次，人才濟濟。官修正史因為各類專家齊備，學有專精，比較能夠發揮個人所長；第三，官修正史可以保存文獻。自從唐代確立設館修史制度後，每一個新的王朝，都效法唐代，為前朝修史，使各朝正史的編纂得以連續不斷，並且能發揮保存文獻的作用〔註21〕。

至於正史官修之弊，劉知幾在《史通·忤時篇》清楚地說到史館修史有五不可：

> 古之國史，皆出自一家，如魯、漢之丘明、子長，晉、齊之董狐、南史，咸能立言不朽，藏諸名山。……今者人自以為荀、袁，家自稱為政、駿。每欲記一事，載一言，皆閣筆相視，含毫不斷。故頭白可期，而汗青無日，其不可一也。……前漢郡國計書，先上太史，副上丞相。後漢公卿所撰，始集公府，乃上蘭臺。由是史官所修，載事為博。爰自近古，此道不行。史官編錄，唯自詢採，……其不可二也。昔董狐之書法也，以示於朝；南史之書弒也，執簡以往。而近代史局，皆通籍禁門，深居九重，欲人不見。……取嫉權門，見仇貴族。人之情也，能無畏乎？其不可三也。古者刊定一史，纂成一家，體統各殊，指歸成別。……頃史官注記，多取稟監修，……十羊九牧，其令難行；一國三公，適從何在？其不可四也。今監之者既不指授，修之者又無遵奉，用使爭學苟且，務相推避，坐變炎涼，徒延歲月，其不可五也〔註22〕。

關於私修，其優點與官修相比較，主要有二：（一）私修者可以直書胸臆。對於古今歷史，小自一人一事，大至典章經制、國家前途，私修者可以根據個人研究，直抒己見，能充分地反映出史家的立場與觀點；（二）私人修史，作者始終一人，利於統籌組織，且風格一貫，不若眾人修史，風格彼此各異，易產生牴誤訛謬〔註23〕。

然而，正史私修亦存有其缺點。首先是資料問題，撰述正史需要利用大量的文獻資料，而私修者，尤其非史官出身者，常有資料匱乏而求借無門之憾。第二：人才問題，就私家修史者而言，若非超出常人之博學多聞，便難以勝任〔註24〕。

〔註20〕張大可，《中國歷史文獻學》（陝西：人民教育，民80年），頁192。

〔註21〕同註5，頁342。

〔註22〕（唐）劉知幾著、（清）浦起龍釋，《史通通釋》，卷二十〈忤時〉（臺北市：里仁，民69年），頁590～592。

〔註23〕同註5，頁340～341。

〔註24〕同前註。

正史之體裁，依所記時代而分，又有通史與斷代史之別。如《史記》上迄黃帝，下至漢武，不以一代為起訖，為紀傳體的通史；《漢書》單記一代之事，為紀傳體的斷代史〔註25〕。所謂通史是相對於斷代史的稱呼，通史的撰述係逸出朝代的框限，著重於歷史的連續性，而斷代史則專注一朝史事，兩者屬於時間斷限的範圍問題〔註26〕。

關於通史之優、缺點，分別敘述如下：

（一）優　點：

章學誠《文史通義・釋通》云：「通史之修，其便有六：一曰免重複，二曰均類例，三曰便銓配，四曰平是非，五曰去牴牾，六曰詳鄰事。其長有二：一曰具剪裁，二曰立家法〔註27〕。」

（二）缺　點〔註28〕：

1、通史不能特別全面、集中地反映某一時期的歷史。

2、通史工程浩大費時，編纂不易。

斷代史之優、缺點，敘述如下：

（一）優　點：

劉知幾在《史通・六家》以《漢書》為例，極言斷代史之優點：「如《漢書》者，究西都之首末，窮劉氏之廢興，包舉一代，撰成一書。言皆精練，事甚該密，故學者尋討，易為其功〔註29〕。」

（二）缺　點：

1、重複互見。其中有全部重複者，如《南史》之於《宋書》、《齊書》、《梁書》、《陳書》，《北史》之於《舊唐書》、《新五代史》之於《舊五代史》。亦有局部重複者，如《漢書》記漢武以前的史實，完全抄錄《史記》原文〔註30〕。

2、斷代史上不記前代，下不及他朝，拘限一朝史事，前後不相聯屬〔註31〕。

〔註25〕蔣祖怡編著，《史學纂要》（臺北市：正中，民70年），頁88。
〔註26〕張國裕，《唐代史學發展趨勢之研究——以唐後期（755～907）史學的轉變為中心》（臺灣師範大學歷史研究所，碩士論文，民84年6月），頁73。
〔註27〕章學誠，《文史通義》，卷四〈釋通〉（臺北市：廣文，民70年），頁23。
〔註28〕同註5，頁361～362。
〔註29〕（唐）劉知幾著、（清）浦起龍釋，《史通通釋》，卷一〈六家〉（臺北市：里仁，民69年），頁22。
〔註30〕翦伯贊，《史料與史學》（上海書局，出版年不詳），頁6。
〔註31〕同註5，頁359。

第三節　正史著述的動機與成書的經過

　　中國第一部正史：《史記》，不但創造了紀傳體歷史著作的體例，其著述的內容範圍更上溯到遠古時代到西漢一朝，成爲一部紀傳體通史體裁的正史。繼而《漢書》問世，對《史記》的體例因襲而略有變更，如改「書」爲「志」，取消「世家」等。《漢書》斷代爲史，是一部專記漢代的歷史著作，亦成爲此後歷代正史著述的典範。《史記》、《漢書》以後的各朝正史，不論官修或私撰，大致遵循《史記》、《漢書》的著述方式。本節分別探討二十五部正史著述的動機，及其成書的經過，藉此對二十五史有一概括的瞭解。

一、《史記》

　　「史記」乃古代史官紀錄之通稱，司馬遷所著《史記》一書中的「史記」一詞，皆係此義。司馬遷所著書，自稱爲《太史公書》，而襲用「史記」之通稱以作爲此書之專名，係經過長期演變的結果。西漢多稱《太史公書》；東漢初或稱《太史公記》、《太史記》，再簡稱爲《史記》〔註32〕。東漢荀悅《漢紀》卷十四始云：「司馬子長既遭李陵之禍，喟然而嘆，幽而發憤，遂著史記，始自黃帝，以及秦漢，爲太史公記〔註33〕。」而南朝宋范曄《後漢書‧班彪傳》亦稱：「武帝時，司馬遷著《史記》〔註34〕。」故「史記」一詞，遂成爲司馬遷書之專名。

　　司馬遷著《史記》的動機爲何？下文分成三個方面來說明：

（一）稟承先父之遺言

　　司馬氏世爲史官，而司馬遷之父司馬談因故未能參加封禪大典，視爲畢生之遺恨，故發憤且卒。《史記‧太史公自序》記載談、遷父子的對話：

> 太史公執遷手而泣曰：「余先周室之太史也。自上世嘗顯功名於虞夏，典天官事。後世中衰，絕於予乎？汝復爲太史，則續吾祖矣。今天子接天歲之統，封泰山，而余不得從行，命也夫！余死，汝必爲太史；爲太史，無忘吾所欲論著矣。」……遷俯首流涕曰：「小子不敏，請悉論先人所次舊聞，弗敢闕。」〔註35〕

〔註32〕徐復觀，〈論《史記》（下）〉，《大陸雜誌》五五卷六期（民66年12月），頁291。

〔註33〕（漢）荀悅，漢紀，卷十四〈前漢孝武皇帝紀第五〉，《中國學術類編：漢紀西漢年紀合刊》（臺北市：鼎文，民69年），頁104～105。

〔註34〕（宋）范曄，《後漢書》，卷四十上〈班彪列傳第三十上〉（北京市：中華，民76年），頁1324。

〔註35〕同註6，頁3295。

故司馬遷乃繼承其父之遺言，而著《史記》，並列〈封禪書〉於八書之一，藉此表示稟承先父之遺意〔註36〕。

（二）深受孔子作《春秋》之影響

《史記・太史公自序》云：「先人有言：『自周公卒五百歲而有孔子。孔子卒後至於今五百歲，有能紹明世，正《易》、《傳》，繼《春秋》，本《詩》、《書》、《禮》、《樂》之際？』意在斯乎！小子何敢讓焉〔註37〕。」這一段敘述是司馬遷受到孔子作《春秋》影響的明確表示，故知司馬遷以紹述孔子作《春秋》的精神、目的自任。

（三）述往事以思來者

《漢書》卷62收錄司馬遷〈報任安書〉一文，亦提及撰述《史記》之動機：

> 蓋西伯拘而演《周易》；仲尼戹而作《春秋》；屈原放逐，乃賦《離騷》；
> 左丘失明，厥有《國語》；……《詩》三百篇，大抵賢聖發憤之所爲作也。
> 此人皆意有所鬱結，不得通其道，故述往事，思來者〔註38〕。

從上文的敘述可知司馬遷列舉前人發憤著書的實例，進而反映自己著書的心情，亦因之彰著。文末「故述往事，思來者」正是他想通過撰史以盡到對人類責任的表現〔註39〕。

《史記》是司馬遷以史官職私撰，其成書的經過概要敘述如下：

《史記》之作，始自其父談卒後三年，而遷爲太史令，乃「紬史記石室金匱之書」〔註40〕，《史記集解》亦云「遷爲太史後五年，適當於武帝太初元年，此時述《史記》。」漢武帝天漢3年（公元前198年），司馬遷遭李陵之禍，自請處腐刑而免死，出獄後任中書令，自此憤力述作，至武帝征和二年（公元前91年）才完成《史記》。統計《史記》前後共經十八年，加上書成後，又刪訂改削，故此書之成，凡二十餘年〔註41〕。至漢宣帝時，始由遷之「外孫楊惲祖述其書，遂宣布焉〔註42〕。」

二、《漢書》

根據《漢書・敘傳》云：「探纂前記，綴輯所聞，以述《漢書》〔註43〕。」可

〔註36〕金靜庵，《中國史學史》（臺北市：鼎文，民75年），頁43。
〔註37〕同註6，頁3296。
〔註38〕（漢）班固，《漢書》，卷六二〈司馬遷傳第三二〉（北京市：中華，民72年），頁2735。
〔註39〕徐復觀，〈論《史記》（上）〉，《大陸雜誌》五五卷五期（民66年11月），頁200。
〔註40〕同註37。
〔註41〕同註10，頁28。
〔註42〕（唐）劉知幾著、（清）浦起龍釋，《史通通釋》，卷十二〈古今正史〉（臺北市：里仁，民69年），頁337。
〔註43〕（漢）班固，《漢書》，卷一百下〈敘傳第七十下〉（北京市：中華，民72年），頁4235。

知《漢書》之名，係班固所自訂。《漢書》稱「書」，不稱「記」，劉知幾認爲以「書」爲名，乃稽古之偉稱。因昔虞、夏之典，商、周之誥，孔氏所撰，皆謂之「書」〔註44〕。宋代以前，凡以《漢書》爲典範且專記一朝的正史，皆以「書」字命名。

　　《漢書》之作，根據《二十二史劄記》考證結果，共經四人之手，分別是班彪、班固、班昭、馬續〔註45〕。《漢書》之架構規模、理論宗旨、涵蘊精神，皆建基於班彪；而損益去取、穿插移換、潤色文采，則出於子班固；而綜理散亂、補其未竟，則猶待妹班昭與馬續〔註46〕。至於《漢書》著述之動機，《後漢書‧班彪傳》云：

　　　　彪既才高而好著作，遂專心史籍之間。武帝時，司馬遷著《史記》，
　　自太初以後，闕而不錄，後好事者頗或綴集時事，然多鄙俗，不足以踵繼
　　其書。彪乃繼採前史遺事，傍貫異聞，作後傳數十篇，因斟酌前史而譏正
　　得失〔註47〕。

　　由此可知，《漢書》之作，乃因司馬遷《史記》著述止於漢武帝，其後史事闕而不錄，且繼而諸好事者，如劉向、劉歆父子、馮商、揚雄、史岑等相繼撰述，均鄙俗荒謬而不足以踵前史，故班彪乃作《後傳》六十五篇。此外，《後漢書‧班彪傳》亦記載其撰寫《後傳》的準則，以及對《史記》的批評：

　　　　遷之所記，從漢元至武以絕，則其功也。至於採經摭傳，分散百家之
　　事，甚多疏略，不如其本，務欲以多聞廣載爲功，論議淺而不篤。其論術
　　學，則崇黃老而薄《五經》；……誠令遷依《五經》之法言，同聖人之是
　　非，意亦庶幾矣。……今此後篇，慎覈其事，整齊其文，不爲世家，唯紀、
　　傳而已〔註48〕。

班彪以儒家思想批評司馬遷的史學思想，以及評論《史記》體例不純等缺失。因此「《五經》之法言，同聖人之是非」正是班彪作《後傳》的準則〔註49〕。

　　班彪卒後，其子固接續著作，「固以彪所續前史未詳，乃潛精研思，欲就其

〔註44〕（唐）劉知幾著、（清）浦起龍釋，《史通通釋》，卷一〈六家〉（臺北市：里仁，民69
　　　　年），頁21～22。
〔註45〕（清）趙翼著、杜維運考證，《二十二史劄記及補編》，卷一〈班固作史年歲〉（臺北
　　　　市：鼎文，民64年），頁2～3。
〔註46〕馬先醒，〈『諸好事者』與《漢書》譔者〉，《華岡學報》8期（民63年7月），頁88
　　　　～89。
〔註47〕同註34。
〔註48〕同前註，頁1325～1327。
〔註49〕簡松興，〈班固撰《漢書》時可能的限制──以《敘傳》爲中心〉，《輔大中研所學刊》
　　　　3期（民83年6月），頁92。

業〔註50〕。」又班固撰述《漢書》之另一目的，依據《漢書‧敘傳》言：

> 固以爲唐虞三代，《詩》、《書》所及，世有典籍，故雖堯舜之盛，必
> 有典謨之篇，然後揚名於後世，冠德於百王，……漢紹堯運，以建帝業，
> 至於六世，史臣乃追述功德，私作本紀，編於百王之末，廁於秦、項之列。
> 太初以後，闕而不錄，故探纂前記，綴輯所聞，以述《漢書》〔註51〕。

自上文中得知：班固認爲唐虞三代所代表的儒家社會，仍須靠世有典籍才能夠揚名
於後世，而漢繼堯運，司馬遷以漢史列於秦、項之後，無法凸顯漢代的歷史地位，
故班固乃斷漢爲書，以別於秦、項。《漢書》遂成爲中國紀傳體斷代史之始。

　　前文曾述及《漢書》之作，共經過四人先後完成。首先是班彪作《後傳》六十
五篇，其子固「以父所撰未盡一家，乃起元高皇，終乎王莽，十有二世，二百三十
年，綜其行事，上下通洽，爲《漢書》紀、表、志、傳百篇〔註52〕。」至東漢明帝
永平五年（62），班固被人告其私改國史，並拘入京獄中。班固之弟超乃至洛陽上書，
爲其辯白，「具言固所著述意，顯宗甚奇之，召詣校書部，除蘭臺令史〔註53〕。」
班固在任職期間，潛精積思二十餘年；永元初，班固因大將軍竇憲出征匈奴一事，
卒於洛陽獄，「其八表及天文志，未及竟，和帝詔昭就東觀藏書閣踵而成之〔註54〕。」
後來《漢書》問世之初，世人多未能通，於是「同郡馬融伏於閣下，從昭受讀，後
又詔融兄續繼昭成之〔註55〕。」《漢書》之著述，至此乃完成。

三、《後漢書》

　　范曄在《獄中與諸甥姪書》云：「既造《後漢》，轉得統緒〔註56〕。」據此所言，
《後漢》之名，係范曄所自定，而「書」字亦其所自加，以區別於班固之《漢書》。

　　范曄撰述《後漢書》的時間，根據《南史》記載：「元嘉九年，彭城太妃薨，
將葬，僚故並集東府，曄與司徒左西屬王深及弟司徒祭酒廣夜中酣飲，開北牖聽挽
歌爲樂。彭城王義康大怒，左遷宣城太守。不得志，乃刪眾家《後漢書》爲一家之
作〔註57〕。」至於范曄撰寫《後漢書》的動機，除仕途不得志之外，另一目的是「不

〔註50〕同註34，頁1333。
〔註51〕同註43。
〔註52〕同註42，頁338。
〔註53〕同註34，頁1334。
〔註54〕（宋）范曄，《後漢書》，卷八四〈列女傳第七四：班昭〉（北京市：中華，民76年），
　　　　頁2784。
〔註55〕同前註，頁2785。
〔註56〕（宋）范曄，〈獄中與諸甥姪書〉收錄在《後漢書》卷末（北京市：中華，民76年）。
〔註57〕（唐）李延壽，《南史》，卷三三《范曄傳第二三》（北京市：中華，民72年），頁849。

滿意諸家後漢史之作」。〈獄中與諸甥姪書〉云：

> 既造《後漢》，轉得統緒。詳觀古今著述及評論，殆少可意者。班氏最有高名，既任情無例，不可甲乙辨，後贊於理近無所得，唯志可推耳。博贍不可及之，整理未必愧也。……又欲因事就卷內發論，以正一代得失〔註58〕。

由此可知，范曄不但對於各家《後漢書》不甚滿意，即使對班固《漢書》之稱贊，亦有限度，所以欲藉重撰《後漢書》來發揮其對歷史的見解〔註59〕。

范曄著《後漢書》係以《東觀漢記》為主要依據。關於後漢史的著述，在范曄之前，自《東觀漢記》以下共有二十家之多，詳見范文瀾《正史考略》一書〔註60〕。元嘉二十二年（445），范曄被人告發參預擁立劉義康為帝，因謀反罪入獄，然其十志亦未成〔註61〕，享年48歲。故今本《後漢書》中的帝紀、列傳共九十篇乃范曄所撰，至梁代劉昭取司馬彪《續漢書》的八志，並為之作注，析為三十卷，合併於范氏《後漢書》中，即成為今本《後漢書》。

四、《三國志》

《三國志》之名，根據《晉書》與《華陽國志》陳壽傳的記載，確定為陳壽所自定。《三國志》係把中國歷史上魏、蜀、吳三國鼎立的時期分成三書：《魏書》三十卷、《蜀書》十五卷、《吳書》二十卷，共六十五卷。

陳壽著述《三國志》的動機，蓋因三國已亡，而尚無全史，且陳壽又嫻於掌故，時人稱其善敘事，有良史之才〔註62〕。故「吳平後，壽乃鳩合三國史，著魏、吳、蜀三書六十五篇，號《三國志》〔註63〕。」

《三國志》具體的撰寫時間和確切的成書年代，因史無明文記載，故難以定論。一般都認為在晉武帝太康元年（280）滅吳後，陳壽即著手撰寫《三國志》。當時魏、吳兩國已先有史籍，官修如王沈《魏書》、韋昭《吳書》，私撰如魚豢《魏略》，這三種史籍是陳壽撰《三國志》所根據的基本史料。惟蜀國無史，故必須由陳壽直接採集資料〔註64〕。陳壽卒後，梁州大中正、尚書郎范頵等上表推薦《三國志》，並曰：

〔註58〕同註56。
〔註59〕李宗鄴，《中國歷史要籍介紹》（上海市：古籍，民71年），頁138。
〔註60〕范文瀾，《正史考略》（上海書局據北平文化學社1931年版影印），頁42～45。
〔註61〕同註42，頁343。
〔註62〕（唐）房玄齡等著，《晉書》，卷八二〈陳壽傳第五二〉（北京市：中華，民71年），頁2137。
〔註63〕《華陽國志·陳壽傳》收錄在《三國志》卷末（北京市：中華，民74年），頁1475。
〔註64〕中華書局編輯部，《《三國志》出版說明》（北京市：中華，民74年），頁1～2。

「陳壽作《三國志》，辭多勸誡，明乎得失，有益風化，雖文豔不若相如，而質直過之，願垂採錄〔註65〕。」於是朝廷乃命河南尹、洛陽令到陳壽家抄寫其書，藏於官府。

五、《晉書》

魏晉南北朝史學，承接兩漢之後，著作豐富，僅僅是晉史，就有十八家之說。晉書有十八家的說法，係唐太宗貞觀二十年閏三月〈修晉書詔〉中所稱。原文如下：

> 十有八家，雖存記注，而才非良史，事虧實錄。緒煩而寡要，思勞而少功；叔寧課虛，滋味同於畫餅；子雲學海，涓滴埋於涸流；處叔不預於中興，法盛莫通於創業；洎乎干、陸、曹、鄧，略記帝王；鸞、盛、廣、訟，纔編載記。其文既野，其事罕傳〔註66〕。

柏蔭培在〈「晉書十八家」的商榷〉一文考證指出：《晉書》實不止十八家，應該有三十九家，若將注釋彙編等類刪除，則尚有三十一家之多〔註67〕。關於晉史的著作雖多，但至唐太宗貞觀年間，著名的應該有十八家之多。從上文〈修晉書詔〉的內容來看，雖然記載《晉書》有十八家，然而卻批評了其中十四家。故「不滿前代《晉書》的修撰」是唐太宗敕修《晉書》的基本原因。

其次，「藉古規今，垂示將來」應是唐太宗重修《晉書》的另一原因。貞觀十七年（643），太子謀反事發，李治在長孫無忌等人的支持下立為太子，即後來的唐高宗。這場爭嗣的宮廷政變好似當年唐太宗發動玄武門之變的重演，因此太宗欲藉重修晉史，用以垂示將來，使嗣君大臣知曉君臣之義〔註68〕。

最後一項修撰《晉書》的動機是為「囊括華夷，宣揚大一統」〔註69〕。西晉曾經是統一的王朝，而各家晉史都不包括十六國史事。唐代欲貫徹華夷一家，以及加強統一的觀念，於是在《晉書》的體例上，創設「載記」之例，分國記述前趙、後趙、前燕、前秦、後秦、後蜀、後梁、後燕、西秦、北燕、南涼、南燕、北涼、夏等14個政權。

《晉書》的修撰，係從貞觀二十年（646）開始，至貞觀二十二年成書，歷時不到三年。參與《晉書》的修撰者，根據中華書局點校本《晉書》之出版說明，明確列出二十一人，其中房玄齡、褚遂良、許敬宗三人為監修，其餘十八人是令狐德

〔註65〕同註62，頁2138。
〔註66〕〈修晉書詔〉收錄在《晉書》卷末（北京市：中華，民71年），頁3305。
〔註67〕柏蔭培，〈「晉書十八家」的商榷〉，《幼獅學誌》七卷一期（民57年1月），頁1。
〔註68〕倉修良主編，《中國史學名著評介》（臺北市：里仁，民83年），頁482～483。
〔註69〕同前註，頁484。

棻、敬播、來濟、陸元仕、劉子翼、盧承基、李淳風、李義府、薛元超、上官儀、崔行功、辛丘馭、劉胤之、楊仁卿、李延壽、張文恭、李安期和李懷儼。由於唐太宗親自撰述宣帝（司馬懿）、武帝（司馬炎）二紀，以及陸機、王義之兩傳，所以又題「御撰」〔註70〕。

六、《宋書》

　　《宋書》的修撰，在劉宋當代原已著手進行，並有相當的成績。沈約《宋書》問世之前，已有三部《宋書》存在，分別是（宋）徐爰《宋書》65卷、（宋）大明中無名氏《宋書》61卷、（齊）孫嚴《宋書》六五卷〔註71〕。沈約自言年二十許，便有撰述之意，至齊武帝永明五年（487）奉詔重新修撰《宋書》。沈約在〈上宋書表〉中陳述其著作的動機：

>　　宋故著作郎何承天始撰《宋書》，草立紀傳，止於武帝功臣，篇牘未廣。其所撰志，唯天文、律歷，自此外，悉委奉朝請山謙之。謙之，孝建初，又被詔撰述，尋值病亡，仍使南臺侍御史蘇寶生續造諸傳，元嘉名臣，皆其所撰。寶生被誅，大明中，又命著作郎徐爰踵成前作。爰因何、蘇所述，勒爲一史，起自義熙之初，訖于大明之末〔註72〕。

　　從上文可知：《宋書》先由宋故著作郎何承天草立紀傳，編寫了天文志和律歷志。此後，又有山謙之、蘇寶生等陸續參與編撰。大明六年（462），徐爰領著作郎，他參照前人舊稿，編成「國史」，上自東晉義熙元年（405），訖於大明時止〔註73〕。其次，沈約在《上宋書表》對諸家宋史提出了三點問題，藉此作爲重修《宋書》之理由，茲分別敘述如下〔註74〕：

（1）一代之史未見完備

>　　自永光以來，至於禪讓，十餘年內，闕而不續，一代典文，始末未舉。

（2）品評人物有欠公允

>　　「臧質、魯爽、王僧達諸傳，又皆孝武所造」，此三人皆孝武帝所仇怨者。

（3）本朝人寫本朝史，政治干預太多

>　　事屬當時，多非實錄，又立傳之方，取捨乖衷，進由時旨，退傍世情，垂之方來，難以取信。

〔註70〕中華書局編輯部，《〈晉書〉出版說明》（北京市：中華，民71年），頁1。
〔註71〕同註68，頁329。
〔註72〕（梁）沈約，《宋書》，卷一百〈自序〉（北京市：中華，民72年），頁2467。
〔註73〕中華書局編輯部，《〈宋書〉出版說明》（北京市：中華，民72年），頁1。
〔註74〕同註71，頁329～330。

　　沈約奉詔撰《宋書》，主要依據何承天、徐爰等人的舊作補充修訂，以一年的時間，在永明六年（488）二月完成紀傳七十卷，而八志三十卷是後來續成的〔註75〕。沈約以一己之力修撰《宋書》，在二十五史中成書之速莫過於此。清代學者趙翼曰：「沈約於齊永明五年奉敕撰《宋書》，次年二月即告成，共紀、志、列傳一百卷，古來修史之速，未有若此者。今按其自序而細推之，知約書多取徐爰舊本而增刪之者也。……惟永光（465）以後，至亡國十餘年，記載並缺，今《宋書》內永光以後紀傳，蓋約等所補也〔註76〕。」

七、《南齊書》

　　《南齊書》，原名《齊書》，《史通》別稱之為《齊史》，冠南字於《齊書》之上，始於北宋，以區別於李百藥《北齊書》。

　　南朝齊、梁兩代撰齊史者甚多，沈約《齊紀》之外，尚有劉陟《齊書》、江淹《齊史》、吳均《齊春秋》、以及熊襄、王逸、蕭萬各作《齊典》。其中，江淹乃奉詔撰修，其餘皆私著〔註77〕。南齊高帝建元二年（480），即置史官，命檀超與江淹掌史職，負責編撰國史。檀超並上表立修國史體例〔註78〕；江淹則「以為史之所難，無出於志，故先著十志〔註79〕。」但終齊之世，仍未成全史。蕭子顯著述《南齊書》的時間，因史無明確記載，故尚無定說。根據《梁書》本傳關於蕭子顯著述記載順序推斷，子顯入梁後的著述時間，應該在梁武帝天監後期，而《南齊書》係完成於《普通北伐記》（梁武帝普通七年）之前。由此可推論《南齊書》的撰述時間在梁武帝天監晚期至普通七年（526）之間〔註80〕。

八、《梁書》、《陳書》

　　今本《梁書》和《陳書》皆題唐代姚思廉奉詔修撰。事實上，《梁書》和《陳書》是姚察和姚思廉父子兩代所撰成的。關於梁史，《史通通釋》云：

　　　　武帝時，沈約與給事中周興嗣、步兵校尉鮑行卿、秘書監謝昊相承撰錄，已有百篇。值承聖淪沒，並從焚蕩。盧江何之元、沛國劉璠以所聞見

〔註75〕同註73，頁2。
〔註76〕（清）趙翼著、杜維運考證，《二十二史箚記及補編》，卷九〈宋書多徐爰舊本〉（臺北市：鼎文，民64年），頁175。
〔註77〕陶懋炳，《中國古代史學史略》（湖南：人民，民76年），頁166。
〔註78〕（梁）蕭子顯，《南齊書》，卷五二〈文學列傳第三三〉（北京市：中華，民61年），頁891～892。
〔註79〕同註42，頁354。
〔註80〕同註68，頁349。

究其始末，合撰《梁典》三十篇。陳祠部郎中姚察有志撰勒，施功未周。

至於陳亡，其書不就〔註81〕。

至於陳史，「初有吳郡顧野王、北地傅縡各爲撰史學士，其武、文二帝紀即顧、傅所修。太建初，中書郎陸瓊續撰諸篇，事傷煩雜。姚察乃就加刪改，粗有條貫〔註82〕。」

從上文可知，《梁書》和《陳書》原爲姚察所撰，然而終生未能成書，故臨終前乃令其子思廉續成其志。貞觀三年（629），姚思廉受詔與秘書監魏徵同撰梁、陳二史，「思廉又採謝炅等諸家梁史續成父書，并推究陳事，刪益傅縡、顧野王所修舊史，撰成《梁書》五十卷、《陳書》三十卷〔註83〕。」

九、《魏書》

《魏書》，又名《北魏書》。北齊文宣帝天保二年（551）下詔命魏收撰修魏史，又詔平原王高隆之監修。魏收又令刁柔、辛元植、房延祐、睦仲讓、裴昂之、高孝幹等六人助其編次〔註84〕。《北史·魏收傳》亦記載《魏書》成書的經過：

> 收於是與通直常侍房延祐、司空司馬辛元植、國子博士刁柔、裴昂之、尚書郎高孝幹博總斟酌，以成《魏書》。辨定名稱，隨條甄舉。又搜採亡遺，綴續後事，備一代史籍，表而上聞之。勒成一代大典：凡十二紀，九十二列傳，合一百一十卷。五年三月，奏上之。……收以志未成，奏請終業，許之。十一月復奏十志，凡二十卷。續於紀傳，合一百三十卷〔註85〕。

魏收修撰《魏書》，前後歷時四年，於天保五年（554）十一月成書。《魏書》成書以後，當時議論紛紛，言魏收著史不平。《北齊書·魏收傳》云：「時論既言收著史不平，文宣詔收於尙書省與諸家子孫共加論討，前後投訴百餘人，云『遺其家世職位』，或云『其家不見記錄』，或云『妄有非毀』。……收無以對，戰慄而已。但帝先重收才，不欲加罪。……於是眾口諠然，號爲『穢史』〔註86〕。」《魏書》在時人攻訐以後，經過三次的修改〔註87〕：

（一）第一次在孝昭帝高演時，「帝以魏史未行，詔收更加研審。收奉詔，頗有改正。」

〔註81〕同註42，頁356。

〔註82〕同前註。

〔註83〕（後晉）劉昫，《舊唐書》，卷七三〈姚思廉傳第二三三〉（北京市：中華，民75年），頁2593。

〔註84〕同註42，頁365。

〔註85〕（唐）李延壽，《北史》，卷五六〈魏收傳第四四〉（北京市：中華，民72年），頁2030。

〔註86〕（唐）李百藥，《北齊書》，卷三七〈魏收傳第二九〉（北京市：中華，民72年），頁489。

〔註87〕同註68，頁394。

（二）第二次在成帝高湛時，以群臣多言魏史不實，武成復敕更審。

（三）第三次在後主高緯武平四年（580）五月，魏收已卒於武平三年，故此次修改，係由中書監陽休之擔任。

十、《北齊書》

《舊唐書・李百藥傳》謂：「貞觀元年，受詔修定《五禮》及律令，撰《齊書》〔註88〕。」晁公武《郡齋讀書志》與陳振孫《直齋書錄解題》均題為《北齊書》，故加「北」字以別於南朝之蕭齊，殆始於宋代〔註89〕。

從北齊到隋的五十年間，曾先後有北齊史的撰寫，其中著名的有隋秘書監王劭《齊志》與內史令李德林《齊書》。唐高祖武德五年（622）曾令裴矩、魏徵等人重撰北齊史，但未寫成，直到唐太宗貞觀三年（629）下詔修撰前朝史籍，命李百藥撰寫《齊書》。李百藥撰《北齊書》乃子承父業，是在其父李德林《齊書》舊稿的基礎上，並「雜採他書」〔註90〕擴充而成的，至貞觀十年（636）全書完成。

十一、《周書》

唐高祖武德五年，令狐德棻曾向高祖建議修「近代」史籍，其內容如下：

> 竊見近代已來，多無正史，梁、陳及齊，猶有文籍。至周、隋遭大業離亂，多有遺闕。當今耳目猶接，尚有可憑，如更十數年後，恐事跡湮沒。陛下既受禪於隋，復承周氏歷數，國家二祖功業，並在周時。如文史不存，何以貽鑑今古？……，並請修之〔註91〕。

從上述文中得知，令狐德棻曾向高祖建議修前代史籍之主要目的，除了強調修史的迫切性之外，修前代史更可以為唐王朝取得借鑑歷史的經驗教訓。但此次的修史工作，歷經數年竟沒修成而作罷。貞觀三年，唐太宗復敕修撰五史的命令，乃令「德棻與秘書郎岑文本修周史，中書舍人李百藥修齊史，著作郎姚思廉修梁、陳史，秘書監魏徵修隋史〔註92〕。」

〔註88〕（後晉）劉昫，《舊唐書》，卷七二〈李百藥傳第二二〉（北京市：中華，民75年），頁2572。

〔註89〕同註60，頁113。

〔註90〕有關北齊的傳史尚有（北齊）崔子發《齊記》三十卷，（隋）杜臺卿《齊記》二十卷，姚最《北齊記》二十卷，以及（北齊）祖孝徵專述高歡起居的《獻武起居注》、陸元規專記高洋行師征戰的《皇帝實錄》等。

〔註91〕（後晉）劉昫，《舊唐書》，卷七三〈令狐德棻傳第二三〉（北京市：中華，民75年），頁2597。

〔註92〕同前註，頁3598。

　　《周書》係記載北朝西魏與北周時期的史籍，而隋代牛弘《周紀》十八卷是《周書》依據的底本，《周書》亦成書於貞觀十年。

十二、《隋書》

　　《隋書》是唐代官修五史之一，也是唐初建立史館官修正史的代表作。《隋書》修撰的時間，與其他四部正史相同，皆始於貞觀三年。《隋書》係由秘書監魏徵負責撰述，根據《舊唐書·魏徵傳》云：「徵受詔總加撰定，多所損益，務存簡正。《隋史》序論，皆徵所作〔註93〕。」此外，參與紀傳部分監修者尚有顏師古、孔穎達等人。《史通·古今正史》篇記載：「貞觀初，敕中書侍郎顏師古、給事中孔穎達共撰成《隋書》五十五卷〔註94〕。」

　　《隋書》十志，亦稱「五代史志」，初由令狐德棻監修，至高宗永徽三年（652）改由長孫無忌監修，於顯慶元年（656）成書，故題長孫無忌奉敕撰。《史通·古今正史》篇列十志同修者尚有于志寧、李淳風、韋安仁、李延壽等人；其中天文、律曆、五行志皆李淳風所作〔註95〕。

十三、《南史》、《北史》

　　《南史》與《北史》皆唐代崇賢館學士李延壽私撰。李延壽著述《南·北史》本爲繼承其父李大師之遺志，《北史·序傳》云：

> 大師少有著述之志，常以宋、齊、梁、陳、魏、齊、周、隋南北分隔，南書謂北爲「索虜」，北書謂南爲「島夷」。又各以其本國周悉，書別國並不能備，亦往往失實，常欲改正，將擬《吳越春秋》，編年以備南北〔註96〕。

李大師欲擬《吳越春秋》之編年體例以改正南、北之間互相攻擊與記事則本國詳、他國略等缺點，因此著手準備撰寫一部「編年以備南北」的史籍，但未成而卒。

　　李延壽在〈進南·北史表〉中亦敘述其著述的動機，他認爲「北朝自魏以還，南朝從宋以降，時俗污隆，代有載筆，人多好事，考之篇目，史牒不少，互陳聞見，同異甚多〔註97〕。」即使是唐初官修的五部正史，亦各自爲書，「互陳聞見，同異甚多」。所以，他要繼承其父遺志，對南北朝各史籍，「連綴改定」，「編次別代，共

〔註93〕（後晉）劉昫，《舊唐書》，卷七一〈魏徵傳第二一〉（北京市：中華，民75年），頁2550。

〔註94〕同註42，頁370。

〔註95〕同前註，頁371～372。

〔註96〕（唐）李延壽，《北史》，卷一百〈序傳〉（北京市：中華，民72年），頁3343。

〔註97〕同前註，頁3344～3345。

爲部秩〔註98〕。」李延壽並依照司馬遷《史記》，撰寫成一部總八代爲二書的紀傳體通史，至唐高宗顯慶四年（659）成書，其始末修撰，凡十六載〔註99〕。

十四、《舊唐書》

《舊唐書》本名爲《唐書》。南宋以後，因有歐陽修、宋祁《唐書》傳世，爲區別二書，乃有新、舊《唐書》之說。明代嘉靖時聞人銓刻本定名爲《舊唐書》，沿用至今〔註100〕。

今本《舊唐書》題後晉劉昫等撰，然而在薛居正《舊五代史》與歐陽修《新五代史》劉昫傳俱不載其有功於《舊唐書》之處，僅書其官銜「監修國史」而已。「蓋昫爲相時，《唐書》適訖功，遂由昫表上，其實非昫所修也〔註101〕。」根據《五代會要》卷18記載《舊唐書》實際的修撰時間及參與者，內容如下：

> 晉天福（高祖年號）六年二月敕：「有唐遠自高祖，下暨明宗，紀傳
> 未分，書誌咸闕。今耳目相接，尚可詢求，若歲月寖深，何由尋訪？宣令
> 戶部侍郎張昭、起居郎賈緯、秘書少監趙熙、吏部郎中鄭受益、左司員外
> 郎李爲先等修撰唐史，仍令宰臣趙瑩監修〔註102〕。」

同年四月又有呂琦、尹拙等人參加修撰工作。歷經四年，至晉出帝開運二年（945）六月，全書告成。參與修撰者之中，趙瑩「以唐代故事殘缺，署能者居職，纂補實錄及修正史二百卷行於時，首有力焉〔註103〕。」此外，張昭負責本紀，用力最勤；賈緯長於史學，會昌以後紀傳之補充，多出其手；趙熙的文學修改；鄭受益、尹拙等亦功不可隱沒〔註104〕。

十五、《新唐書》

北宋仁宗之世，以劉昫等所撰《舊唐書》卑弱淺陋，於是令翰林學士歐陽修、端明殿學士宋祁刊修，由曾公亮提舉其事，歷十七年而成〔註105〕。曾公亮《進唐書

〔註98〕同前註。
〔註99〕同前註。
〔註100〕同註68，頁655。
〔註101〕（清）趙翼著、杜維運考證，《二十二史箚記及補編》，卷十六〈舊唐書源委〉（臺北市：鼎文，民64年），頁336。
〔註102〕（宋）王溥，《五代會要》，卷十八〈前代史〉（上海市：古籍，民67年），頁294。
〔註103〕（宋）薛居正，《舊五代史》，卷八九〈晉書趙瑩傳第四〉（北京市：中華，民75年），頁1170。
〔註104〕同註68，頁657。
〔註105〕（清）趙翼著、杜維運考證，《二十二史箚記及補編》，卷十六〈新唐書〉（臺北市：鼎文，民64年），頁338。

表》亦記載重修《唐書》之動機,如下文:

> 唐有天下,幾三百年,其君臣行事之始終,所以治亂興衰之蹟,與其
> 典章制度之英,宜其粲然著在簡冊。而紀次無法,詳略失中,文采不明,
> 事實零落,……惟唐不幸接乎五代。衰世之士,氣力卑弱,言淺意陋,不
> 足以起其文,而使明君賢臣,雋功偉烈,與夫昏虐賊亂,禍根罪首,皆不
> 得暴其善惡以動人耳目,誠不可以垂勸戒,示久遠〔註106〕。

因此,《新唐書》的修撰,始於北宋慶曆四年(1044),至嘉祐五年(1060)完成。列傳部分由宋祁負責,《宋史》述其「修《唐書》十餘年,出入內外嘗以稿自隨,為列傳百五十卷〔註107〕」,而紀、志、表部分則由歐陽修撰述。此外,參與《新唐書》的修撰者,尚有當代名人如范鎮、王疇、宋敏求、呂夏卿、劉義叟等人〔註108〕。

十六、《舊五代史》

《舊五代史》原稱《五代史》,宋太祖開寶六年(973)四月詔修梁、唐、晉、漢、周書,故《郡齋讀書志》直稱其為《梁唐晉漢周書》,而曰《五代史》者,係後人總括之名〔註109〕。薛居正於開寶六年,監修國史及《五代史》,盧多遜、扈蒙、張澹、李昉、劉兼、李穆、李九齡等同修〔註110〕。至開寶7年閏十月書成,歷時僅一年半。《舊五代史》修撰迅速之主要原因有三:一是史館中的修撰官「尚多逮事五代,見聞較近」,且皆具史才;二是五代各朝的實錄保存完好;三是宋太祖在建國以後就重視修史〔註111〕。

北宋時期,《舊五代史》和歐陽修《新五代史》並行於世,至金章宗泰和7年(1207)十一月,詔「新定學令內削去薛居正《五代史》,止用歐陽修所撰〔註112〕。」「於是薛史遂微,元、明以來,罕有援引其書者,傳本亦就湮沒〔註113〕。」清乾隆年間修《四庫全書》時,館臣邵晉涵等據《永樂大典》輯錄排纂,並用《冊府元龜》、

〔註106〕〈進唐書表〉收錄在《新唐書》卷末(北京市:中華,民75年),頁6471。
〔註107〕(元)脫脫等著,《宋史》,卷二八四〈宋祁傳第四三〉(北京市:中華,民66年),頁9599。
〔註108〕同註106。
〔註109〕同註60,頁182。
〔註110〕(宋)晁公武,《郡齋讀書志》(京都市:中文,民67年),頁121。
〔註111〕同註68,頁683。
〔註112〕(元)脫脫等著,《金史》,卷十二〈章宗本紀第十二〉(北京市:中華,出版年不詳),頁282。
〔註113〕(清)永瑢、紀昀等著,《欽定四庫全書總目·史部》,卷四六〈正史類史二〉(臺北市:商務,出版年不詳),頁2~33。

《資治通鑑》、《太平御覽》等書所引用的《舊五代史》作補校，於乾隆四十年（1775）輯出進呈〔註114〕，並詔列入二十四史之中。

十七、《新五代史》

《新五代史》原名《五代史記》，作者歐陽修意欲追蹤《太史公書》，故以「史記」爲名〔註115〕。後世爲區別於薛居正等官修的《五代史》，遂稱之爲《新五代史》。

《新五代史》著述的動機，據《郡齋讀書志》云：「皇朝歐陽修永叔，以薛居正史繁猥失實，重加修定，藏於家〔註116〕。」換言之，歐陽修認爲《舊五代史》繁猥失實，不足以垂勸戒以示後世，所以他把「褒貶義例」列在《新五代史》的首要地位，以孔子作《春秋》的義例爲立論的原則，用「春秋筆法」對五代時期的歷史進行褒貶〔註117〕。

《新五代史》修撰的時間，至今仍未有明確的記載，依據歐陽修在寶元二年（1039）所作《答李叔內翰書》記載：

> 問及五代紀傳，修囊在京師，不能自閑，輒欲妄作，幸因餘論，發於教誘，假以文字，力欲獎成，不幸中閒，自罹咎責，爾來三年，陸走三千，水行萬里，……偷其暇時，不敢自廢，收拾綴緝，粗若有成。然其銓次去取，須有義例，論議褒貶，此豈易當，故雖編撼甫就，而首尾顛倒，未有卷第，當更資指授，終而成之，庶幾可就也〔註118〕。

由上述文中可知，所謂「囊在京師」距離寶元二年已是「爾來三年」，即指仁宗景祐三年（1036）以前，歐陽修在京任館閣校勘時期已開始《新五代史》的編寫工作，至寶元二年時，草稿應以完成，開始「收拾綴緝，粗若有成」了，但因其「首尾顛倒，未有卷第」，故未能定稿〔註119〕。一直到皇祐五年（1053），在《與梅聖俞》文中才述及「整頓了《五代史》，成七十四卷」〔註120〕。歐陽修撰《新五代史》，前後歷時約十八年，書成後仍反覆修改，至神宗熙寧五年（1072）卒後，家人才奉詔繕寫進呈。

〔註114〕周谷城主編，《中國學術名著提要・歷史卷》（上海市：復旦大學，民83年），頁65。
〔註115〕同註60，頁192。
〔註116〕同註110。
〔註117〕中華書局編輯部，《《新五代史》出版說明》（北京市：中華，民75年），頁2。
〔註118〕（宋）歐陽修，《歐陽文忠公集外集》，卷十八〈答李叔內翰書〉（上海書店，民78年）。
〔註119〕同註68，頁708。
〔註120〕（宋）歐陽修，《歐陽文忠公集書簡》，卷六〈與梅聖俞〉（上海書店，民78年）。

十八、《宋史》

《宋史》和《遼史》、《金史》均為元代官修的正史，皆成書於元順帝至正年間（1341～1368），當時並有「三史」之稱。元滅南宋後，元世祖即曾詔修三史。元代中葉，袁桷奏請「修遼金宋史搜訪遺書條列事狀」，亦言「先朝聖訓，屢命史臣纂修遼、金、宋史〔註121〕。」可惜皆因循未就。此外，由於遼、金、宋三國同時存在，朝廷內部對修撰三史的體例意見不同；一派主張「以宋為世紀，遼、金為載記」，另一派則堅持「以遼、金為北史，宋太祖至靖康為宋史，建炎以後為南宋史」〔註122〕。至順帝至正三年（1343）三月，詔修遼、金、宋三史，決定遼、金、宋皆為正統，各為一史。中書右丞相脫脫為都總裁官，鐵木兒塔識、太平、張起巖、歐陽玄、呂思誠、揭傒斯等人為總裁官。至正五年（1345）十月，遼、金、宋三史成，由右丞相阿魯圖領銜奏進〔註123〕。

十九、《遼史》

《遼史》係以耶律儼《皇朝實錄》與陳大任《遼史》為基礎，並參考《資治通鑑》、《契丹國志》以及各史契丹傳等修訂編纂而成。〔註124〕脫脫《進遼史表》云：「天祚自絕，大石苟延。國既丘墟，史亦蕪茀，耶律儼語多避忌，陳大任辭乏精詳。……嘗敕詞臣撰次三史，首及於遼〔註125〕。」

《遼史》的修撰，始於至正三年四月，迄於四年三月，僅用十一個月即修成。《遼史》仍以脫脫任都總裁，鐵睦爾達世、賀惟一、張起巖、歐陽玄、呂思誠、揭傒斯等人為總裁官，由廉惠山海牙、王沂、徐昺、陳繹曾分撰之〔註126〕。

二十、《金史》

元代修撰《金史》之倡議者為王鶚，世祖至元元年（1264），王鶚上奏曰：

> 自古帝王得失興廢，班班可考者，以有史在。……若不乘時紀錄，竊恐歲久漸至遺忘。金《實錄》尚存，善政頗多；遼史散逸，尤為未備，寧

〔註121〕（元）袁桷，《清容居士集》，卷四一〈修遼金宋史搜訪遺書條列事狀〉（上海書店，民78年），頁31。

〔註122〕（清）趙翼著、杜維運考證，《二十二史箚記及補編》，卷二三〈宋遼金三史〉（臺北市：鼎文，民64年），頁485。

〔註123〕（明）宋濂等著，《元史》，卷四一〈順帝本紀〉（北京市：中華，民65年），頁868；873。

〔註124〕宋衍申主編，《中國歷史要籍介紹及選讀》（東北師範大學，民76年），頁345。

〔註125〕〈進遼史表〉收錄在《遼史》卷末附錄（北京市：中華，民63年），頁1555。

〔註126〕同前註，頁1556。

可亡人之國，不可亡人之史。若史館不立，後世亦不知有今日，附修遼、

金二史〔註127〕。

世祖甚重其言，於是詔修遼、金二史。

　　《金史》的纂修，始於至正三年三月，至次年十一月全書告成。歷來對《金史》
的評價甚高，阿魯圖《進金史表》記載：「于時張柔歸金史於其先，王鶚輯金事於其
後〔註128〕。」當時元睿宗伐金，金祖敗走睢陽，其臣崔立以汴京降，張柔「獨入史
館，取《金實錄》并祕府圖書」〔註129〕。今本《金史》之基本史料在於實錄，而實
錄於金亡之際為張柔所保存，後入史館為王鶚等修史所據；所以，王鶚的《金史》
復為元代脫脫修史之底本〔註130〕。

　　《金史》亦由脫脫都總裁，鐵睦爾達世、賀惟一、張起巖、歐陽玄、李好文、
王沂、楊宗瑞為總裁官，由沙剌班、王理、伯顏、費著、趙時敏、商企翁〔註131〕
等人為史官負責編寫。

二十一、《元史》

　　明太祖洪武元年（1368），即元代滅亡的當年，明王朝即下詔修《元史》。宋濂
《元史‧目錄後記》云：

　　　　洪武元年秋八月，上既平定朔方，九州攸同，而金匱之書，悉入

　　　　於祕府。冬十有二月，乃詔儒臣，發其所藏，纂修《元史》，以成一代

　　　　之典〔註132〕。

洪武二年二月，以李善長為監修，宋濂、王禕為總裁，汪克寬、胡翰、宋禧等 16
人同為纂修，開史局於南京天界寺〔註133〕。同年八月，修成了除元順帝一朝以外的
本紀、志、表、列傳共一百五十九卷。

　　明初急於開局修史，其目的是為了通過纂修《元史》達到宣傳元亡明興、以史
為鑑，進而鞏固新王朝的統治。《明太祖實錄‧詔修元史條》記載太祖對廷臣、諸儒

〔註127〕（元）蘇天爵，《元朝名臣事略》，卷十二〈內翰王文康公〉（臺北市：新文豐，出版
　　　　年不詳），頁 559。

〔註128〕〈進金史表〉收錄在《金史》卷末附錄（北京市：中華，出版年不詳），頁 2900。

〔註129〕（明）宋濂等著，《元史》，卷一四七〈張柔傳第三四〉（北京市：中華，民 65 年），
　　　　頁 3473～3474。

〔註130〕王明蓀，〈金修國史及金史源流〉，《書目季刊》二二卷一期（民 77 年 6 月），頁 52。

〔註131〕同註 128，頁 2900～2901。

〔註132〕（明）宋濂，「目錄後記」收錄在元史卷末（北京市：中華，民 65 年），頁 4677。

〔註133〕《明太祖實錄》，卷三九〈洪武二年二月丙寅朔詔修元史〉（臺北市：中研院歷史語
　　　　言研究所，出版年不詳），頁 783。

的言論：

> 近克元都，得《十三朝實錄》，元雖亡國，事當記載，況史記成敗、
> 示勸懲不可廢也。……自古有天下國家者，行事見於當時，是非公於後世。
> 故一代之興衰，必有一代之史以載之。……今命爾等修纂，以備一代之史，
> 務直述其事，毋溢美，毋隱惡，庶合公論，以垂鑑戒〔註134〕。

洪武三年（1370），因元順帝一朝無實錄，故元代末年的事蹟仍缺乏，同年二月重開史局，「上復詔儀曹遣使行天下，其涉於史事者，令郡縣上之〔註135〕。」作為第二次的續修。至洪武三年七月書成，「凡前書有所未備，頗補完之。而總其事者，仍臣濂與臣禕。合前後二書，復釐分而附麗之，共二百一十卷〔註136〕。」

二十二、《新元史》

《新元史》係修改明太祖敕文臣宋濂、王禕《元史》而成。柯劭忞並參考諸家《元史》之著述，據公元 1920 年徐世昌在《新元史》序文中所言：「殫十餘年之精力，撰《新元史》二百五十有七卷〔註137〕。」可知《新元史》的編撰開始於本世紀初，至公元 19 三十年最後改定為庚午本時，其撰寫和修改的時間共經歷近三十年〔註138〕。

柯劭忞亦因《新元史》一書見重於日本，日本得其書之後，並付文部評定，贈以文學博士。〈日本東京帝國大學文學部東洋史學系教授會審查報告〉稱贊曰：

> 《元史》於清初，經大儒顧炎武、朱彝尊之指摘，其蕪雜紕漏之處，
> 益公表於世。邵遠平著《元史類編》四十二卷，大加糾正刪補，是為後
> 儒修改《元史》之權輿。……道光咸豐年間，魏源著《元史新編》九十
> 五卷，未及完稿而報事。以上各種著作，雖有相當成績，然未能採用西
> 方史料，對於關係西域之記事，仍多付闕如。光緒年間，洪鈞重譯纂錄
> 拉西脫、多孫諸家之書，以補其闕漏，名為《元史譯文證補》。其後屠寄
> 作《蒙兀兒史記》，參照《元朝秘史》及西方史料，證以實地之調查，對
> 於《元史》大加補訂，然完全脫稿者，僅本紀、列傳、世系表，及地理
> 志，其餘有目無篇者仍不少。著者柯君承諸家之後，參考諸家之著述，
> 修改《元史》，表面上似乎易於成功；實際上則等於當群雄割據迭興之後，

〔註134〕同前註，頁 783～784。
〔註135〕同註 132。
〔註136〕同前註。
〔註137〕〈新元史序〉收錄在《新元史》卷首（臺北縣：藝文，民 40 年），頁 3。
〔註138〕同註 68，頁 1825。

　　　而成統一之功〔註139〕。

《新元史》成書之後，當時大總統徐世昌特頒明令列入正史，至此遂有「二十五史」
之名。

二十三、《明史》

　　《明史》的纂修經過，可分爲三個階段：

　　（一）第一階段——順治二年（1645），清廷下令開館修《明史》，由馮銓、洪
承疇等人主持。當時政局未定，南明與清廷隔江對峙，加上史料的匱乏和人員的不
足，故修史之事隨即中輟〔註140〕。

　　（二）第二階段——康熙十八年（1679），再次詔修《明史》，以內閣學士徐元
文監修，翰林學士葉方藹、張玉書任總裁。徐元文延攬明代遺民萬斯同以布衣參預
史局，萬斯同係承黃宗羲之學，熟明代掌故，史館纂修所撰諸稿，皆由萬氏覆審〔註
141〕。徐元文去職後，繼之者有湯斌、徐乾學、王鴻緒、陳廷敬、張英先等先後爲
總裁官。康熙五十三年（1714），王鴻緒在萬斯同刪定原稿的基礎上，又加以刪改，
完成了列傳部分，至雍正元年（1723）紀、志、表亦寫成，全稿共 310 卷，即今日
通行的《明史稿》〔註142〕。

　　（三）第三階段——雍正元年續開史館，命張廷玉任總裁，張廷玉採用王鴻緒
《明史稿》爲藍本，增刪修改，於雍正十三年（1735）修成。張廷玉〈上明史表〉
云：「聚官私之紀載，核新舊之見聞。籤帙雖多，牴牾互見。惟舊臣王鴻緒之《史稿》，
經名人三十載之用心。首尾略具，事實頗詳。……爰即成編，用爲初稿〔註143〕。」
《明史》一直到乾隆四年（1739）才正式刊行。

〔註139〕同註60，頁 276～277。
〔註140〕同註114，頁 84。
〔註141〕同註36，頁 135。
〔註142〕同註68，頁 1210。
〔註143〕〈上《明史》表〉收錄在《明史》卷末（北京市：中華，民 63 年），頁 8630。

第四章　正史的沿革、流傳及其對後世的影響

第一節　正史的沿革

　　代表中國正史系統的二十五史，係經過長時間的發展而形成，而將正史統括在一起，即有各種不同的名稱。本節從三國時代的「三史」著手，繼之「四史」、「十史」、「十三史」、「十七史」、「二十一史」、「二十四史」、以及「二十五史」，概述其形成發展的歷程。

一、三　史

　　根據目前所見資料，三國時代已有「三史」之稱。《三國志‧蜀書‧孟光傳》記載孟光「博物識古，無書不覽，尤銳意三史，長於漢家舊典〔註1〕。」又《三國志‧吳書‧呂蒙傳》注引〈江表傳〉云：「權謂蒙曰：『至統事以來，省三史、諸家兵書，自以爲大有所益〔註2〕。』」以及〈孫峻傳〉注引《吳書》曰：「留贊好讀兵書及三史〔註3〕。」而較《三國志》晚成書的《後漢書‧郡國志》亦言：「今但錄中

〔註1〕（晉）陳壽，《三國志》，卷四二〈蜀書‧孟光傳第十二〉（北京市：中華，民74年），頁1023。

〔註2〕（晉）陳壽，《三國志》，卷五四〈吳書‧呂蒙傳第九〉（北京市：中華，民74年），頁1274～1275。

〔註3〕（晉）陳壽，《三國志》，卷六四〈吳書‧孫峻傳第十九〉（北京市：中華，民74年），頁1445。

興以來郡縣改異，及《春秋》、三史會同征伐地名，以爲〈郡國志〉〔註4〕。」以上所稱「三史」者，一般均認爲係指《史記》、《漢書》、《東觀漢記》。其中，《東觀漢記》是東漢明帝詔劉珍等人修撰的一部紀傳體史籍，《隋書・經籍志》、《舊唐書・經籍志》和《新唐書・藝文志》均著錄於史部正史類，僅次於班固《漢書》之後，故魏晉時代所稱「三史」，指的是《史記》、《漢書》及《東觀漢記》，如《隋書・經籍志》史部雜史類有（吳）張溫撰《三史略》二十九卷〔註5〕，亦指此。

自唐代以來，由於《東觀漢記》失傳，有別於三國及魏晉南北朝所稱，「三史」在唐代指的是《史記》、《漢書》及《後漢書》。《玉海》卷四十九引兩朝志云：「國初承唐舊，以史記、兩漢書爲三史，列於科舉〔註6〕。」所以，目前一般所稱的「三史」，即指《史記》、《漢書》與《後漢書》。

二、四　史

《史記》、《漢書》、《後漢書》再加上《三國志》，即今日所通稱的「四史」。清代王鳴盛《十七史商榷》云：「大約史、漢、三國備于晉初，晉及南北朝皆定于唐太宗。高宗之世，而書猶深藏廣內，既無刻板流布人間者甚少，故學者所習三史三國而止〔註7〕。」故「三史三國」一詞，遂演變爲「四史」之名。

三、十　史

「十史」係指自三國至隋十代之史，包括：《三國志》、《晉書》，南朝的《宋書》、《南齊書》、《梁書》、《陳書》；北朝之《魏書》、《北齊書》、《周書》、《隋書》。《宋史・藝文志》子部類事類有《十史事語》十卷、《十史事類》十二卷，以及李安上《十史類要》十卷〔註8〕皆指此。

四、十三史

上述「十史」再加上《史記》、《漢書》、《後漢書》三部正史，合稱爲「十三史」。「十三史」之名亦始於唐代，如《新唐書・藝文志》史部目錄類著錄宗諫注《十三

〔註4〕《後漢書》：〈郡國志第十九〉（北京市：中華，民76年），頁3385。

〔註5〕《三史略》亦記載於《舊唐書・經籍志》卷四六與《新唐書・藝文志》卷五八之〈史部雜史類〉，其書名著錄爲《三史要略》三十卷。

〔註6〕（宋）王應麟，《玉海》，《景印文淵閣四庫全書・子部類書類》944（臺北市：商務，出版年不詳），頁340。

〔註7〕（清）王鳴盛，《十七史商榷》，《續修四庫全書・史部史評類》99（上海市：古籍，出版年不詳），頁174～175。

〔註8〕（元）脫脫等著，《宋史》，卷二○五〈藝文志六〉（北京市：中華，民66年），頁5298～5299。

代史目》十卷〔註9〕；其次，在《宋史‧藝文志》史部史鈔類亦有《十三代史選》五十卷、目錄類著錄商仲茂《十三代史目》一卷〔註10〕而集部文史類有吳武陵《十三代史駁議》十二卷〔註11〕，皆其例。

五、十七史

「十七史」之名，通行於宋代。由於宋代開啓了國君「欽定」正史的先例，凡經過朝廷「欽定」的紀傳體史籍，方能稱作「正史」，否則只能另歸別類，名曰「別史」〔註12〕。《四庫全書總目》云：「別史一門，以處上不至於正史，下不至於雜史者〔註13〕。」《宋史‧藝文志》史部正史類將《史記》至隋唐的「十三史」，再加上《舊唐書》、《新唐書》、《舊五代史》、《新五代史》，合爲「十七史」。值得一提的是，《宋史‧藝文志》將《南史》與《北史》摒除於正史類，而歸入別史類。

宋人所謂「十七史」之另一種說法，係將「十三史」再增加《南史》、《北史》、《新唐書》、《新五代史》所組成，理由應該是南北朝的八部史籍比較雜亂，不如《南史》與《北史》簡明〔註14〕；而由歐陽修等撰的《新唐書》和《新五代史》在當時有取代舊書之勢，故此成爲「十七史」之另一種組合。

從《宋史‧藝文志》的著錄中，也可以得知宋代有「十七史」之說。例如：史部史鈔類著錄周護《十七史贊》三十卷、不知著者《名賢十七史確論》一百零四卷；子部類事類有《王先生十七史蒙求》十六卷〔註15〕。此外，《四庫全書總目‧史部史鈔類》存目亦著錄宋人呂祖謙編《十七史詳節》二七三卷。

六、二十一史

明代在宋代「十七史」的基礎上，刊刻了元代官修的三部正史：《宋史》、《遼史》、《金史》，以及明代所修成的《元史》，併爲「二十一史」。明代學者顧炎武《日知錄》‧監本二十一史條》記載如下：

> 宋時止有十七史，今則并宋遼金元四史，爲二十一史。……嘉靖初，

〔註9〕（宋）歐陽修、宋祁合著，《新唐書》，卷五八〈藝文志二〉（北京市：中華，民75年），頁1498。

〔註10〕（元）脫脫等著，《宋史》，卷二○三～二○四〈藝文志二～三〉（北京市：中華，民66年），頁5098；5146。

〔註11〕（元）脫脫等著，《宋史》，卷二○九〈藝文志八〉（北京市：中華，民66年），頁5409。

〔註12〕王錦貴，《中國紀傳體文獻研究》（北京大學出版社，民85年），頁54。

〔註13〕（清）永瑢、紀昀等著，《欽定四庫全書總目‧史部》，卷五十〈別史類〉（臺北市：商務，出版年不詳），頁111。

〔註14〕張志哲，《中國史籍概論》（江蘇：古籍，民77年），頁97。

〔註15〕同註8，頁5296；同註10，頁5098～5099。

南京國子監祭酒張邦奇等，請校刻史書，欲差官購索民間古本，部議恐滋煩擾，上命將監中十七史舊板，考對修補，仍取廣東宋史板付監；遼、金二史無板者，購求善本翻刻，十一年七月成，祭酒林文俊等表進〔註16〕。

明人彭以敏《二十一史論贊輯要》與沈國元《二十一史論贊》〔註17〕皆選擇自《史記》至《元史》共二十一部正史的著作。

七、二十四史

清代乾隆四年（1739），《明史》正式修成刊行，於是有「二十二史」之謂。後來朝廷又將《舊唐書》與《舊五代史》也一併歸於正史，即成「二十四史」。《四庫全書總目》史部正史類小序云：「皇上欽定《明史》，又詔增《舊唐書》爲二十有三。近蒐羅四庫，薛居正《舊五代史》得裒集成編，欽稟睿裁，與歐陽修書並列，共爲二十有四〔註18〕。」至此，正史到清代爲止，共有二十四部。

八、二十五史

民國初年，柯劭忞所撰《新元史》精審完善，可以補充明代官修《元史》之不足，於是由大總統徐世昌明令「仿照《新唐書》、《新五代史》前例，一併列入正史〔註19〕。」《新元史》從此成爲中國的第二十五部正史。

第二節　正史類史籍的著錄與傳世情形

「正史」作爲史籍分類的類目，始於《隋書・經籍志》。《隋書・經籍志》以後的各史志、官修目錄與私撰目錄大多數亦有設置「正史」一類，將屬於正史類的史籍聚集著錄於此。透過各目錄之正史類史籍的著錄情形，反映出不同時代對正史類史籍的認知亦不盡相同，而藉由各史志、官修與私撰目錄做直接的比較與歸納，揭示正史類史籍的著錄及其流傳情形，爲本節論文撰述之主要目的。

本節分成唐五代、宋代、元代、明代及清代五個時期，將該時期的各種目錄（限

〔註16〕（明）顧炎武，《日知錄》，《國學基本叢書》016（臺北市：商務，出版年不詳），頁97。

〔註17〕《四庫全書存目叢書148》〈史部史鈔類〉（臺北市：莊嚴文化事業有限公司，民85年），頁147之235；頁148之531。

〔註18〕（清）永瑢、紀昀等著，《欽定四庫全書總目・史部》，卷四五〈正史類〉（臺北市：商務，出版年不詳），頁2。

〔註19〕〈新元史——大總統令〉一文收錄在《新元史》卷首（臺北市：藝文，民40年）。

於有正史類者，但不包括史志目錄的補撰、輯佚）實際的著錄情形，用表格的方式
來表現。

一、唐、五代

（一）《隋書·經籍志》〔註20〕

唐代官修之史志目錄。正史類除了著錄書名、卷數、著者外，在部分書名之下，
亦有注釋說明該書的殘缺、亡佚的情況。

書　名	卷　數	著　者	附　考
史　記	130	（漢）司馬遷	目錄 1 卷
古史考	25	（晉）譙周	
漢　書	115	（漢）班固	（漢）應劭集解
東觀漢記	143	（漢）劉珍等撰	起光武記注至靈帝
後漢書	130	（吳）謝承	無帝紀
後漢紀	65	（晉）薛瑩	本 100 卷，梁有，今殘缺。
續漢書	83	（晉）司馬彪	
後漢書	17	（晉）華嶠	本 97 卷，今殘缺
後漢書	85	（晉）謝沈	本 122 卷
後漢南記	45	（晉）張瑩	本 55 卷，今殘缺
後漢書	95	（晉）袁山松	本 100 卷
後漢書	97	（宋）范曄	
魏　書	48	（晉）王沈	
吳　書	25	（吳）韋昭	本 55 卷，梁有，今殘缺。
吳　紀	9	（晉）環濟	
三國志	65	（晉）陳壽	敘錄 1 卷；（宋）裴松之注
晉　書	86	（晉）王隱	本 93 卷，今殘缺。
晉　書	26	（晉）盧預	本 44 卷，今殘缺。
晉　書	10（未成）	（晉）朱鳳	本 14 卷，今殘缺。
晉中興書	78	（宋）何法盛	起東晉。
晉　書	36	（宋）謝靈運	
晉　書	110	（齊）臧榮緒	

〔註20〕（唐）魏徵等著，《隋書》，卷三三〈經籍二〉（北京市：中華，出版年不詳），頁 953
　　　　～956。

晉　　書	11	（梁）蕭子雲	本 102 卷，梁有，今殘缺。
晉 史 草	30	（梁）蕭子顯	
宋　　書	65	（宋）徐爰	
宋　　書	65	（齊）孫嚴	
宋　　書	100	（梁）沈約	
齊　　書	60	（梁）蕭子顯	
齊　　紀	10	（梁）劉陟	
齊　　紀	20	（梁）沈約	
梁　　書	49	（梁）謝吳	本 100 卷
梁　　史	53	（陳）許亨	
梁書帝紀	7	（隋）姚察	
通　　史	480	（梁）武帝	起三皇，訖梁。
後 魏 書	130	（後齊）魏收	
後 魏 書	100	（隋）魏彥深	
陳　　書	42	（陳）陸瓊	訖宣帝
周　　史	18（未成）	（隋）牛弘	

（二）《舊唐書・經籍志》〔註21〕

五代後晉時期官修之史志目錄。正史類著錄書名、卷數與著者。

書　　名	卷　數	著　　者	書　　名	卷　數	著　　者
史　　記	130	司 馬 遷	漢　　書	115	班　　固
東觀漢記	127	劉 珍 撰	後 漢 書	133	謝　　承
後 漢 記	100	薛　　瑩	後 漢 書	83	司 馬 彪
後 漢 書	58	劉 義 慶	後 漢 書	31	華　　嶠
後 漢 書	102	謝　　沈	漢 南 紀	58	張　　瑩
後 漢 書	102	袁 山 松	後 漢 書	92	范　　曄
魏　　書	44	王　　沈	魏　　略	38	魚　　豢
魏 國 志	30	陳　　壽	晉　　書	89	王　　隱
晉　　書	58	虞　　預	晉　　書	14	朱　　鳳
晉　　書	35	謝 靈 運	晉中興書	80	何 法 盛

〔註21〕（後晉）劉昫，《舊唐書》，卷四六〈經籍上〉（北京市：中華，民 75 年），頁 1987
～1990。

晉　　書	110	臧　榮　緒	晉　　書	9	蕭　子　雲
晉　　書	130	許敬宗等撰	宋　　書	42	徐　　爰
宋　　書	46	孫　　嚴	宋　　書	100	沈　　約
後　魏　書	130	魏　　收	後　魏　書	107	魏　　澹
後　魏　書	100	張　大　素	後　周　書	50	令狐德棻
隋　　書	85	魏徵等撰	隋　　書	32	張　大　素
齊　　書	59	蕭　子　顯	齊　　書	8	劉　　陟
梁　　書	34	謝昊、姚察等撰	梁　　書	50	姚　思　廉
陳　　書	3	顧　野　王	陳　　書	3	傅　　縡
陳　　書	36	姚　思　廉	北齊未修書	24	李　德　林
北　齊　書	50	李　百　藥	北　齊　書	20	張　大　素
通　　史	602	梁　武　帝	南　　史	80	李　延　壽
北　　史	100	李　延　壽			

二、宋　代

（一）《崇文總目》〔註22〕

（宋）王堯臣等編撰的一部官修目錄，除了著錄書名、卷數、著者外，書名之下並略考其存闕情形，並有著者及書名之介紹。

書　　名	卷數	著　　者	附　　考	書　　名	卷數	著　　者	附　　考
史　　記	130	司　馬　遷	裴駰集解	漢　　書	100	班　　固	今本 120 卷
後　漢　書	90	范　蔚　宗		後　漢　志	30	司　馬　彪	即彪撰續漢書諸志
三　史　刊　誤	45	張觀等校定		三　國　志	65	陳　　壽	
晉　　書	130	房喬等撰		宋　　書	100	沈　　約	
齊　　書	59	蕭　子　顯		梁　　書	56	姚察等撰	
陳　　書	36	姚　思　廉		後　魏　書	130	魏　　收	
後　魏　紀	1	魏　　澹		魏書天文志	2	張　太　素	凡百篇，唯此二篇存焉。
後　周　書	50	令狐德棻		北　齊　書	49	李　百　藥	今本 50 卷
隋　　書	85	魏徵等撰		唐　　書	130	韋　　述	
唐　　書	200	劉昫等撰		五　代　史	150	薛居正等撰	

〔註22〕（宋）王堯臣等編、（清）錢東垣輯釋，《崇文總目》，《國學基本叢書》（臺北市：商務，民 56 年），頁 43～47。

（二）《新唐書・藝文志》〔註23〕

宋代官修之史志目錄。正史類又別出「集史」，即通史性質的紀傳體史籍。

書 名	卷數	著 者	附 考	書 名	卷數	著 者	附 考
史 記	130	司馬遷		漢 書	115	班 固	
東觀漢記	126	劉珍等撰	錄 1 卷	後漢書	130	謝 承	錄 1 卷
後漢記	100	薛 瑩		續漢書	83	司馬彪	錄 1 卷
後漢書	58	劉義慶		後漢書	31	華 嶠	
後漢書	102	謝 沈	外傳 10 卷	後漢書	101	袁山松	錄 1 卷
後漢書	92	范 曄	論贊 5 卷	魏 書	47	王 沈	
魏國志	30	陳 壽	裴松之注	蜀國志	15	陳 壽	裴松之注
吳國志	21	陳 壽	裴松之注	吳 書	55	韋 昭	
晉 書	89	王 隱		晉 書	58	虞 預	
晉 書	14	朱 鳳		晉 書	35	謝靈運	錄 1 卷
晉 書	110	臧榮緒		晉 書	22	干 寶	
晉 書	9	蕭子雲		晉中興書	80	何法盛	
晉 書	130	房玄齡等修撰		晉 書	110	徐 堅	
宋 書	42	徐 爰		宋 書	58	孫 嚴	
宋 書	100	沈 約		宋 書	30	王智深	
後魏書	130	魏 收		後魏書	107	魏 澹	
後魏書	100	張大素		元魏書	30	裴安時	
北齊末修書	24	李德林		齊 志	17	王 劭	
北齊書	20	張大素		北齊書	50	李百藥	
齊 書	60	蕭子顯		齊 書	13	劉 陟	
齊 史	10	吳 兢		梁 書	34	謝昊、姚察	
梁 書	56	姚思廉		梁 史	10	吳 兢	
陳 書	2	顧野王		陳 書	3	傅 縡	
陳 史	5	吳 兢		隋 書	80	王 劭	
隋 書	32	張大素		隋 書	85	顏師古等撰	志 30 卷

〔註23〕（宋）歐陽修、宋祁合著，《新唐書》，卷五八〈藝文二〉（北京市：中華，民 75 年），
頁 1453～1459。

隋　　史	20	吳　　兢		後 周 書	50	令狐德棻	
周　　史	10	吳　　兢		唐　　書	100	吳　　兢	
唐　　書	130	吳　　兢、韋述等撰		武德貞觀兩 朝 史	80	長孫無忌、令狐德棻等撰	
國　　史	106	不知著者姓　　名		國　　史	113	不知著者姓名	
通　　史*	602	梁武帝		南　　史*	80	李 延 壽	
北　　史*	100	李 延 壽		小　　史*	120	高　　峻	
洞　　史*	20	劉　　權		統　　史*	300	姚 康 復	

*表示「集史」

（三）《通志‧藝文略》〔註24〕

（宋）鄭樵撰。將群書分為十二類，史類第五，首列正史，亦著錄通史性質的史籍；該目錄之著錄內容範圍廣泛，主要依據歷代書目編撰而成。

書　　名	卷　數	著　者	附　　考	書　　名	卷　　數	著　　者	附　　考
史　記	130	司 馬 遷	目錄1卷	漢　書	115	班　固	應劭集解
東觀漢記	143	劉珍等撰	起光武記注，至靈帝	後漢書	130	謝　承	無帝紀
後漢記	100	薛　瑩		續漢書	83	司馬彪	
後漢書	97	華　嶠	隋得17卷唐得31卷	後漢南記	58	張　瑩	
後漢書	101	袁 山 松		後漢書	97	范　曄	
後漢書	58	劉昭補注		後漢書	122	劉　熙	范曄本
後漢書	100	李賢注		三史刊誤	45	（宋）余靖等撰	
三史要略	30	張　溫		三史菁英	30	不知著者	
魏　書	48	王　沈		吳　書	55	韋　昭	
魏 國 志	30	陳　壽		蜀 國 志	15	陳　壽	
吳 國 志	21	陳　壽		晉　書	93	王　隱	
晉　書	58	虞　預		晉　書	14（未成）	朱　鳳	
晉　書	36	謝靈運		晉中興書	78	何法盛	起東晉

〔註24〕（宋）鄭樵著、王樹民點校，《通志二十略：藝文略》（北京市：中華，民84年），頁1523～1529。

晉　　書	110	臧榮緒		晉　　書	9	蕭子雲	本 102 卷，殘缺。
晉　　書	22	干　寶	殘　　缺	晉史草	30	蕭子顯	
晉　　書	130	唐太宗命群臣撰		晉　　書	110	徐　堅	
宋　　書	65	徐　爰		宋　　書	65	孫　嚴	
宋　　書	100	沈　約		宋　　書	30	王智深	舊 61 卷，殘缺。
齊　　書	60	蕭子顯		齊　紀	13	劉陟	
齊　　紀	20	沈　約		齊　史	10	吳　兢	
梁　　書	49	謝　昊		梁　史	53	許　亨	
梁書帝紀	7	姚　察		梁　書	56	姚思廉	
梁　　史	10	吳　兢		陳　書	3	顧野王	
陳　　書	3	傅　縡		陳　書	42	陸　瓊	訖宣帝
陳　　書	36	姚思廉		陳　史	5	吳　兢	
後魏書	130	魏　收		後魏書	100	魏彥深	
後魏書	100	張太素	今惟有天文志 2 卷	元魏書	30	裴安時	
北齊書	24	李德林	修未成書	北齊書	20	張太素	
北齊書	50	李百藥		後周書	50	令狐德棻	
周　　史	10	吳兢等撰		隋　書	32	張太素	
隋　　書	85	顏師古等撰	隋志 30 卷	隋　史	20	吳兢等撰	
隋　　書	60（未成）	王　劭		唐　書	100	吳　兢	
唐　　書	130	韋素等撰		國　史	106	不知著者	
國　　史	113	不知著者		舊唐書	200	劉煦、張昭遠等撰	
新唐書	225	歐陽修、宋祁等撰		通　史*	602	梁武帝	起三皇訖梁
古史考*	25	譙　周		南　史*	80	李延壽	
北　史*	100	李延壽		高氏小史*	120	高　峻	
劉氏洞史*	20	劉　軌		五代史*	150	薛居正等撰	
五代史記*	75	歐陽修					

*表示「通史」

（四）《郡齋讀書志》〔註25〕

（宋）晁公武撰。每書有解題，介紹著者、內容與版本異同。

書　名	卷　數	著　者	書　名	卷　數	著　者
史　記	130	司馬遷	北齊書	50	李百藥
前漢書	100	班　固	周　書	50	令狐德棻等撰
後漢書	90	范　曄	隋　書	85	魏徵等撰
三國志	65	陳　壽	唐　書	200	劉昫、張昭遠等撰
晉　書	130	房喬等撰	新唐書	225	歐陽修、宋祁
宋　書	100	沈　約	五代史	150	薛居正等撰
南齊書	59	蕭子顯	五代史記	75	歐陽修
梁　書	56	姚思廉	三朝國史	150	呂夷簡等撰
陳　書	36	姚思廉	兩朝國史	120	王珪等撰
後魏書	130	魏　收			

（五）《遂初堂書目》〔註26〕

（宋）尤袤撰。該目錄將群書分為44類，第10類為正史，僅著錄書名及版本。

書　名	附　考	書　名	附　考
史　記	川本、嚴州本	梁　書	
前漢書	川本、吉州本、越州本、湖北本	陳　書	
後漢書	川本、越本	魏　書	
三國志	川本、舊杭本	北齊書	
晉　書	川本、舊杭本	後周書	
南　史	舊本	隋　書	舊杭本
北　史	舊本	舊唐書	舊杭本、川本小字、川本大字
宋　書		舊五代史	
南齊書			

〔註25〕（宋）晁公武，《郡齋讀書志》（京都市：中文，民67年），頁117～122。

〔註26〕（宋）尤袤，《遂初堂書目》，《叢書集成新編》2（臺北市：新文豐，出版年不詳），頁3。

（六）《直齋書錄解題》〔註27〕

（宋）陳振孫撰。將群書分為 53 類，第 11 類為正史；每書之下有解題，介紹著者及其史籍成書的經過。

書　名	卷　數	著　者	書　名	卷　數	著　　者
史　記	130	司馬遷	後魏書	130	魏收
漢　書	100	班固	北齊書	50	李百藥
後漢書	90	范蔚宗	後周書	50	令狐德棻
續後漢書	42	蕭常	隋　書	85	魏徵、顏師古等撰
後漢志	30	司馬彪	唐　書	200	劉昫等撰
三國志	65	陳壽	新唐書	225	歐陽修、宋祁
晉　書	130	房玄齡	五代史	150	薛居正
宋　書	100	沈約	新五代史	74	歐陽修
齊　書	59	蕭子顯	三朝國史	150	王旦監修
梁　書	56	姚思廉	兩朝國史	120	宋敏求、蘇頌等修
陳　書	36	姚思廉	四朝國史	350	陳康伯、李燾等修

三、元　代

（一）《宋史・藝文志》〔註28〕

元代官修之史志目錄，此目錄直接取材於宋代國史藝文志，實際上是記載宋代藏書和宋代著述情況的史志目錄。

書　名	卷數	著者	附　考	書　名	卷數	著　者	附　考
史　記	130	司馬遷	裴駰等集注	漢　書	100	班固	顏師古注
後漢書	90	范曄	章懷太子李賢注	三國志	65	陳壽	裴松之注
晉　書	130	房玄齡		宋　書	100	沈約	
南齊書	59	蕭子顯		梁　書	56	姚思廉	
陳　書	36	姚思廉		後魏書	130	魏收	
後魏書紀	1	魏澹	本 7 卷	後魏書天文志	2	張太素	本 100 卷，惟存此

〔註27〕（宋）陳振孫，《直齋書錄解題》（京都市：中文，民 67 年），頁 480～487。

〔註28〕（元）脫脫等著，《宋史》，卷二○三〈藝文二〉（北京市：中華，民 66 年），頁 5085～5087。

北齊書	50	李百藥		後周書	50	令狐德棻	
隋　書	85	顏師古		唐　書	130	柳　芳	唐書敘例目 1 卷
唐　書	200	劉　昫		新唐書	255	歐陽修、宋　祁	目錄 1 卷
五代史	150	薛居正		新五代史	74	歐陽修	徐無黨注
朱梁列傳	15	張昭遠		後唐列傳	30	張昭遠	
史　論	3	任　諒		國　史	120	王　旦	
宋三朝國史	155	呂夷簡		神宗正史	120	鄧洵武	
兩朝國史	120	王　珪		哲宗正史	210	王孝迪	
宋四朝國史	350	李燾、洪邁		宋名臣錄	8	不知著者	
宋勳德傳	1	不知著者		宋兩朝名臣傳	30	不知著者	
咸平諸臣錄	1	不知著者		熙寧諸臣傳	4	不知著者	
兩朝諸臣傳	30	不知著者		宋名臣傳	5	張唐英	
國朝名臣敘傳	20	葛炳奎					

（二）《文獻通考・經籍考》〔註29〕

　　（元）馬端臨撰。著錄書名、卷數之外，每書之下有解題，其特色是採用輯錄的方式，集合相關的序跋，必要時加上按語。

書　名	卷數	書　名	卷數	書　名	卷數	書　名	卷數
史　記	130	北齊書	50	前漢書	100	周　書	50
後漢書	90	隋　書	85	後漢書志	30	南　史	80
三國志	65	北　史	100	續後漢書	40	唐　書	130
晉　書	130	唐　書	200	宋　書	100	新唐書	225
南齊書	59	五代史	150	梁　書	56	新五代史記	75
陳　書	36	三朝國史	150	後魏書	130	兩朝國史	120
後魏書紀	1	四朝國史	250	後魏書天文志	2		

〔註29〕（元）馬端臨，《文獻通考——經籍考》（臺北市：新文豐，出版年不詳），頁 439～
　　　　475。

四、明　代

（一）《萬卷堂書目》〔註30〕

（明）朱睦㮮撰。該目錄將群書分為四部，著錄書名、卷數與著者。

書　名	卷　數	著　者	書　名	卷　數	著　者
史　記	70	司馬遷	周　書	50	令狐德棻
前漢書	70	班　固	隋　書	85	魏　徵
後漢書	80	范　曄	南　史	80	李延壽
三國志	65	陳　壽	北　史	100	李延壽
晉　書	130	唐太宗	唐　書	250	歐陽修
宋　書	100	沈　約	五代史	74	歐陽修
南齊書	40	蕭子顯	宋　史	496	脫　脫
梁　書	56	姚思廉	遼　史	116	脫　脫
陳　書	36	姚思廉	金　史	135	脫　脫
魏　書	124	魏　收	元　史	97	宋　濂
北齊書	42	李百藥			

（二）《百川書志》〔註31〕

（明）高儒撰。每書之下除著錄書名、卷數及著者外，並附有該書之內容編次，可供參考。

書　名	卷　數	著　者	附　考	書　名	卷　數	著　者	附　考
史　記	130	司馬遷	裴駰註	前漢書	119	班　固	顏師古註
後漢書	130	范　曄	唐章懷太子註	晉　書	130	唐太宗御　撰	
宋　書	100	沈　約		南齊書	59	蕭子顯	
梁　書	56	姚思廉		陳　書	36	姚思廉	
魏　書	130	魏　收		北齊書	50	李百藥	
後周書	50	令狐德棻		南　史	未著錄	李延壽	
北　史	未著錄	李延壽		新唐書	225	歐陽修奉敕編	
五代史記	74	歐陽修		遼　史	116	脫　脫奉敕撰	
金　史	137	阿魯圖奉敕撰		元　史	205	宋濂等編　修	

〔註30〕（明）朱睦㮮，《萬卷堂書目》，《叢書集成續編》三（臺北市：新文豐，出版年不詳），頁401。

〔註31〕（明）高儒，《百川書志》，《書目類編》二七（臺北市：成文，出版年不詳），頁44～47。

（三）《世善堂藏書目錄》〔註32〕

（明）陳第撰。將群書分為 6 部，史類第 4，僅著錄書名及卷數。

書　名	卷　數	書　名	卷　數	書　名	卷　數	書　名	卷　數
史　記	130	南　史	80	前漢書	100	北　史	80
後漢書	90	新唐書	225	三國志	65	五代史	150
晉　書	130	遼　史	115	南宋書	100	金　史	135
南齊書	59	宋　史	496	梁　書	56	元　史	210
陳　書	36	唐史音義	60	後魏書	124	十七史詳節	270
北齊書	50	二十一史詳節	320	宇文周書	50	李氏藏書	68
隋　書	85						

（四）《澹生堂藏書目》〔註33〕

（明）祁承爜撰。將群書分為 46 類，第 13 類為正史類。

書　名	卷　數	著　者	附　考	書　名	卷　數	著　者	附　考
史　記	130	司馬遷	監本	漢　書	120	班　固	監本
後漢書	130	范　曄		三國志	65	陳　壽	
晉　書	120	唐太宗御撰		宋　書	100	沈　約	
南齊書	59	蕭子顯		梁　書	56	姚思廉	舊本、南監本
陳　書	36	姚思廉		後魏書	130	魏　收	
北齊書	50	李百藥		後周書	50	令狐德棻	
南　史	80	李延壽		北　史	100	李延壽	
隋　書	85	魏徵等撰		唐　書	250	歐陽修等撰	
舊唐書	200	劉　煦		五代史	74	歐陽修	
宋　史	496	脫脫等修		遼　史	116	脫脫等修	
金　史	135	脫脫等修		元　史	110	宋　濂	

〔註32〕（明）陳第，《世善堂藏書目錄》，《書目類編》二九（臺北市：成文，出版年不詳），頁 17～18。

〔註33〕（明）祁承爜，《澹生堂藏書目》，《叢書集成續編》三（臺北市：新文豐，出版年不詳），頁 645。

（五）《千頃堂書目》〔註34〕

（明）黃虞稷撰。四部分類法，史部第二：正史類，該目錄以著錄明代史籍為主，並附宋、金、元人之著作。

書　名	卷數	著　者	附　考	書　名	卷數	著　者	附　考
宋史稿	50	危　素		元史稿	50	危　素	
元　史	212	宋濂等修		皇明七朝帝紀	40	劉應秋等撰	
正史七太子傳	1	陳懿典		後妃傳	1	楊繼禮	
外戚傳	1	楊繼禮		吾學編	69	鄭　曉	
皇明書	45	鄧元錫		史　待	50	陳翼飛	
名山藏	100	何喬遠		皇明史概	120	朱國禎	
皇明史竊	107	尹守衡		皇明附書	100	吳士奇	
國　史	40	雷叔聞		大　錄	未著錄	劉振識	
國　書	未著錄	廷左平		宋史新編	200	柯維祺	
季漢書	66	謝　陞		更定晉書	130	蔣之翹	
後漢書年表	10	熊　方		重修南北史	110	方　岳	
遼　記	30	蕭永祺	志5卷 傳40卷	遼　史	未著錄	陳大任	
中興事蹟	未著錄	完顏孛迭		史記注	100	蕭　貢	
南北史志	30	蔡　珪		宋　史	496	脫脫等修	
遼　史	116	脫脫等修		金　史	135	脫脫等修	
續後漢書	130	郝　經		金哀宗紀	未著錄	瞻　思	又正大諸臣史傳
刊定三國志	63	張　樞					

〔註34〕（明）黃虞稷，《千頃堂書目》，《叢書集成續編》4（臺北市：新文豐，出版年不詳），頁 180～181。

（六）《紅雨樓書目》〔註35〕

（明）徐𤊻撰。正史類僅著錄書名。

史　記	陳　書	唐　書	前漢書	魏　書	五代史	後漢書	北齊書
宋　史	三國志	周　書	遼　史	晉　書	隋　書	金　史	宋　書
南　史	元　史	南齊書	北　史	舊唐書	梁　書		

（七）《國史經籍志》〔註36〕

（明）焦竑撰。該目錄以《通志・藝文略》爲基礎，增補了宋、遼、金、元和明代著作，正史類亦著錄通史性質的史籍。

書　名	卷　數	著　者	附　考	書　名	卷　數	著　者	附　考
史　記	未著錄	未著錄		漢　書	未著錄	未著錄	
東觀漢記	143	劉珍等撰	起光武至靈帝	後漢書	130	謝　承	無帝紀
後漢記	100	薛　瑩		續漢書	83	司馬彪	
後漢書	97	華　嶠		後漢南記	58	張　瑩	
後漢書	101	袁山松		後漢書	97	范　曄	
後漢書	58	劉昭補注		後漢書	122	劉熙注	范曄本
後漢書	100	章懷太子賢注		魏　書	48	王　沈	
吳　書	55	韋　昭		魏國志	30	陳　壽	
蜀國志	15	陳　壽		吳國志	21	陳　壽	
晉　書	93	王　隱		晉　書	58	虞　預	
晉　書	36	謝靈運		晉中興書	78	何法盛	
晉　書	110	臧榮緒		晉史草	30	蕭子顯	
晉　書	130	唐太宗命群臣撰		晉　書	110	徐　堅	
宋　書	65	徐　爰		宋　書	65	孫　嚴	

〔註35〕（明）徐𤊻，《紅雨樓書目》，《書目類編》28（臺北市：成文，出版年不詳），頁263～264。

〔註36〕（明）焦竑，《國史經籍志》，《粵雅堂叢書》5（臺北市：華文，出版年不詳），頁1983～1985。

宋　　書	100	沈　　約		齊　　書	60	蕭子顯	
齊　　紀	13	劉　陟		齊　　紀	20	沈　　約	
齊　　史	10	吳　兢		梁　　書	49	林　吳	
梁　　史	53	許　亨		梁書帝紀	7	姚　察	
梁　　書	56	姚思廉		梁　　史	10	吳　兢	
陳　　書	3	顧野王		陳　　書	3	傅　縡	
陳　　書	42	陸　瓊		陳　　書	56	姚思廉	
陳　　史	5	吳　兢		後魏書	130	魏　收	
後魏書	100	魏彥深		元魏書	30	裴安時	
北齊書	20	張太素		北齊書	50	李百藥	
後周書	50	令狐德棻		周　　史	10	吳　兢	
隋　　書	32	張太素		隋　　書	85	長孫無忌	
隋　　史	20	吳　兢		唐　　書	100	吳　兢	
唐　　書	130	韋　述		舊唐書	200	劉昫、張昭等撰	
新唐書	225	歐陽修、宋　祁		淳化太祖紀	10	張　洎	
景德修太祖太宗兩朝史	120	胡　旦		三朝國史	150	呂夷簡	
仁宗英宗兩朝史	未著錄	未著錄		元豐兩朝正　　史	120	王　珪	
淳熙四朝正　　史	180	未著錄		淳熙東都事　　略	113	王　偁	
宋　　史	496	脫　脫		遼　　史	116	脫　脫	
金　　史	135	脫　脫		元　　史	210	宋　濂	
通　　史*	602	梁武帝	起三皇訖梁	古史考*	25	譙　周	
南　　史*	80	李延壽		北　　史*	100	李延壽	
高氏小史*	120	高　峻		劉氏洞史*	20	劉　權	
統　　史	300	姚康復		五代史*	150	薛居正	
五代史記*	75	歐陽修					

*表示「通史」

五、清　代

（一）《明史・藝文志》〔註37〕

清代官修之史志目錄。收錄明代之著作，各類之末附以宋、遼、金、元人的著作，正史類包括紀傳體與編年體史籍。

書　名	卷　數	著　者	附　考
明太祖實錄	257	董倫、解縉等修	起元至正，訖洪武三十一年
日　曆	100	詹同等編	又撰《寶訓》15 卷
成祖實錄	130	楊士奇等修	又撰《寶訓》15 卷
仁宗實錄	10	蹇義等修	又撰《寶訓》6 卷
宣宗實錄	115	楊士奇等修	又撰《寶訓》十二卷
英宗實錄	361	陳文等修	又撰《寶訓》十二卷
憲宗實錄	293	劉吉等修	又撰《寶訓》十卷
孝宗實錄	224	劉健、謝遷等修	又撰《寶訓》十卷
武宗實錄	197	費宏等修	又撰《寶訓》十卷
睿宗實錄	50	費宏等修	又撰《寶訓》十卷
世宗實錄	566	徐階、張居正修	又撰《寶訓》24 卷
穆宗實錄	70	張居正等修	又撰《寶訓》8 卷
神宗實錄	594	溫體仁等修	又撰《寶訓》26 卷
光宗實錄	8	葉向高等修	
熹宗實錄	84	溫體仁等修	
洪武聖政記	2	未　著　錄	
永樂聖政記	3	未　著　錄	
永樂年表	4	未　著　錄	
洪熙年表	2	未　著　錄	
宣德年表	4	未　著　錄	
皇明政要	20	儲　罐	
大　政　記	36	雷　禮	
明　書	45	鄧元錫	

〔註37〕　（清）張廷玉等著，《明史》，卷九七〈藝文二〉（北京市：中華，民 63 年），頁 2377～2381。

皇明大紀	36	夏　浚	
國朝紀要	10	王世貞	天言彙錄 10 卷
皇明通紀	27	陳　建	續通紀 10 卷
憲章錄	46	薛應旂	
嘉隆聞見紀	12	沈　越	
高廟聖政記	24	唐志大	
國朝事蹟	120	孫　宜	
洪武大政記	20	吳　朴	
明繩武編	34	吳瑞登	嘉隆憲章錄 20 卷
嘉靖大政編年紀	1	黃翔鳳	嘉靖大政類編 2 卷
史　待	50	陳翼飛	
名山藏	37	何喬遠	
史　概	120	朱國禎	輯皇明紀傳 30 卷
永昭二陵編年信史	6	支大倫	
史　竊	107	尹守衡	
聖　典	34	朱　睦	
嘉靖大政記	2	茅　維	
皇明副書	100	吳士奇	
皇明大紀纂要	63	譚希思	
皇明朝野紀略	1200	王大綱	
國　史	40	雷叔聞	
政紀纂要	4	周永春	
國史紀聞	12	張　銓	
明右史略	30	馮復京	
明世法錄	92	陳仁錫	
天啓從信錄	35	沈國元	
通紀集要	60	江旭奇	
國　榷	100	談　遷	
元　史*	212	宋濂等修	
續宋元資治通鑑綱目*	27	商輅等修	
歷代通鑑纂要*	92	李東陽	

橘甲子編年*	12	周定王	
大事記續編*	77	王 樟	
宋史略*	4	梁 寅	元史略 4 卷
元史補遺*	12	朱右元	
元史節要*	2	張九韶	
元史續編*	77	胡粹中	
世史正綱*	32	丘 濬	
諸史會編*	112	金 濂	
資治通鑑綱目前編*	25	南 軒	
宋史新編*	200	柯維騏	
史纂左編*	142	唐順之	右編 40 卷
宋元資治通鑑*	157	薛應旂	甲子會紀 5 卷
宋元資治通鑑*	64	王宗沐	
十九史節定*	170	安 都	
史 類*	600	吳 琯	
函 史*	115	鄧元錫	
綱目前編*	3	許 誥	
史書大全*	512	魏國顯	
通 曆*	36	黃 佐	
稽古編大政記綱目*	8	姜 寶	
學史會同*	300	邵經邦	弘簡錄 250 卷
歷代史彙*	240	楊寅冬	
學海君道部*	234	饒 伸	
世統紀年*	6	徐師曾	
帝王曆祚考*	8	吳繼安	
宋史紀事本末*	28	馮 琦	
宋史紀事本末*	109	張 溥	
元史紀事本末*	27	張 溥	
元史紀事本末*	6	陳邦瞻	
戰國紀年*	46	湯桂禎	
資治通鑑補*	270	嚴 衍	

*表示「通史」

（二）《四庫全書總目》〔註38〕

（清）紀昀等奉敕撰。全書按經、史、子、集四部編排，正史類共著錄 38 部 3681 卷，並附存目 7 部 85 卷。

書　名	卷　數	著　者	書　名	卷　數	著　者
史　記	130	司馬遷	漢　書	120	班　固
後漢書	120	范蔚宗	三國志	65	陳　壽
晉　書	130	房　喬	宋　書	100	沈　約
南齊書	59	蕭子顯	梁　書	56	姚思廉
陳　書	36	姚思廉	魏　書	114	魏　收
北齊書	50	李百藥	周　書	50	令狐德棻
隋　書	85	魏　徵	舊唐書	200	劉　昫
新唐書	225	歐陽修	舊五代史	150	薛居正
新五代史	75	歐陽修	宋　史	496	托克托
遼　史	116	托克托	金　史	135	托克托
元　史	210	宋　濂	明　史	336	張廷玉
南　史	80	李延壽	北　史	100	李延壽

（三）《絳雲樓書目》〔註39〕

（清）錢謙益撰。將群書分爲 73 類，第 17 類爲正史類。凡遇宋元版本則加以注明。

書　名	卷　數	書　名	卷　數	書　名	卷　數
宋板史記	130	魏　書	130	元板史記	未著錄
北齊書	50	元板前漢書	120	後周書	50
後漢書	130	隋　書	85	三國志	65
舊唐書	200	晉　書	130	新唐書	未著錄
南　史	80	宋　史	496	北　史	100
五代史	74	宋　書	100	遼　史	116
南齊書	59	金　史	135	梁　書	56
元　史	210	陳　書	36		

〔註38〕同註18，頁 2～45。

〔註39〕（清）錢謙益著、陳景雲注，《絳雲樓書目》（上海市：商務，民24年），頁 16～17。

（四）《孝慈堂書目》〔註40〕

（清）王聞遠撰。將群書分爲85類，第19類爲正史類。

書　　名	卷　數	著　　者	書　　名	卷　數	著　　者
史　　記	130	司馬遷	前漢書	100	班　固
後漢書	120	范　曄	三國志	66	陳　壽
晉　　書	130	唐太宗	宋　書	100	沈　約
南齊書	59	蕭子顯	梁　書	56	姚思廉
陳　　書	36	姚思廉	魏　書	114	魏　收
北齊書	50	李百藥	後周書	50	令狐德棻
隋　　書	85	魏　徵	宋板隋書	85	未著錄
南　　史	80	李延壽	北　史	100	李延壽
舊唐書	200	劉　昫	新唐書	225	歐陽修、宋祁
五代史	74	歐陽修	宋　史	120冊	未著錄
元　　史	40冊	未著錄	元板史纂通要	20	胡一桂
元板十七史詳節	173	呂祖謙			

（五）《文瑞樓藏書目錄》〔註41〕

（清）金星軺編。正史類著錄之內容包括：南板二十一史、汲古閣十七史、以及明人校正或重修之史籍。

書　　名	卷　　數	著　　者	附　　考
史　　記	130	司馬遷	南板二十一史
前漢書	100	班　固	南板二十一史
後漢書	120	范　曄	南板二十一史
三國志	65	陳　壽	南板二十一史
晉　　書	59	唐太宗	南板二十一史
宋　　書	110	沈　約	南板二十一史

〔註40〕（清）王聞遠，《孝慈堂書目》，《叢書集成續編》5（臺北市：新文豐，出版年不詳），頁178。
〔註41〕（清）金星軺，《文瑞樓藏書目錄》，《叢書集成初編》（上海市：商務，民24年），頁9～11。

齊　　書	59	蕭子顯	南板二十一史
梁　　書	56	姚思廉	南板二十一史
陳　　書	36	姚思廉	南板二十一史
魏　　書	124	魏　收	南板二十一史
北齊書	50	李百藥	南板二十一史
後周書	50	令狐德棻	南板二十一史
南　　史	80	李延壽	南板二十一史
北　　史	100	李延壽	南板二十一史
隋　　書	85	魏　徵	南板二十一史
唐　　書	225	歐陽修	南板二十一史
五代史	74	歐陽修	南板二十一史
宋　　史	496	脫　脫	南板二十一史
遼　　史	116	脫　脫	南板二十一史
金　　史	135	脫　脫	南板二十一史
元　　史	210	宋濂、王禕	南板二十一史
史　　記	130		汲古閣十七史
前漢書	120		汲古閣十七史
後漢書	130		汲古閣十七史
三國志	65		汲古閣十七史
晉　　書	130		汲古閣十七史
宋　　書	100		汲古閣十七史
齊　　書	59		汲古閣十七史
梁　　書	56		汲古閣十七史
陳　　書	36		汲古閣十七史
北魏書	130		汲古閣十七史
北齊書	50		汲古閣十七史
後周書	50		汲古閣十七史
南　　史	80		汲古閣十七史
北　　史	100		汲古閣十七史
隋　　書	85		汲古閣十七史
唐　　書	273		汲古閣十七史
五代史	74		汲古閣十七史

書　　名			
史　　記	130	（明）王氏校	
前 漢 書	100	（明）廣東崇正書 院重修	
後 漢 書	130	（明）廣東崇正書 院重修	
季 漢 書	40	（明）謝陛	
三 國 志	65		
晉 書 纂	7	（明）華元禔	
兩晉南北合纂	40	（明）錢岱	
南 北 史 鈔		（明）邵經邦重訂	
舊 唐 書	200	劉　昫	
宏 簡 錄	254	（明）邵經邦重訂	
續 宏 簡 錄	42	（明）邵經邦重訂	
東 都 事 略	130	（宋）王偁	
開 國 臣 傳	13	（明）朱國禎輯	
遜 國 臣 傳	5	（明）朱國禎輯	
明 史 列 傳 稿	208	王鴻緒編撰	
明 史 食 貨 志	6	王鴻緒編撰	
寶　　訓	39	（明）呂本校	

（六）《孫氏祠堂書目》〔註42〕

（清）孫星衍撰。將群書分為十二類，第 7 類為史學類。

書　　名	卷　數	著　　者	附　　考
戰 國 策	33	（漢）高誘注	（宋）姚宏校補
史　　記	130	（漢）司馬遷	褚少孫補
漢　　書	120	（漢）班固	（唐）顏師古注
後 漢 書	120	（宋）范蔚宗	（唐）章懷太子賢注
東觀《漢紀》	24	（漢）劉珍等撰	四庫全書本
後 漢 書	5	謝承	孫志祖集本
後 漢 書	1	華嶠	章宗源集本

〔註42〕（清）孫星衍，《孫氏祠堂書目》，《叢書集成初編》40（上海市：商務，民 24 年），頁 85～89。

三 國 志	65	（晉）陳壽	裴松之注
晉 書	130	（唐）房喬等撰	
宋 書	100	（梁）沈約	
南 齊 書	59	（梁）蕭子顯	
梁 書	56	（唐）姚思廉	
陳 書	36	（唐）姚思廉	
魏 書	114	（北齊）魏收	
西 魏 書	24	謝啓昆	
北 齊 書	50	（唐）李百藥	
周 書	50	（唐）令狐德棻	
隋 書	85	（唐）魏徵等撰	
南 史	80	（唐）李延壽	
北 史	100	（唐）李延壽	
十六國春秋	100	（後魏）崔鴻	
舊 唐 書	200	（晉）劉昫等撰	
新 唐 書	255	（宋）歐陽修、	宋 祁
舊五代史	150	（宋）薛居正等撰	
五 代 史	75	（宋）歐陽修	
十國春秋	114	吳任臣	
南 唐 書	18	（宋）陸游	
南 唐 書	30	（宋）馬令	
宋 史	496	（元）托克托等撰	
東都事略	130	（宋）王偁	
南 宋 書	68	（明）錢士升	
遼 史	116	（元）托克托等撰	
金 史	135	（元）托克托等撰	
元 史	210	（明）宋濂等撰	
明 史	336	張廷玉等奉敕撰	
二十二史考異	100	錢大昕	

（七）《書目答問》〔註43〕

（清）張之洞撰。正史類著錄之內容分為三種：（1）正史合刻本（2）正史分刻本（3）正史注補表譜考證之屬；下表僅列出（1）正史合刻本，即欽定二十四史。

書　　名	卷　　數	附　　考	書　　名	卷　　數	附　　考
史　　記	130		隋　　書	85	
漢　　書	120		南　　史	80	
後　漢　書	120		北　　史	100	
三　國　志	65		舊　唐　書	200	
晉　　書	130		新　唐　書	225	
宋　　書	100		舊五代史	150	目錄 2 卷
南　齊　書	59		新五代史記	74	目錄 1 卷
梁　　書	56		宋　　史	496	
陳　　書	36		遼　　史	116	
魏　　書	114		金　　史	135	
北　齊　書	50		元　　史	210	
周　　書	50		明　　史	336	

從上文所列各目錄正史類史籍的著錄情形來看，在不同時代對史籍的歸類容許有不同的安排與處理原則，但即使在相同的時代背景之下，對於同一種史籍的歸類亦不盡相同。舉例如下：

1、《東觀漢記》，劉珍等撰

　　正史類：《隋書・經籍志》、《舊唐書・經籍志》、《新唐書・藝文志》、《通志・藝文略》、《國史經籍志》、《孫氏祠堂書目》。

　　雜史類：《遂初堂書目》、《文獻通考・經籍考》。

　　別史類：《宋史・藝文志》、《四庫全書總目》。

2、《古史考》，譙周撰

　　正史類：《隋書・經籍志》、《通志・藝文略》、《國史經籍志》。

　　雜史類：《舊唐書・經籍志》、《新唐書・藝文志》。

3、《吳書》，韋昭撰

〔註43〕（清）張之洞，《書目答問》，《人人文庫》2375（臺北市：商務，民 67 年），頁 45。

正史類：《隋書・經籍志》、《新唐書・藝文志》、《通志・藝文略》、《國史經籍志》。

偽史類：《舊唐書・經籍志》。

4、《南史》、《北史》，李延壽撰

正史類：《舊唐書・經籍志》、《新唐書・藝文志》、《通志・藝文略》等。

別史類：《直齋書錄解題》、《宋史・藝文志》。

5、《高氏小史》，高峻撰

正史類：《新唐書・藝文志》、《通志・藝文略》、《國史經籍志》。

雜史類：《遂初堂書目》、《文獻通考・經籍考》。

別史類：《直齋書錄解題》、《宋史・藝文志》。

6、《吳紀》，環濟撰；《齊紀》，沈約撰

《隋書・經籍志》歸入正史類；而《舊唐書・經籍志》則歸於編年類。

7、《魏略》，魚豢撰

《舊唐書・經籍志》歸入正史類；而《新唐書・藝文志》則歸於雜史類。

8、《隋書》，王劭撰

《舊唐書・經籍志》歸入雜史類；而《新唐書・藝文志》及《通志・藝文略》歸入正史類。

9、《三國志》，陳壽撰

《舊唐書・經籍志》僅著錄《魏國志》於正史類，而將《蜀國志》與《吳國志》歸入偽史類；《新唐書・藝文志》、《通志・藝文略》、《國史經籍志》則析爲《魏國志》、《蜀國志》與《吳國志》三部著錄於正史類。

　　綜合言之，歷代史志、官修和私撰目錄對史籍的分類原則仍存有差異性，而這也反映出目錄編撰者對史籍內容形式有不同的認知。利用歷代目錄對正史類史籍的著錄情形作直接的整理與比較，除了能夠瞭解當時正史史籍數量的成長、散佚的情況外，更能溯源析流地考據正史的形成與發展。

第三節　正史對後世的影響

　　自西漢劉歆著《七略》以勒群籍，史籍僅繫於六藝略春秋家之下，至西晉荀勗制《新簿》，分爲甲、乙、丙、丁四部，史籍獨立爲丙部，其後李充《晉元帝書目》出，乙丙兩部互易，南北朝以降，均以此法爲則。爰是之故，西漢至南北朝，史籍從隸屬六藝而獨立，並且提升於經部之下，顯現出史籍由附庸而蔚爲大國。

　　《隋書·經籍志》將群籍分爲經、史、子、集四部，在史部之中，首列「正史」一目，著錄《史記》、《漢書》等紀傳體典籍，《隋書·經籍志》以後的歷代官修、私撰和史志等採用四部分類法的目錄，均置有正史類，並且排在史部的第一順序，由此可見「正史」在史部目錄的重要性及其崇高的地位。本節將分爲五方面來探討正史對後世產生的影響。

一、確立正史在史部目錄的獨尊地位

　　《隋書·經籍志》將史部典籍析爲正史、古史、雜史、霸史、起居注、舊事、職官、儀注、刑法、雜傳、地理、譜系、簿錄，正史則居於各類目之冠。《隋書·經籍志》以後的各史志目錄，如《舊唐書·經籍志》、《新唐書·藝文志》、《宋史·藝文志》和《明史·藝文志》；官修目錄如《崇文總目》、《四庫全書總目》，以及私撰目錄有宋代《郡齋讀書志》、元代《文獻通考·經籍考》、明代《萬卷堂書目》、清代《書目答問》等採用四部分類法的目錄，無論其類目如何變化與增減，史部中的「正史類」一如既往，始終維持著獨尊的地位。

　　《四庫全書總目》史部總序云：「今總括群書，分十五類。首曰正史，大綱也。次曰編年、曰別史、曰雜史、曰詔令奏議、曰傳記、曰史鈔、曰載記，皆參考紀傳者也。曰時令、曰地理、曰職官、曰政書、曰目錄，皆參考諸志者也。曰史評，參考論贊者也〔註44〕。」質言之，所謂編年史、別史、雜史等其他各類史籍，並沒有獨立的意義，它們的存在僅僅是配合正史中的「本紀」、「列傳」、「史志」乃至於「論贊」等體例內容的參考而已〔註45〕。從《四庫全書總目》史部總序的這一段敘述，更可確立「正史」在史部目錄的重要意義。

二、完備的紀傳體裁，成為後世正史著述的標準

　　雖然以紀傳體撰述的史籍，不一定都能被列爲正史，但毫無疑問的，正史必然是以紀傳體撰述的史籍。由本紀、列傳、表、志等組成的紀傳體，以人物爲中心，結合記言與記事。「本紀」基本上是編年體，記載國君的言行事蹟與一朝的國政大事；「列傳」是記述歷史上具有影響力的各類型人物；「表」是用表格的形式，按照一定的順序，譜列人物和事件；「志」是有關各種典章制度的專篇，其內容包括政治、經濟、軍事、文化等領域。

　　依據紀傳體裁所撰寫的史籍，具有相當大的包容性，可以對歷代各種重要史事

〔註44〕（清）永瑢、紀昀等著，《欽定四庫全書總目·史部》，卷四五〈史部總序〉（臺北市：商務，出版年不詳），頁2。

〔註45〕同註12，頁65。

作綜合且全面的記錄。《史記》問世以後，紀傳體史籍得到很大的發展，從此遂爲後世史家所踵繼，不但成爲史籍著述的主流，並且也獲得正史的地位。

三、正史是中國史學的基本骨架，是治史者必讀的典籍

正史是中國史學系統的基本骨架，不論視之爲史籍或史料，其價值在中國歷史這一門學科上，都是至高無上的。自從「前四史」的正史地位確立以後，後世正史代有遞增，至今共有 25 部。我國五千年悠久文化，在正史中已按照時代的順序，完整地保存下來。

作爲一個研究中國歷史的學者而言，正史也是必讀的典籍之一。由於正史是反映每一朝代史實的最早記載，凡引據舊事、考證史實，宜用正史參考佐證。其次，其他種類的史籍，如「通鑑」、「通考」一類，都是在豐富的正史基礎上編撰而成，自然爲體例所限，對原始史料有所剪裁與取捨，故若要研究當時史實的眞相與全貌，仍然必須依靠正史的記載〔註46〕。

四、藉古規今，垂訓鑒戒以示後世

對國君而言，正史亦具有「垂訓鑒戒」的特殊功用，可以爲王朝取得借鑒歷史的經驗教訓。唐代建國伊始，高祖李淵即強調以史籍「考論得失，窮盡變通」、「多識前古，貽鑒將來」；至太宗李世民除了強調史籍可以「覽前王之得失，爲在身之龜鏡」的同時，更確定了紀傳體史籍爲「正史」，並且設館修史，二十五史的八部正史就是在此時期修撰而成的〔註47〕。

五、宣揚政權正統性的政治意義

「正史」一詞，最初係指目錄學的一個類目名稱。《隋書‧經籍志》將《史記》、《漢書》等紀傳體史籍歸入正史類，其序云：「自是世有著述，皆擬班、馬，以爲正史。」但當時所謂的「正史」，並沒有具體且嚴格的界定。以《隋書‧經籍志》的正史類爲例，《史記》固然是正史，而規模相似的梁武帝《通史》亦列爲正史類；陳壽《三國志》固然列入正史，而此之前分述各國的史籍，如王沈《魏書》、韋昭《吳書》等也歸入正史類；此外，《隋書‧經籍志》還著錄了《梁史》、《周史》等一般的紀傳體史籍〔註48〕。清代纂修《四庫全書》，並編成《四庫全書總目》，凡歸入正史類的史籍，都是經過嚴格選擇的，而非所有紀傳體史籍都能列爲正史類。正如《四庫全

〔註46〕張舜徽，《中國古代史籍校讀法》（臺北市：里仁，民77年），頁222～223。
〔註47〕同註12，頁63。
〔註48〕同註12，頁53。

書總目・正史類》小序所言：「今並從官本校錄，凡未經宸斷者，則悉不濫登。蓋正史體尊，義與經配，非懸諸令典，莫敢私增〔註49〕。」

　　從《隋書・經籍志》到《四庫全書總目・正史類》史籍的著錄情形來看，可以發現：能夠列入正史者，基本上必須經過國君的認可，即含有政治的意義。質言之，記載正統王朝的歷史，方能歸入正史，而正史也強烈含有正統之意了。正統泛指「統治政權或王朝對前代統緒的正當繼承〔註50〕」。依照中國的傳統，每一朝代纂修前代的歷史，等於是承認前代的正統地位，同時也暗示本身的政權是繼承前代的正統而來的〔註51〕。例如元代詔修宋、遼、金三史，最後決定宋、遼、金皆為正統，各為一史，正統之爭乃告平息。

　　正統之爭，作為歷史觀念的一環，有其重要的意義。正統的觀念對政治和史學方面都有著不可低估的影響力。史家的正統觀念會反映在史籍的形式和內容上；在政治方面，以南明為例，評價南明的正統，更直接關係到滿清入主中原的目的和正統地位的確立等問題的解釋。故對於一個政權有無正統資格的認定，直接關係到對該政權歷史地位的評價〔註52〕。

　　正史在正統觀念的影響之下，演變為具有宣揚王朝政權正統性的政治意義；而正統思想也深深影響了中國數千年來的政治與歷史觀。正統之爭並不因為滿清專制王朝的結束而止息〔註53〕，其影響力甚至到今天仍然存在，今天海峽兩岸對「一個中國」仍然存在著根本性的分歧和重大爭執。顯然，「一個中國」原則已經成為兩岸關係再發展的關鍵樞紐〔註54〕。

〔註49〕　同註18。
〔註50〕　陳學霖，《宋史論集》（臺北市：東大，民82年），頁132。
〔註51〕　陳芳明，〈宋遼金史的纂修與正統之爭〉，《食貨》二卷八期（民61年11月），頁10。
〔註52〕　寧泊，〈清人明史研究中的正統觀和忠義觀〉，《南開學報》4期（民85年），頁14。
〔註53〕　謝政諭，〈中國正統思想的本義、爭論與轉型——以儒家思想為核心的論述〉，《東吳政治學報》4期（民84年1月），頁243。
〔註54〕　「辜汪會——旨在營造和平氣氛」，中國時報，民87年10月15日，第十四版。

第五章 結 論

　　目錄學在中國古代的學術領域中，一向佔有重要的地位。清代王鳴盛在《十七史商榷》卷一中述及目錄之學是「學中第一緊要事，必從此問塗，方得其門而入」。的確，中國古代的目錄學所詮釋的分類理念，並不僅僅是典籍的歸類而已，更是一種學術的分類；質言之，「綱紀群籍，分類部次，辨章學術，考鏡源流」遂成為目錄學的目的與任務；目錄學也和歷代學術思想的演變與發展有著密切的關聯性。

　　有鑒於此，本論文嘗試從目錄學的範疇─史部目錄中的「正史類」為研究對象，尋流溯源，考述正史的源流。總結前面各章節的討論，本文從三方面來思考「正史」的意義與價值。

　　首先，根據文獻資料的研究得知「正史」之名，昉於梁代阮孝緒所著《正史削繁》，由於該書已佚，所述內容也不得而知了。其後阮氏又撰《七錄》一書，將典籍分為內、外二篇，史籍著錄在內篇第二的「記傳錄」，並析為十二部：國史部、注曆部、舊事部、職官部、儀典部、法制部、偽史部、雜傳部、鬼神部、土地部、譜狀部、簿錄部；不但開啟了史籍分類之門，顯現出當時史籍內容形式的多元性之外，更重要的是影響了唐代《隋書·經籍志》史部類目的設置與安排，《隋書·經籍志》的「正史類」係由《七錄》之「國史部」演變而來，從此以後，「正史」遂成為目錄學中史部目錄的一個類名。自從《隋書·經籍志》開始於史部設置「正史類」以後，歷代史志與各家目錄承襲之，從歷代史志與各家目錄來看，設置「正史類」的目錄著作仍佔多數，並且大部分都將「正史類」置於史部的第一順位。

　　其次，「正史類」所著錄的史籍稱作「正史」，《隋書·經籍志》所著錄的正史，係指《史記》、《漢書》等類的史籍；《史記》是中國的第一部正史，其體例由本紀、表、書、世家、列傳所構成的紀傳體，《史記》以後的各朝正史，雖然在例目上略有調整，但「本紀」與「列傳」仍是必備的要項，故此種體裁遂統稱為「紀傳體」。《隋

書‧經籍志》將《史記》、《古史考》至《周史》等書視爲正史,至清代編撰《四庫全書總目》時,對於正史的界定甚爲嚴格,規定「未經宸斷者,悉不濫登,蓋正史體尊,義與經配,非懸諸令典,莫敢私增。」所以正史必須是國君欽定的史籍,此與《隋書‧經籍志》所規定的標準已大不相同了。

　　至清代止,朝廷欽定的正史有二十四部,民國初年再增加《新元史》,成爲「二十五史」。「二十五史」是經過長時間發展而形成的,三國時代已有「三史」之稱,至唐代有「十三史」之形成,宋代則通行「十七史」,明代有「二十一史」的刊刻,直到清代止共累積成「二十四史」。「二十五史」一向爲治史者視爲必讀的典籍,因爲中國每一朝代的歷史,遠從傳說中的黃帝時代到明代爲止,都可透過相對應的正史有系統地揭示出來。對於研究中國歷史的人而言,正史仍被視爲第一手的史料,所以正史在史學研究上的重要性也是不容忽視的。

　　自從唐代開始設館官修正史之後,正史所賦與的政治意義甚爲顯著,國君的參與(如唐太宗曾參加《晉書》的纂修)或干預,使得正史淪爲政權統治機制下的工具。因爲史官爲前朝撰述正史,等於是承認前朝的正統地位,並暗示本朝的政權是繼承前朝的正統而來;換言之,即在於爲本朝尋找合理的政權統治依據,亦即「正統」資格的認定,畢竟任何國君都不想背負著「僭竊」的惡名。此種正統觀念也反映在目錄學中,從歷代史志、各家目錄對於史籍的歸類原則中,均能反映出目錄編撰者的觀念意識與價值判斷。例如《南史》與《北史》在宋人陳振孫所編的《直齋書錄解題》及元代官修之《宋史藝文志》中,均歸入〈別史類〉,而不入正史類;陳壽《三國志》在五代後晉時期所編的《舊唐書‧經籍志》僅承認《魏國志》爲正史,將而《蜀國志》、《吳國志》歸入僞史類。而在目錄學中,「正史」、「別史」、「霸史」、「僞史」等類名的設置,皆可視爲正統觀念的表現;影響所及,正史以外的其他非正史史籍,也就不被重視與肯定了。其實,就學術研究的立場而言,無論是正史、別史之分,或是紀傳體、編年體之別,研究者若能適切的選擇、鑑別,取其精華,去其糟粕,善用這些史料,它們本身的價值才能彰顯出來,而學術研究的水準也才能得到提升與肯定。

　　最後,從圖書資訊學的領域而言,儘管中國古代目錄學對於整理典籍的理念不同於現代圖書館所採用的理論與方法。因爲古代各種官私目錄所揭示的理念,不僅僅是典籍的類別歸屬而已,更重要的是典籍所賦與的價值意義,而這也使目錄學獲得「學術之宗」的地位。若與現代圖書分類目錄相比較,其最明顯不同之處在於現代圖書館對於圖書的處理係以學科之內容主題來著眼,不再帶有價值判斷地眼光來對待各種圖書了。雖然古代目錄學隨著時代的腳步而逐漸式微,然而其與中國歷代

各種學術思想之發展與演變有密切的關係，希望藉由本論文的研究，開啓學術研究的另一扇窗，進而提升中國目錄學的學術地位。

參考書目

一、圖　書

1：中華書局編輯部，《二十四史點校本》，（北京市：中華）。

2：柯劭忞，《新元史》，（臺北縣：藝文，民國 40 年）。

3：（唐）劉知幾著、（清）浦起龍釋，《史通通釋》，（臺北市：里仁，民國 69 年）。

4：（清）章學誠，《校讎通義》，（臺北市：廣文，民國 70 年）。

5：（清）章學誠，《文史通義》，（臺北市：廣文，民國 70 年）。

6：（清）趙翼著、杜維運考證，《二十二史箚記及補編》，（臺北市：鼎文，民國 64 年）。

7：（清）錢大昕，《十駕齋養新錄》，（臺北市：商務，出版年不詳）。

8：（清）王鳴盛，《十七史商榷》，《續修四庫全書史部史評類》99，（上海市：古籍，出版年不詳）。

9：（清）永瑢、紀昀等著，《欽定四庫全書總目》，（臺北市：商務，出版年不詳）。

10：（唐）釋道宣，《廣弘明集》，《四部叢刊初編子部》，（上海涵芬樓影印，出版年不詳）。

11：（清）姚振宗，《隋書經籍志考證》，《師石山房叢書》，（臺北市：開明，民國 25 年）。

12：（梁）蕭繹，《金樓子》，《中國子學名著集成》090，（臺北市：中國子學名著集成編印基金會，出版年不詳）。

13：（元）馬端臨，《文獻通考》，（臺北市：新文豐，出版年不詳）。

14：（宋）王溥，《唐會要》，（臺北市：中華，出版年不詳）。

15：（宋）王溥，《五代會要》，（上海市：古籍，民國 67 年）。

16：（漢）荀悅，《漢紀》，《中國學術類編：漢紀西漢年紀合刊》，（臺北市：鼎文，民國 69 年）。

17：（宋）王應麟，《玉海》，《景印文淵閣四庫全書子部類書類》944，（臺北市：商務，出版年不詳）。

18：（宋）歐陽修，《歐陽文忠公集》，（上海市：上海，民國 78 年）。

19：（元）袁桷，《清容居士集》，（上海市：上海，民國 78 年）。

20：（元）蘇天爵，《元朝名臣事略》，（臺北市：新文豐，出版年不詳）。

21：（明）顧炎武，《日知錄》，《國學基本叢書》016，（臺北市：商務，出版年不詳）。

22：（宋）王堯臣等編、（清）錢東垣輯釋，《崇文總目》，《國學基本叢書》，（臺北市：商務，民國 56 年）。

23：（宋）鄭樵著、王樹民點校，《通志二十略》，（北京市：中華，民國 84 年）。

24：（宋）晁公武，《郡齋讀書志》，（京都市：中文，民國 67 年）。

25：（宋）尤袤，《遂初堂書目》，《叢書集成新編》2，（臺北市：新文豐，出版年不詳）。

26：（宋）陳振孫，《直齋書錄解題》，（京都市：中文，民國 67 年）。

27：（明）朱睦㮮，《萬卷堂書目》，《叢書集成續編》3，（臺北市：新文豐，出版年不詳）。

28：（明）高儒，《百川書志》，《書目類編》27，（臺北市：成文，出版年不詳）。

29：（明）陳第，《世善堂藏書目錄》，《書目類編》29，（臺北市：成文，出版年不詳）。

30：（明）祁承㸁，《澹生堂藏書目》，《叢書集成續編》3，（臺北市：新文豐，出版年不詳）。

31：（明）黃虞稷，《千頃堂書目》，《叢書集成續編》4，（臺北市：新文豐，出版年不詳）。

32：（明）徐𤊹，《紅雨樓書目》，《書目類編》28，（臺北市：成文，出版年不詳）。

33：（明）焦竑，《國史經籍志》，《粵雅堂叢書》5，（臺北市：華文，出版年不詳）。

34：（清）錢謙益著、陳景雲注，《絳雲樓書目》，（上海市：商務，民國 24 年）。

35：（清）王聞遠，《孝慈堂書目》，《叢書集成續編》5，（臺北市：新文豐，出版年不詳）。

36：（清）金星軺，《文瑞樓藏書目錄》，《叢書集成初編》，（上海市：商務，民國 24 年）。

37：（清）孫星衍，《孫氏祠堂書目》，《叢書集成初編》40，（上海市：商務，民國 24 年）。

38：（清）張之洞，《書目答問》，《人人文庫》2375，（臺北市：商務，民國 67 年）。

39：賴永祥編訂，《中國圖書分類法增訂七版》，（臺北市：編印者，民國 78 年）。

40：明文書局，《中國史學史》辭典，（臺北市：著者，民國 75 年）。

41：梁啟超，《中國歷史研究法》，（臺北市：里仁，民國 83 年）。

42：鄭鶴聲，《中國史部目錄學》，（臺北市：華世，民國 63 年）。

43：周彥文，《中國目錄學理論》，（臺北市：學生，民國 84 年）。

44：王錦貴，《中國紀傳體文獻研究》，（北京市：北京大學，民國 85 年）。

45：陳秉才、王錦貴合著，《中國歷史書籍目錄學》，（北京市：書目文獻，民國 73 年）。

46：范文瀾，《正史考略》，（上海市：上海，民國 20 年）。

47：吳天任，《正史導讀》，（臺北市：商務，民國 79 年）。

48：張立志，《正史概論》，（臺北市：商務，民國 53 年）。

49：徐浩，《二十五史論綱》，（上海市：上海，民國 78 年）。

50：金靜庵，《中國史學史》，（臺北市：鼎文，民國 75 年）。

51：李宗侗，《史學概要》，（臺北市：正中，民國 57 年）。

52：蔣祖怡編著，《史學纂要》，（臺北市：正中，民國 70 年）。

53：陶懋炳，《中國古代史學史》，（湖南：人民，民國 76 年）。

54：張大可，《中國歷史文獻學》，（陝西：人民教育，民國 80 年）。

55：王余光，《中國歷史文獻學》，（臺北市：天肯文化，民國 84 年）。

56：雷家驥，《中古史學觀念史》，（臺北市：學生，民國 79 年）。

57：柳詒徵，《國史要義》，（上海市：中華，民國 37 年）。

58：楊聯陞，《國史探微》，（臺北市：聯經，民國 72 年）。

59：謝國楨，《史料學概論》，（福建：人民，民國 74 年）。

69：翦伯贊，《史料與史學》，（上海書局，出版年不詳）。

61：周谷城主編，《中國學術名著提要——歷史卷》，（上海市：復旦大學，民國 83 年）。

62：倉修良主編，《中國史學名著評介》，（臺北市：里仁，民國 83 年）。

63：宋衍申主編，《中國歷史要籍介紹及選讀》，（東北師範大學，民國 76）年。

64：高振鐸主編，《中國歷史要籍介紹及選讀》，（哈爾濱：黑龍江人民，民國 71 年）。

65：李宗鄴，《中國歷史要籍介紹》，（上海市：古籍，民國 71 年）。

66：張舜徽，《中國歷史要籍介紹》，（湖北：人民，民國 46 年）。

67：張舜徽，《中國古代史籍校讀法》，（臺北市：里仁，民國 77 年）。

68：張舜徽，《中國文獻學》，（河南：人民，民國 77 年）。

69：張傳璽主編，《中國歷史文獻簡明教程》，（北京市：北京大學，民國 82 年）。

70：鄭鶴聲、鄭鶴春編，《中國文獻學概要》，（上海市：上海，民國 72 年）。

71：吳樹平，《二十四史簡介》，《古代要籍概述》，（北京市：中華，民國 76 年）。

72：汪受寬編著，《讀史基礎手冊》，（吉林：文史，民國 79 年）。

73：張志哲，《中國史籍概論》，（江蘇：古籍，民國 77 年）。

74：盧荷生，《中國圖書館事業史》，（臺北市：文史哲，民國 75 年）。

75：姚名達，《中國目錄學史》，（臺北市：商務，民國 77 年）。

76：李瑞良，《中國目錄學史》，（臺北市：文津，民國 82 年）。

77：許世瑛編著，《中國目錄學史》，（臺北市：中國文化大學，民國 71 年）。

78：昌彼得、潘美月合著，《中國目錄學》，（臺北市：文史哲，民國 80 年）。

79：余嘉錫，《目錄學發微》，（臺北縣：藝文，民國 76 年）。

80：程千帆、徐有富合著，《校讎廣義——目錄編》，（齊魯書社，民國 77 年）。

81：汪家熔，《二十四史的二百五十年版本史》，葉再生主編，《出版史研究》2，（北京市：中國書籍，民國 83 年）。

82：瞿林東，《中國史學散論》，（湖南：教育，民國 81 年）。

83：饒宗頤，《中國史學上之正統論》，（上海市：遠東，民國 85 年）。

84：陳學霖，《宋史論集》，（臺北市：東大，民國 82 年）。

85：傅鏡暉，《中國歷代正統論研究——依據春秋公羊傳精神的正統論著分析》，（國立政治大學政治研究所，碩士論文，民國 83 年 6 月）。

二、期　刊

1：盧荷生，〈史部類例考述〉，《輔仁學誌文學院之部》23 期，（民國 83 年 6 月），頁 1～16。

2：盧荷生，〈中國目錄學的歷史特性——略考中國目錄類例之衍變〉，《輔仁學誌文學院之部》15 期，（民國 75 年六月），頁 1～17。

3：逯耀東，〈隋書經籍志史部的形成〉，《中國歷史學會史學集刊》5 期，（民國 62 年五月），頁 47～56。

4：逯耀東，〈從隋書經籍志史部的形成論魏晉史學轉變的歷程〉，《食貨月刊》十卷 4 期，（民國 69 年 7 月），頁 121～142。

5：吳懷祺，〈《隋書・經籍志》的史學觀〉，《史學史研究》1 期，（民國 84 年），頁 35～41。

6：許鳴鏘，〈隋書經籍志研究〉，《臺灣師範大學國文研究所集刊》29 期，（民國 74 年 6 月），頁 733～808。

7：曾貽芬，〈隋唐時期四部分類法的確立〉，《史學史研究》3 期，（民國 79 年），頁 46～52。

7：勞榦，〈正史（龍岡雜記）〉，《大陸雜誌》13 卷 9 期，（民國 45 年 11 月），頁 4：頁 10。

8：雷家驥，〈從正史看古代歷史觀念的改變〉，《鵝湖》2 卷 2 期，（民國 68 年 8 月），頁 25～27。

9 ：雷家驥，〈中國史學的正統主義〉，《鵝湖》7 期，（民國 65 年 1 月），頁 45～48。

10：楊安華，〈中國正統思想之基礎探源〉，《臺南家專學報》16 期，（民國 86 年 6 月），頁 97～115。

11：陳芳明，〈宋遼金史的纂修與正統之爭〉，《食貨月刊》2 卷 8 期，（民國 61 年十一月），頁 10～23。

12：寧泊，〈清人明史研究中的正統觀和忠義觀〉，《南開學報》4 期，（民國 85 年），頁 14～23。

13：謝政瑜，〈中國正統思想的本義、爭論與轉型——以儒家思想為核心的論述〉，《東吳政治學報》4 期，（民國 84 年元月），頁 241～266。

14：白鋼，〈正統悖論〉，《中國社會科學院研究生院學報》5 期，（民國 82 年），頁 11～23。

15：徐復觀，〈論史記（上）〉，《大陸雜誌》55 卷 5 期，（民國 66 年 11 月），頁 1～27。

16：徐復觀，〈論史記（下）〉，《大陸雜誌》55 卷 6 期，（民國 66 年 12 月），頁 29～50。

17：朱枝富，〈論司馬遷撰史宗旨〉，《史學史研究》4 期，（民國 74 年），頁 24～29。

18：馬先醒，〈『諸好事者』與漢書謬者〉，《華岡學報》8 期，（民國 63 年 7 月），頁 65～94。

19：簡松興，〈班固撰《漢書》時可能的限制——以《敘傳》為中心〉，《輔大中研所學刊》3 期，（民國 83 年 6 月），頁 87～99。

20：柏陰培，〈『晉書十八家』的商榷〉。幼獅學報 7 卷 1 期，（民國 57 年 1 月），頁 1～16。

21：楊朝民，〈唐修《晉書》的政治因素〉，《史學史研究》4 期，（民國 78 年），頁 27～33。

22：王明蓀，〈金修國史及金史源流〉，《書目季刊》22 卷 1 期，（民國 77 年 6 月），頁 47～60。

23：黃兆強，〈《元史》纂修若干問題辨析〉，《東吳歷史學報》1 期，（民國 84 年 4 月），頁 153～180。

24：包遵彭，〈明史編纂考導論〉，《書目季刊》1 卷 4 期，（民國 56 年 6 月），頁 3～9。

25：〈辜汪會——旨在營造和平氣氛〉，《中國時報》，（民國 87 年 10 月 15 日，第 14 版）。

杜佑《通典》的編纂創新及其史學思想

廖正雄　著

作者簡介

出生：1965 年　出生地：台灣宜蘭人　學歷：私立中國文化大學史學研究所碩士畢業
經歷：任職宜蘭縣史館（1993 ～ 2004）擔任國立空中大學兼任講師（1996 ～ 1997、2004）擔任國立宜蘭技術學院兼任講師（2000 ～ 2002）參與「臺灣北部漁村廟宇與漁村文化研究報告」計畫案（1998 ～ 1999）參與「『嫁給自己的姐妹』:台灣冥婚的研究」計畫案（2002 ～ 2003）　著作:1、〈內員山碧仙宮〉簡介,1999,2、〈宜蘭縣史館館藏譜系簡介—兼談如何製作家譜〉,《宜蘭文獻雜誌》47:29 ～ 66,2000　現職:執行委託辦理「宜蘭縣史料蒐集管理計畫」（2005 ～ 2006）。

提　要

　　杜佑《通典》在中國史學史上，可謂是一部「體大思精」之作。所謂「體大」，就體裁結構方面而言，乃指全書是二百卷的巨著，包含九大部門，且每一部門，均可視為一專門之學，故謂之「體大」；所謂「思精」，就史學思想方面來看，是指在著述宗旨—「將施有政，用乂邦家」—的要求下，每一部門的選擇，都是經過作者的深思熟慮和有意安排，故能突顯作者的「思精」所在。

　　對於這樣一部「體大思精」的創作名著，筆者所欲研究的重心有二：一是《通典》的編纂創新；二是杜佑的史學思想。就前者而言，其在中國史學史上或中國歷史編纂學上，可說在編年和紀傳二體的激烈競爭當中，開創出「政書體」而獨幟一格。此從政書類和正史書志類的外部體裁結構問題，到內部史學理念的繼承分析，均是筆者的關注所在。其次，《通典》四大編纂特點是：一、在編纂思想上主會通；二、在編纂形式上立分門；三、在編纂精神上重議論；四、在編纂內容上切近代。

　　關於杜佑的史學思想。筆者所欲強調的有兩點：一是經世致用的史學思想；二是歷史進步的史學思想。關於前者，杜佑主張有四：一、注重民生經濟，故以食貨為首；二、重視官僚體系，故以選才設官為綱；三、致治人文化成，故以禮樂教化為本；四、安民保國為要，故以國防地理為輔。其次，就歷史進步的史學思想而言，其一貫的主張是：一、歷史是不斷變革和進步的—「古今既異，形勢亦殊」，不應「非今是古」；二、歷史發展的原因不在「冥數素定」，而在「人事」和「形勢」；三、正確的處理態度應是採用變革的手段和辦法—「欲行古道，勢莫能遵」，「既弊而思變，乃澤流而無竭」。

　　要之，筆者以為：杜佑《通典》在中國史學史上，開創政書一體，提供了史書體裁的實用性和選擇的多樣化，此與其具有兩大特色，即博通和致用，是息息相關的，故如欲評論《通典》的最大價值和貢獻所在，必以此兩點為依歸，方能得其精要。

目錄

第一章　前　言

第一節　研究動機、方法以及範疇

　　杜佑《通典》在中國史學史上，可謂是一部「體大思精」之作。〔註1〕所謂「體大」，就體裁結構方面而言，乃指全書是二百卷的巨著，包含九大部門，且每一部門，均可視爲一專門之學，故謂之「體大」；所謂「思精」，就史學思想方面來看，是指在著述宗旨——「將施有政，用乂邦家」——的要求下，每一部門的選擇，都是經過作者的深思熟慮和有意安排，故能突顯作者的「思精」所在。

　　在這樣一部「體大思精」的著作中，筆者擬以「杜佑《通典》的編纂創新及其史學思想」爲題，研究的重心有二：第一、《通典》的編纂創新。此部分在已往的研究領域裏，多將注意力集中於「外部編纂體裁的沿革」，即偏重於政書類和書志類對《通典》的啓發和影響之討論，而罕從「內部史學理念的繼承」這一角度來加以探討，故此部分是筆者所欲申論的重心所在。其次，則欲對《通典》編纂的特點，加以論述。第二、杜佑的史學思想。此部分已有學者從各方面研究，筆者所欲做的工作，只是試圖做一較全面性和完整性的綜合討論，研究的重心有二，此即杜佑的經世致用及歷史進步的思想。又本論文，是以史學史的角度爲出發點，尤其想透過史學思想史的角度來研撰，故在比較、分析、綜合和歸納等方法應用外，另視實際需要與情況而隨時綜合運用。以下，即就本論文的重要章節加以說明。

第一章、前言：首先，對本論文的研究動機、方法以及範疇加以說明。其次，則對

〔註1〕參錢穆，《中國史學名著》（二）（三民書局，民國62年2月初版，民國75年3月5版），頁183。

重要研究成果的回顧。

第二章、《通典》的成書背景及其撰述宗旨：首先，分析安史之亂對《通典》產生的
　　　　影響以及杜佑《通典》對此「世變」的回應。其次，則欲分析《通典》的
　　　　「徵諸人事，將施有政」之撰述宗旨。

第三章、《通典》的編纂創新及其特點：首先，擬從「外部編纂體裁的沿革」和「內
　　　　部史學理念的繼承」等兩方面，來探討《通典》編纂創新的憑藉和脈絡。
　　　　前者著重於政書類和書志類等體裁對《通典》的啓發和影響；後者則以劉
　　　　知幾《史通》爲討論中心，以見劉知幾與杜佑兩人在史學理念的繼承軌跡。
　　　　其次，則欲說明《通典》的編纂特點和價值所在，歸納而言有四：一、在
　　　　編纂思想上主會通；二、在編纂形式上立分門；三、在編纂精神上重議論；
　　　　四、在編纂內容上切近代。

第四章、杜佑的史學思想：首先，分析其經世致用的史學思想，研究重點有四：一、
　　　　注重民生經濟，故以食貨爲首；二、重視官僚體系，故以選才設官爲綱；
　　　　三、致治人文化成，故以禮樂教化爲本；四、安民保國爲要，故以國防地
　　　　理爲輔。其次，分析其歷史進步的史學思想，研究重點有三：一、歷史是
　　　　不斷變革和進步的——「古今既異，形勢亦殊」，不應「非今是古」；二、
　　　　歷史發展的原因不在「冥數素定」，而在「人事」和「形勢」；三、正確的
　　　　處理態度應是採用變革的手段和辦法——「欲行古道，勢莫能遵」，「既弊
　　　　而思變，乃澤流而無竭」。

第五章、《通典》的影響和局限：此章分析的重點有四：一、《通典》對往後中國史
　　　　書體裁和史學思想的啓發與影響；二、《通典》在史料學上的價值和貢獻；
　　　　三、《通典》「自注」的史學思想及其對歷史編纂學的發展；四、《通典》的
　　　　內容局限和體裁缺失。

第六章、結論：總結前四章的研究要點，然後評其價值和得失，最後說明本論文尚
　　　　待處理的問題和後續研究之處。

第二節　重要研究回顧

　　這部份的重要研究回顧，是選取和杜佑最相關且重要的專著和期刊論文爲主，
目的在於知悉往昔研究的部分重要成果，且可作爲本論文的補充說明。於此所介紹
是略依作者發表時間的先後爲序，而出版或發表地點（刊名）、時間等相關資料說明

和出處，可參看本論文書末的「參考書目」。現就先介紹專著部分。

　　專著部分據筆者所見有兩本，一是鄭鶴聲，《杜佑年譜》。此是第一本對杜佑個人生平事蹟等做綜合性研究的專著，是研究杜佑不可或缺的輔助專著，頗值得參考和利用，但須和以下兩文配合參看。（一）岑仲勉，〈杜佑年譜補正〉。（二）李之勤，〈《杜佑年譜》不夠完善〉。以上兩文指出《杜佑年譜》的若干錯誤並做了一些資料性的補充和說明。二是葉鴻灑，《杜佑的事功及政經理論之研究》。此書內容著重對杜佑的功蹟、政治理論以及經濟主張等方面的研究，是一較具分量的著作。現再來介紹期刊論文部分，於此筆者擬介紹十五篇。

（一）李之勤，〈杜佑的歷史進化論〉。李文從學術思想上的觀點，對杜佑歷史進化論思想做一深刻的分析，此部分筆者會於本論文中討論。

（二）李之勤，〈論杜佑《通典》與劉秩《政典》〉。李文從杜、劉兩書的分量和編輯體例、思想淵源以及寫成時間早晚等三方面來比較分析，而總結性的認為：杜佑《通典》比劉秩《政典》有很大的進步，而且也體現了中國古代歷史編纂學的巨大發展。

（三）陳光崇，〈劉秩事輯考〉。此文可做為第（二）李文的補充說明。陳文對劉秩的經歷、與房琯的關係、考定劉秩卒年為肅宗上元元年（760），並指出「大為時賢稱賞」（按指房琯）的應是「論哥舒翰兵事疏」，而非《政典》，此外，作者認為：《通典》中的「兵典」很有可能保存了《政典》中兵事一門的主要內容。

（四）張榮芳，〈從通典看杜佑的史學〉。張文著重對《通典》的史學背景、史學方法以及經世史學的分析，是一篇頗為扎實的論著。

（五）陳光崇，〈杜佑在史學上的貢獻〉。陳文分別從史書編纂和史學思想來看，杜佑《通典》的價值與貢獻，是一篇頗具水準的難得之作。

（六）葉鴻灑，〈杜佑《通典》中民本思想的分析〉。葉文之作，乃在試從《通典》一書，剖析出杜佑政論中所含的民本思想。

（七）陶懋炳，〈杜佑和《通典》〉。陶文基本上，可視為對第（五）陳文的進一步說明和補充，可合為一讀。

（八）玉井是博，〈《通典》的撰述和流傳〉。此文對《通典》撰述的初稿、脫稿時間及補筆等部分加以推敲和說明，又認為《通典》在世間廣為流傳，聲譽隨時間的推移越來越高。

（九）葛兆光，〈杜佑與中唐史學〉。葛文廣泛地對中唐史學思潮的來龍去脈、特點和影響等做了分析，文中認為中唐史學有兩派：一是重于實際，講究理財，

生民之道；二是「治心以治世」，講褒貶義例，而杜佑即屬於前者。

（十）曾貽芬，〈《通典‧食貨典》與正史《食貨志》比較研究〉。曾文認爲：統觀《通典》與諸正史〈食貨志〉的異同，可以認爲《通典》對諸史〈食貨志〉的增補多於刪減，而一般地講，這種刪減多是技術性的工作，而杜佑的增補卻是在規定的宗旨下，經過精心甄擇而添加的，非常鮮明地表現了杜佑的史學思想。

（十一）瞿林東，〈論《通典》的方法和旨趣〉。瞿文認爲：杜佑的《通典》跟它以前的歷史著作比較，在史學方法上有很大的發展，從而在一定程度上反映了歷史和邏輯的一致。又認爲：《通典》的旨趣，反映了作者鮮明的時代感。而《通典》的時代感，上承司馬遷《史記》實錄精神的遺風，下開經世史學的先河，在中國史學史上起著繼往開來的重要作用。

（十二）瞿林東，〈論《通典》在歷史編纂上的創新〉。瞿文認爲：《通典》在歷史編纂上有三個特點，即：主會通，立分門，重議論。此部分筆者會於本論中再加以討論。

（十三）曾貽芬，〈論《通典》自注〉。曾文認爲：《通典》的注包括兩種情況，一是引用前人有注釋的史籍，即將注釋一并採用；一是徵引前人無注釋的史籍，或是記述唐代史實，則是杜佑作注。

（十四）曾一民，〈唐兩通之撰作及其關係〉。曾文此作是欲「疏解」兩通之關聯，此筆者會於本論中再加以「疏解」。

（十五）王錦貴，〈試論《通典》的問世及其經世致用思想〉。王文認爲：《通典》的問世，從根本上說，是基於社會的迫切需要，有一定的歷史必然性。又認爲：杜佑經世致用的史學思想在以下三方面體現得極鮮明。一、「將施有政」的著述宗旨；二、「富國安民」的實學；三、聯繫實際的學風。

第二章　《通典》的成書背景
　　及其撰述宗旨

第一節　安史之亂影響下的世變史學——
　　　　　杜佑《通典》的回應

　　史學，可說是與史家、時代互動交涉下的產物。史家因對當前現實環境有所感觸而產生自覺的主觀意識，然後促使其史學著作的問世。此史學著作的歷史價值，一方面可以反映史家對時代現實問題的呈現面貌；另一方面亦可從其著作中窺知史家本身特有的見解與思想〔註1〕。於此，沈剛伯先生曾以「世變」的角度來分析史學產生的條件，他認爲：當政治結構瀕臨崩潰，社會組織大大動搖，經濟生活和禮教活動都有很大的轉變，那時候才產生史學。並且世變愈急，則史學變得愈快；世變愈大，則史學變得愈新〔註2〕。沈氏見解可謂允當，可視爲一歷史現象。另外，杜維運先生則更細密分析盛世、衰世和學術發展的關係，並且指出：衰世的學術富經世思想，其影響力是深遠而顯著的〔註3〕。由上可知，時代的變動與否，尤關乎

〔註1〕關於史學、史家與時代三者的關係，可參看余英時，〈史學、史家與時代〉一文（現收入余英時，《歷史與思想》，臺北，聯經，民國65年出版，民國78年第14次印行），頁247～270。

〔註2〕沈剛伯，〈史學與世變〉（原文載於民國57年10月31日《中央研究院歷史語言研究所集刊》第40本上冊，現收入杜維運、黃進興編《中國史學史論文選集》（二），臺北，華世，民國65年9月初版，民國68年10月2刷），頁1110。

〔註3〕杜維運，〈學術與世變〉（原載《中國通史選集》下冊與《新夏》，民國59年5月15日，現收入杜維運，《學術與世變》，臺北，環宇，民國60年5月初版），頁8、10。

史學的發展和演變。若以此來理解歷史，則每一時代有每一時代的特殊問題，此即是後代史家研究之目的與重心所在。綜上可知，史學、史家與時代三者之間存在著這樣一種互動關係，此亦是一種動態關係。

　　以上所談的史學、史家與時代三者的動態關係，尤其從「世變史學」這一角度的特點來看，杜佑《通典》的問世，似可做為此一絕佳「典範」（paradigm）的課題來探討。以下就先從杜佑所處的時代背景－安史之亂－談起。

　　杜佑（735～812）一生親歷大唐帝國的歷史性變革期－安史之亂（755～763），且其主要活動是在安史亂後。安史亂前唐王朝的國勢強盛、社會安定、經濟繁榮、文化昌盛等現象，隨著安史之亂的爆發而情勢巨變。此戰亂後的影響是既深且遠，現就大要者，略述如下：在政治上，集權統一的帝國破壞，形成藩鎮割據的局面；另一方面，宦官擅權跋扈，操縱朝政，而二者又互相鉤結聲援，益形內外膠固。在經濟上，隨著均田制的崩潰，兩稅法取代租庸調法而成為新稅制；另一方面，因中原地區的殘破而使經濟重心南移，繼續維繫王朝最後的生命力。在文化思想上，藩鎮佔領區風俗文化低落、倒退；中央統治區亦呈多變性，譬如：杜甫在思想上，有由浪漫憧憬轉變現實考量的趨勢。在對外關係上，從國際聲望隆盛、四裔紛紛臣服到回紇、吐蕃、南詔等交相侵擾，確使大唐雄威不復往昔〔註4〕。要之，安史之亂不僅是唐代的「特殊問題」，在中國歷史上也是一個值得注意的大問題。在此，我們似乎可以這樣說：杜佑《通典》的問世，即是對此「世變」的一種回應。也就是：研究者對其所見的歷史活動，實際上正是他對時代了解的反應〔註5〕。

　　外在的歷史條件已如上述，以下擬對杜佑的個人條件做進一步的探討，以加深對杜佑撰述《通典》的認識。

　　杜佑出身於累世仕宦的家庭，幼時讀書，即表現出「不達術數之藝，不好章句之學」〔註6〕的學習傾向，以為諸經「率多記言，罕存法制」。加上歷代前賢論著，大多是指陳「紊失之弊」，往往缺少「匡拯之方」〔註7〕，故究心於歷代典章制度的

〔註4〕有關安史之亂的綜合論述，可參看（1）錢穆，《國史大綱》第28、29兩章（臺灣商務，民國74年5月修訂12版）（2）李樹桐，〈天寶之亂的本源及其影響〉《歷史學報》〔國立臺灣師範大學〕第1期，民國62年1月出版）（3）另外，洪讚，〈安史之亂對杜甫之影響〉一文（《中華學苑》第24、25期，民國70年9月出版），則對杜甫在安史之亂前後思想轉變有長文論述。

〔註5〕朵伊森（Johann Gustav Droysen）著，胡昌智譯，《歷史知識的理論》（臺北，聯經，民國75年，民國76年第2次印行），頁92。

〔註6〕《通典》「食貨」序，頁1。本論文所用版本為王文錦等點校的《通典》（全5冊），北京，中華書局出版，1988年12月。

〔註7〕《通典》「進通典表」，頁1。

沿革得失，意圖總結歷史上的經驗教訓，以爲實際施政的藍本。此外，加以個人雖位極將相，仍嗜學不倦，手不釋卷的畢生努力，而終成《通典》一書。這也是傳統知識份子「立言」不朽，「見志後學」〔註8〕的使命意識。以上所說，是杜佑個人性味偏好、嗜學無倦和不朽意識，此三方面皆對《通典》成書有重大的作用。

　　另外，杜佑一生在政、經實務方面的豐富歷練，亦有助《通典》一書的完成。大體而言，《通典》在代宗大曆六年（771，三十七歲）時，已粗具成書的規模而脫稿。此李翰在「通典序」中，曾有「上自黃帝，至於我唐天寶之末」的字樣，而杜佑也在「食貨」序的末尾說：「本初纂錄，止於天寶之末，其有要須議論者，亦便及以後之事」，故天寶以後的記事，多數情況是做爲夾注（自注）補入的，即可做爲說明之一例〔註9〕。而此時距杜佑上「進通典表」的時間（德宗貞元十七年，801，六十七歲），尚約有三十年的時間，所以，大曆六年以後，杜佑在政、經實務方面的豐富歷練，又提供其全書修補的良好時機，是不容忽視的。今試觀其後歷工部、金部郎中，充水陸轉運使，改度支郎中，兼和糴等使。時唐朝正用兵河北諸鎮，「餽運之務，悉委於佑」〔註10〕。累遷戶部侍郎、判度支，檢校禮部尚書、揚州大都督府長史、淮南節度使，至貞元十七年，進《通典》爲止〔註11〕。這段期間，正是唐代因安史之亂由盛轉衰的關鍵時刻。由於杜佑身處世變的實察生活體驗，加上長期在政治、經濟等方面的歷練，相信此對《通典》一書的組織結構，能有更深一層的實際認知與理念建構。

〔註8〕同上註。

〔註9〕有關杜佑《通典》的初稿和脫稿的時間，參（1）玉井是博，〈《通典》的撰述和流傳〉（《史學史資料》第3期，1980年）。（2）岑仲勉，〈杜佑年譜補正〉（《學原》第二卷第四期，民國37年8月）。

〔註10〕《舊唐書》卷147列傳第97「杜佑傳」，頁3978。本論文有關正史部分引文，皆以鼎文書局影印點校本爲主。

〔註11〕王溥，《唐會要》卷36「修撰」條曾說：佑多該涉，尤精歷代之要，修《通典》，識者知其必登公輔之位。其書既出，遂行于時（世界書局印行，民國78年4月5版，頁660）。按，魏晉時代私修風氣頗盛，大體而論，其因有二：一是當時重視門第的社會風氣，修史可爲門第爭光與提高個人聲譽；二是可借此取得政治上升遷的機會憑借。此魏晉遺風至唐代仍有影響力，《唐會要》作者，在此即明顯指出第二點。其後亦有所驗證，因杜佑於貞元19年（803），即拜檢校司空、同平章事。又綜計杜佑一生曾歷事玄、肅、代、德、順、憲六朝，仕宦達60年。此可參看葉鴻灑，《杜佑的事功及政經理論之研究》（弘道文化事業有限公司，民國68年4月15日出版）一書中第一、二兩章。

第二節　撰述宗旨──「徵諸人事，將施有政」

　　通過以上對杜佑《通典》成書背景的討論後，相信對其撰述目的就能有更清晰的掌握與認識。杜佑在《通典》「食貨」序，就曾說：「所纂《通典》，實采群言，徵諸人事，將施有政」，此幾句話，可說相當簡要的表明了《通典》的撰述宗旨。他在「進通典表」中，更明白指出兩點：一、《孝經》、《尚書》等儒家經典，所講內容雖是「父子君臣之要道，十倫五教之宏綱」，應是「百王是式，終古攸遵」，但其缺陷則是「率多記言，罕存法制」。二、在「冀探政經」的性味下，對於歷代眾賢高論的「多陳紊失之弊，或闕匡拯之方」，是無法令杜佑滿意的。由上可知，他對「多主於規諫而略於體要」〔註12〕的作法，是無法苟同的，故主張：「理道不錄空言」，必須「探討禮法刑政」〔註13〕。要之，以上杜佑的看法，皆有一思想理念貫穿著，此即「理道」。試觀他在貞元十九年（803），纂錄《通典》要點，另成《理道要訣》三十三卷，「詳古今之要，酌時宜可行」〔註14〕，即能顯見《通典》的主旨所在，實在「理道」二字。

　　在知道杜佑《通典》的「理道」觀念之後，現有必要對其一書的結構作一分析，以見杜佑的「篇第之旨」。他說：

> 夫理道之先在乎行教化，教化之本在乎足衣食。……夫行教化在乎設職官，設職官在乎審官才，審官才在乎精選舉，制禮以端其俗，立樂以和其心，此先哲王致治之大方也。故職官設然後興禮樂焉，教化隳然後用刑法焉，列州郡俾分領焉，置邊防過戎敵焉〔註15〕。

從《通典》九門的編排先後和杜佑的說明中，我們可以清楚地看出「理道」的先後本末次序和內容為何。總結而言，杜佑《通典》全書的建構理論（theory-construction）是從整體社會結構為出發點，其間意涵著「經世致用」的時代意識感。茲分析如下：

　　杜佑因安史亂後，深深體會到滿足百姓衣食，是最基本且急切的事，故他相當注重民生經濟基層，而以「食貨」為首；其次，「選舉」和「職官」是國家官僚政治的運作層次；「禮」、「樂」與「刑」、「兵」居中，是國家統治者的控制層次；最後，「州郡」和「邊防」，是全國的行政區劃以及四方鄰國，又都是關繫整個國家的穩定

〔註12〕王應麟，《玉海》卷5──杜佑《理道要訣》自序。（華文書局，民國53年1月出版，民國56年3月再版），頁1014。

〔註13〕參上註，杜佑「進《理道要訣》表」。

〔註14〕同上註。

〔註15〕《通典》「食貨」序。

和安全，是為國家穩定的防護層次。整體而言，在結構上，層環相扣（由下而上，由內而外），關係密切，而自成一完整體系；在實質上，是杜佑「將施有政」、「安民富國」的建國藍圖。所以，他在「食貨」序中說：「所纂通典，實采群言，徵諸人事，將施有政」。在「進通典表」中，他也提到「將施有政、用乂邦家」的話，且認為「往昔是非，可為今來龜鑑」。在此，我們可十分清楚他撰述的動機是在經世致用的理念下，欲達安民富國之目的。

為達上述目的，杜佑選擇了最關乎「人事」的九門，以總結由古至今的經濟、政治等制度之演變過程，以為今日借鏡之用。此即《通典》的內容雖是述古，而其目的卻是為今。這也就是李翰「通典序」所說：「始可以度其古，終可以行於今」的旨趣，亦即是「問題的提出來自現實生活，經過形成概念，運用研究方法以及綜合敘述，最後作品對讀者及作者自身所具有的功能，正是要回答原來提出的有關自己行為方向感及意義的問題。」〔註16〕。綜而言之，杜佑是借史立言，並以史為鑑，以達歷史知識價值的功能與目的。

〔註16〕胡昌智，《歷史知識與社會變遷》（臺北，聯經，民國77年12月初版），頁100。

第三章 《通典》的編纂創新及其特點

　　杜佑《通典》在中國史學史上有其地位和貢獻。在史書體裁方面，它是中國歷史上第一部專門論述歷代典章制度的通史，從此確立了中國史籍中與紀傳、編年並立的政書一體，此提供了史書編纂體裁的實用性和選擇的多樣化。

　　大凡學有宗旨，著述亦有目的。當在建構編纂體裁之時，必有理念思想為其基礎與指導，如此方能使全書體系完整，達到撰述的效果與目的。《通典》這部著作，亦無例外。在此，我們更有興趣追究的問題是：第一、《通典》在編纂體裁上，如何能在「班、荀二體，角力爭先」的情況下，獨闢蹊徑，走出自己的路來？它又有無取法前人的編纂體裁或史學理論為其理念的指導原則？亦或另有個人獨特的見解與動機因素？第二、《通典》既是典制通史體的創新之作，那麼它的編纂特點與價值如何？則是我們關注的第二個主題。於此本章，首先將分別從兩方面入手：一、外部編纂體裁的沿革；二、內部史學理論的繼承，以探討杜佑《通典》在歷史編纂上的創新與貢獻。其次，再闡明其編纂的特點與價值所在。

第一節　史體創新

一、外部編纂體裁的沿革

　　一般而言，杜佑的編纂《通典》，如從外部編纂體裁的沿革來考察，其主要來源依據有二端：一是《周禮》、《政典》等政書性質的書；二是歷代正史書志的書。現在先談前一部分。

（一）《周禮》、《政典》等政書性質的書

1、《周禮》、《政典》和《通典》三者關係

首先，關於《周禮》、《政典》和《通典》三者的關係，根據《舊唐書》「杜佑傳」說：

> 初，開元末，劉秩採經史百家之言，取《周禮》六官所職，撰分門書三十五卷，號曰《政典》，大爲時賢稱賞，房琯以爲才過劉更生。佑得其書，尋味厥旨，以爲條目未盡，因而廣之，以開元禮、樂，書成二百卷，號曰《通典》〔註1〕。

《新唐書》「杜佑傳」亦說：

> 先是，劉秩摭百家，侔周六官法，爲《政典》三十五篇，房琯稱才過劉向。佑以爲未盡，因廣其闕，參益新禮爲二百篇，自號《通典》〔註2〕。

以及杜佑「進通典表」說：

> 尚賴周氏典禮，秦皇蕩滅不盡，或有繁雜，且用准憑〔註3〕。

在此，我們可十分清楚地看出：杜佑《通典》的編纂體裁，實受劉秩《政典》的啓發與影響，又劉秩《政典》是取法《周禮》的體裁而編纂，要之，三者皆以「類」的觀念和形式來編纂，此即以分門別類的編纂方式來完成著作。如後人評論《通典》時經常說到的「分類序載」〔註4〕、「每事以類相從」〔註5〕、「搜討類次」、「分門起例」〔註6〕、「撰述取法乎官禮」〔註7〕等。又從《舊唐書》的引文中可以看出，劉秩《政典》是一種「分門書」。而李翰「通典序」亦說《通典》「凡有八門」，後來杜佑「進通典表」自稱「書凡九門」。綜上可知，從「分門」的角度和特點來看，《周禮》、《政典》和《通典》三者之間，無疑是存在著一定程度的連係關係。

2、《政典》與《通典》的比較分析

至於其它方面的關係又如何？即《政典》究竟在多大的程度上影響了《通典》？對於這個問題，古今學者見仁見智，意見相當的分歧。例如，清代考據名家王鳴盛

〔註1〕《舊唐書》卷147列傳第97「杜佑傳」，頁3982。又所謂「政書」，指的是記載歷代典章制度的專書。《隋書》「經籍志」稱爲「舊事」，兩唐書稱爲「故事」，《四庫全書總目》稱爲「政書」，現在有的學者稱爲「典制體」，故視行文需要而稱之。

〔註2〕《新唐書》卷166列傳第91「杜佑傳」，頁5089〜5090。

〔註3〕杜佑，《通典》「進通典表」。

〔註4〕晁公武，《郡齋讀書志》卷3下。

〔註5〕《四庫全書總目提要》卷81「史部」37「政書類」1。

〔註6〕乾隆丁卯冬12月《御製重刻通典序》，參見咸豐九年崇仁謝氏重刊本。

〔註7〕章學誠，《文史通義》卷4內篇4「釋通」（筆者所用之版本爲葉瑛，《文史通義校注》，仰哲印行，出版時間不詳，故如非引用校注部分，則仍逕稱《文史通義》），頁373。

在講到杜佑著《通典》的問題時，就曾提出嚴厲性的批判說：

> （《通典》）九門中禮居其一，然禮共一百卷：自四十一卷起至一百五
> 卷止，既已歷敘吉、嘉、賓、軍、凶五禮矣；而於一百六卷以下至一百四
> 十卷，共三十五卷，俱撮取《大唐開元禮》之文，鈔謄入之，仍以吉、嘉、
> 賓、軍、凶為次，何其繁複乎！以劉秩書為藍本，乃自序中隻字不及；復
> 襲取官書，攘為己有。以佑之事力，譔集非難，而又取之他人者若是之多，
> 則此書之成，亦可云易也〔註8〕。

此段評論重點有二：一、「禮典」佔《通典》全書二分之一，過於繁複。就史料
收集而言，杜佑此舉似嫌疊床架屋，但此至少還涉及了當時的社會、文化背景以
及其它因素，此筆者後有討論，於此暫不贅述。二、襲取他書，攘為己有。就史
料來源而論，交代清楚，既便讀者視聽，亦是對自己負責的行為，但此點批評恐
是過度非難〔註9〕。

對杜佑《通典》與劉秩《政典》兩者的關係，李之勤先生曾分別從兩書的分量
和編輯體系、思想淵源以及成書早晚等三方面來分析比較，而總結性的認為：

> 杜佑《通典》與劉秩《政典》不論在政治觀點上、學術思想上、編輯
> 體例上、記事內容上、取材範圍上和全書分量多寡上、都有很大的不同。
> 這些不同不僅可以說明杜佑《通典》比劉秩《政典》有很大的進步，而且
> 也體現了中國古代歷史編纂學的巨大發展〔註10〕。

現在筆者根據李文的內容，將杜佑和劉秩的資料，分項製作成表，以醒眉目。

	杜佑《通典》	劉秩《政典》
成書時間與記事內容	草創於唐代宗大曆元年，即西元 766 年，撰成於唐德宗貞元 17 年，即西元 801 年。 上自黃帝，迄唐德宗貞元 17 年前後。	編寫於唐玄宗開元 22 年，即西元 734 年前後。 自黃帝，迄唐玄宗開元 22 年前後。
編輯體例與全書分量	分為食貨、選舉、職官、禮、樂、兵、刑、州郡、邊防等九門。 二百卷的巨著。	按吏、戶、禮、兵、刑、工等六部分類。 35 篇（卷），僅當《通典》的六分之一。

〔註8〕王鳴盛，《十七史商榷》卷 90「杜佑作通典」條（見王鳴盛，《王鳴盛讀書筆記十七
種二》第 2 冊，鼎文書局，民國 68 年 9 月初版），頁 1004。

〔註9〕參李之勤，〈論杜佑《通典》與劉秩《政典》〉一文（《西北大學學報》，1978 年第 3
期）。

〔註10〕見上註，頁 43。

政治觀點 與 學術思想	肯定郡縣制，批判分封制。 批判地吸收劉秩思想的進步方面，如官吏、鑄錢等主張；排除其落後、錯誤方面，如郡縣、分封之爭。	反對郡縣制，留戀分封制。

　　以上前人關於杜佑《通典》和劉秩《政典》兩者之關係的說明，似有忽略一點，此即對兩書書名異同的分析。相同的是，兩書皆以典章制度做為主體的內容研究；不同的是，《政典》似以關注政治為主導取向，《通典》則除關注的範圍擴大外，更著重「通」的觀念，此在後有所討論。

（二）、紀傳體史書中「書志」部分的擴大和貫通

　　以上所提，杜佑《通典》受到《周禮》、《政典》等一系性質之書的影響與啓發殆無疑問，但《通典》所用的體裁，在更大程度上和實質上是紀傳體史書中「書志」部分的運用發展。對此章學誠說：「統前史之書志，而撰述取法乎官《禮》，杜佑《通典》作焉」〔註11〕。後來梁啓超更有鞭辟入裏的分析，他說：

> 　　紀傳體中有書志一門，……旨趣在專紀文物制度，……然茲事所貴在會通古今，觀其沿革。各史既斷代為書，乃發生兩種困難：苟不追敘前代，則源委不明；追敘太多，則繁複取厭。況各史非皆有志，有史之志，其篇目亦互相出入。遇所闕遺，見斯滯矣。於是乎有統括史志之必要。其卓然成一創作以應此要求者，則唐杜佑《通典》也。……此實史志著作之一進化也〔註12〕。

梁氏此段敘述指出的重點有二：第一、說出書志一門的記載內容、性質及其貴在「會通古今、觀其沿革」的特性。第二、要克服斷代為史的源委不明或繁複取厭的兩大弊病，就須「統括史志」，而《通典》正是此一「創作」的先驅者。

　　所謂貴在「會通古今」，指的是時間方面的連貫，目的是在「觀其沿革」；所謂必要「統括史志」，指的是對象範疇的綜合，此即杜佑所做的工作。試觀《通典》是以研究「典章制度」為特定範圍，從而做一爬梳整理的工作，以見其體統，明其指歸，故命名曰《通典》。所以，對正史的「書志」部分做一番探討，相信對《通典》的創新編纂體裁的認知是有幫助的。現就書志的起源、內容和性質，以及其與相關體裁做一探討。

〔註11〕《文史通義》卷4內篇4「釋通」，頁373。
〔註12〕梁啓超，《中國歷史研究法》（里仁書局，民國73年10月25日出版），頁65。

1、書志的起源

書志一門，是紀傳體五大部門之一，此體因以本紀、列傳爲主，故名曰「紀傳體」，此體裁創始於──中國史學之父──司馬遷的《史記》。而關於書志一門的起源，學者歷來看法頗不一致。綜而論之，約有五說：

（1）、唐代劉知幾說：

> 夫刑法、禮樂、風土、山川，求諸文籍，出於《三禮》。及馬、班著史，別裁書志。考其所記，多效《禮經》〔註13〕。

（2）、宋代鄭樵說：

> 志之大原，起於《爾雅》〔註14〕。

按鄭氏又說：「志者，憲章之所繫」，「司馬遷曰書，班固曰志，蔡邕曰意，華嶠曰典，張勃曰錄，何法盛曰說。餘史并承班固，謂之志。皆詳於浮言，略於事實，不足以盡《爾雅》之意」，「古者記事之史謂之志」〔註15〕。由上推知，鄭氏似以《爾雅》爲詳於事實之書，故有此說。

（3）、清代章學誠說：

> 史家書志一體，古人官《禮》之遺也。……典章制度，一本官《禮》，體例本截然也〔註16〕。

按章氏此說，亦從內容和體裁而言。又章氏曾對以上兩說提出異議，他在《丙辰箚記》云：

> 劉氏《史通》，知書志乃三《禮》之遺，不知《史記》之「天官」「平準」名篇，乃是官名。班固改「天官」爲「天文」，改「平準」爲「食貨」，全失官《禮》之意矣。嘗議書志一體，實官《禮》之遺，非三《禮》之謂也〔註17〕。

另外，對鄭樵之說，則從內容方面駁斥云：

> 鄭樵嘗謂書志之原，出於《爾雅》。……若論制作，備乎官《禮》，則其所謂「六書」「七音」，名物訓詁，皆本司徒之屬，所謂師氏保氏之官，

〔註13〕劉知幾，《史通》卷3「書志」（筆者所用之版本爲清莆起龍，《史通通釋》，里仁書局，民國69年9月20日出版，故如非引用《史通通釋》部分，則仍逕稱《史通》），頁56～57。

〔註14〕鄭樵，「通志總序」（新興書局，民國52年10月，新一版）。

〔註15〕同上註。

〔註16〕《文史通義》卷7外篇2「永清縣志六書例議」，頁746。

〔註17〕劉刻《遺書》外篇卷3（見《文史通義校注》），頁749。

是其職矣。而大經大法，所以綱紀天人而敷張王道者，《爾雅》之義，何
足以盡之？官《禮》之義，大則書志，不得係之《爾雅》，其理易見者也
〔註18〕。

（4）、近人張舜徽說：

諸史書志之作，……實濫觴於《尚書》也〔註19〕。

按張氏此說，亦以爲前三說爲非，因而提出《尚書》之說，其理由是：

蓋禮之爲書，但綜述官制禮儀，實後世《會要》、《會典》之體所自出。
即諸史偶有撮取，亦僅禮樂之一端，未足以概書志之全。《爾雅》分類以
排比而無論述，乃後世類書之祖，亦與史志例異。如欲上溯厥源，實濫觴
於《尚書》也。《尚書》爲體不一，「典」、「謨」、「誓」、「誥」，既開本紀、
列傳之法。若「禹貢」專詳地理，「洪範」總述災祥，「呂刑」致詳法制，
各有專篇以明一事，故班固撰「地理」、「五行」、「刑法」諸志，咸必甄采
其文，此非書志之體出於《尚書》之明證乎？〔註20〕

（5）、近人劉節說：

從現在的《世本》輯本來看，如「作篇」、「居篇」、「姓氏篇」，這才
是眞正的書志的淵源了〔註21〕。

以上諸說，各據其理而眾說紛云，一時似難判別是非曲直。但目前我們似可做
這樣了解：第一、就書志內容和性質來看，其取材範圍相當廣泛，究其對象性質亦
難判定僅只源出一書；第二、就創作動機而言，司馬遷創作紀傳體中的書志一門，
必有其當時的主觀取捨意識成分，即據其需要性和目的性來選擇，故「作八書」，亦
有可能是綜覽眾書，而自出己意。所以，會造成日後學者的諸多推測而莫終一是，

〔註18〕同註16。
〔註19〕張舜徽，《史學三書平議》（弘文館，民國75年9月出版），頁36。
〔註20〕同上註。
〔註21〕劉節，《中國史學史稿》（弘文館，民國75年6月初版），頁181。亦有人主張《史記》
的五大體裁都是本於《世本》而來。如，王樹民，《史部要籍解題》就說：「《世本》
的體例，就諸書所引者來看，有「帝系」、「王侯譜」、「卿太夫譜」、「記」、「世家」、
「傳」、「氏姓」、「居」、「作」、「諡法」等篇。……司馬遷作《史記》，遠古部分以此
書爲主要的取材之所，而《史記》的體例有本紀、年表、世家、列傳等部分，實際
上也是由《世本》發展而來。」（木鐸出版社，民國72年9月1日），頁21。潘重規，
〈史記導論〉亦說：「其實史記五大體材都是本於古代一部名叫世本的古史。」（原
文載於1960年9月香港新亞書院學術年刊第2期。現收入杜維運、黃進興，《中國
史學史論文選集》（一），華世出版社，民國65年9月初版，民國68年10月2刷），
頁215。

誠有以然也。

2、書志的性質與內容

　　雖然，對書志一門的起源，無法得出一個令人滿意的答案，但如從書志的性質和內容著手，相信會對書志有多方面的了解與認識。在此，就以《隋書》以前各正史中書志部分爲例說明。茲略依史書修撰時間先後爲準，而劃分爲三個時期。第一、兩漢時期；第二、魏晉南北朝時期；第三、唐修前朝八史。現在，先談談兩漢時期。

第一、兩漢時期－開創期

a、《史記》「八書」首創書志一門

　　《史記》爲中國正史的第一部書，亦開紀傳體通史之先例，其在學術文化上有其崇高地位，已是眾人皆知之事，故不再贅述。而八書者，即禮書、樂書、律書、曆書、天官書、封禪書、河渠書、平準書。作者在闡述作「書」之目的時說：「禮樂損益，律曆改易，兵權山川鬼神，天人之際，承敝思變，作八書。」〔註22〕又說：「略協古今之變」，「切近世，極人變」，「以觀事變」。這說明他要在八書中寫有關社會經濟、學術文化、軍事、天文、宗教等方面的古今之變。

b、《漢書》「十志」詳瞻

　　《漢書》的編纂方法承襲《史記》而有較大的變化，例如：廢「世家」而合於「列傳」，改「八書」爲「十志」等，但最重要的是易通史爲斷代。

　　《漢書》十志最能體現「詳瞻」的特點〔註23〕。它取法《史記》八書，合禮書、樂書爲禮樂志，律書、曆書爲律曆志，改平準書爲食貨志，封禪書爲郊祀志，天官書爲天文志，河渠書爲溝洫志，別創刑法、五行、地理、藝文四志。總而論之，舉凡西漢和王莽新朝的政治、經濟、軍事制度，天文、曆法、學術、典籍情況，以及行政區劃、水利設施，在《漢書》十志中，都得到了較爲全面而詳實的記述。同時還追敘及西漢以前的史實，使各方面的源流演變，一覽瞭然〔註24〕。

第二、魏晉南北朝時期——因襲期

a、《後漢書》：司馬彪《續漢書志》

　　今本《後漢書》的志是司馬彪撰述，原書名《續漢書》，因此今存的志亦稱爲

〔註22〕《史記》卷130「太史公自序」。「八書」於此有一特點，此即相當注重「天人之際」的探討，此至杜佑《通典》著重「教化」問題，其間思想觀念的轉變誠值得做進一步的分析。

〔註23〕見註8，卷7「史漢煩簡」條。王鳴盛稱班書「紀事詳瞻」，頁57。

〔註24〕尹達，《中國史學發展史》（天山出版社，出版時間不詳），頁95。

《續漢書志》。八志爲律曆、禮儀、祭祀、天文、五行、郡國、百官、輿服。較諸前史增加百官、輿服兩志。

b、《三國志》（無志，故略）

c、《宋書》

八志內容上溯三代秦漢，尤詳於魏晉，可補《三國志》之缺。八志爲律曆、禮、樂、天文、符瑞、五行、州郡、百官。別增符瑞。以卷數論，志不及紀傳二分之一；以分量論，則幾與紀傳相等。

d、《南齊書》

志八篇，基本上是《宋書》各志的續編，無律曆而增入輿服，改符瑞爲祥瑞。

e、《魏書》

《魏書》十志：天象、地形、律曆、禮、樂、食貨、刑法、靈徵、官氏、釋老。後兩志是新創志名。官氏志前半講官制，後半講氏族；釋老志載釋道始末，亦爲前史所無。魏收在「前上十志啓」中有對十志的簡要說明，曰：

> 竊謂志之爲用，網羅遺逸，載紀不可，附傳非宜。理切必在甄明，事重尤應標著，搜獵上下，總括代終，置之眾篇之後，一統天人之迹。……時移世易，理不刻船……《河溝》往昔之切，《釋老》當今之重，《藝文》前志可尋，《官氏》魏代之急，去彼取此，敢率愚心〔註25〕。

魏氏在此提到值得注意的有兩點：第一、志的功用是在紀、傳以外，網羅天下遺逸；第二、書志取捨標準，當以今爲重，不可膠柱鼓瑟。

此時期所作的五部正史，僅陳、范二家書無書志。范曄《後漢書》中的八志，係司馬彪《續漢書志》，是前人借以補闕的。綜合以上諸家史志，得有五點認識〔註26〕：

第一、最受史家重視的爲禮樂、律曆、天文、地理、五行等志。

第二、食貨、刑法、藝文三志未能得到足夠的認識與重視。

第三、《漢書》立百官公卿表，本期史家改立百官志。《魏書》官氏志合職官與氏族爲一志。

第四、增立符瑞、輿服、官氏、釋老等志。

第五、諸家皆不立溝洫志。

第三、唐修前朝八史——衰落期

〔註25〕《魏書》卷105前收錄此文。
〔註26〕詳參黎子耀，〈魏晉南北朝時期的歷史編纂學〉（《杭州大學學報》，1981年3月，第11卷第1期），頁119～125。

　　此時期之修史的最大特色，即由前期的私修過渡到此期的設館官修，其具體成果，則是撰成前代的八部「正史」：《晉書》、《梁書》、《陳書》、《北齊書》、《周書》、《南史》、《北史》、《隋書》。另外，與本文相關的書志部分，僅有《晉書》與《隋書》兩書有志，誠值得注意〔註27〕。

a、《晉書》

　　十志為天文、地理、律曆、禮、樂、職官、輿服、食貨、五行、刑法。敘述自漢末始，是因《三國志》無志，借此補足，以接前史。又材料多取自沈約《宋書》。

b、《隋書》

　　《隋書志》十篇，最初「別行」，稱《五代史志》，不久即入《隋書》。十篇為禮儀、音樂、律曆、天文、五行、食貨、刑法、百官、地理、經籍。

　　歷代史家對於《隋書》十志的評價較高。自魏、晉以後，典章制度變化較繁，而史書或無志，或有之而斷限過短，致流變不明〔註28〕。十志則是配合五代紀傳而側重典章制度的考察和取捨，而在更大的範圍內提供了許多值得借鏡的社會和思想文化史料。此外，十志不立「符瑞」之類的志，此後歷朝所修「正史」，亦不再有此種志。又十志中的「食貨志」，在「正史」「食貨志」的編纂中，佔有重要地位。其前僅《漢》、《晉》、《魏》三史有「食貨志」，但把序文和志文劃為兩大部分，各自成篇，卻是從《晉書》「食貨志」首創的，但作得並不成功。至《隋書》「食貨志」才更進一步。其序文不僅把隋朝盛衰興亡的經過扼要地勾畫出來，而且力圖探索這種變化的原因。此後，官修各「正史」，不僅不短缺「食貨志」，而且從《舊唐書》「食貨志」起，序文與全志的聯繫更加密切了〔註29〕。

　　綜上所述，如再加上其餘正史的書志項目，則書志的性質與內容，約略可分為以下幾類：

　　其一、典章制度史，如禮樂（禮儀）、刑法（刑罰）、百官（職官、官氏）、輿服（車服）、儀衛、選舉、兵（兵衛、營衛）、地理（郡國、州郡、地形、職方考）諸志。

　　其二、學術文化史，如天文（天官、天象、司天考）、律曆（律象）、藝文（經籍）、釋老諸志。

　　其三、經濟社會史，如食貨（平準）、河渠（溝洫）諸志。

〔註27〕杜佑《通典》一書對此時期「書志」部份內容，頗有拾遺補缺之功，後有論述。

〔註28〕見註21，王氏書，頁80。

〔註29〕參註24，頁153。以及梁方仲，〈十三種《食貨志》介紹〉（《梁方仲經濟史論文集》，中華書局，1989年2月），頁608。

其四、宗教風俗史，如祭祀（封禪）、五行、符瑞（祥瑞、靈徵）諸志。
由上可知，書志的性質與內容，範圍廣泛，內容龐雜，但多頗能表現出社會動態的歷史變化面貌。

3、書志的特性及其與編年、紀傳二體之關係

從史學的發展過程來看，是先有編年，後有紀傳。章學誠就曾指出：

> 左氏一變而爲史遷之紀傳，左氏依年月而遷書分類例，以搜逸也。遷書一變而爲班氏之斷代，遷書通變化，而班氏守繩墨，以示包括也。……蓋左氏體直，自爲編年之祖，而馬、班曲備，皆爲紀傳之祖也〔註30〕。

此段話對編、紀二體之間的承傳關係、體裁結構的區分、性質以及特點等做了簡要說明。此後編、紀二體成爲史書的重要體裁，影響後世深遠。劉知幾對此曾說：

> 既而丘明傳《春秋》，子長著《史記》，載筆之體，於斯備矣。後來繼作，相與因循，假有改張，變其名目，區域有限，孰能踰此！〔註31〕

這也即是知幾總論「六家」之後，認爲：編、紀二體，「角力爭先，欲廢其一，固亦難矣。後來作者，不出二途」的原因所在〔註32〕。具體而論，他認爲編年體的優缺點是：

> 夫《春秋》者，繫日月而爲次，列時歲以相續，中國外夷，同年共世，莫不備載其事，形於目前。理盡一言，語無重出。此其所以爲長也。至於賢士貞女，高才儁德，事當衝要者，必盱衡而備言；迹在沉冥者，不枉道而詳說。……故論其細也，則纖芥無遺；語其粗也，則丘山是棄。此其所以爲短也〔註33〕。

此《春秋》謂左傳也。編年體的優點是以時間爲歷史敘事主軸，時序分明，可備載中外而完整呈現，在歷史敘述語言上，亦「言簡而要」〔註34〕。其缺點則是無法達到紀傳體每事「顯隱必該，洪纖靡失」的境界。接著其論紀傳體的優缺點說：

> 《史記》者，紀以包舉大端，傳以委屈細事，表以譜列年爵，志以總括遺漏，逮於天文、地理、國典、朝章，顯隱必該，洪纖靡失。此其所以爲長也。若乃同爲一事分在數篇，斷續相離，前後屢出，……又編次同類，

〔註30〕《文史通義》卷1內篇1「書教下」，頁49～50。
〔註31〕《史通》卷2「二體」，頁27。
〔註32〕《史通》卷2「二體」，頁29。
〔註33〕《史通》卷2「二體」，頁27～28。
〔註34〕《史通》卷1「六家」，頁11。

　　不求年月，後生而擢居首軼，先輩而抑歸末章，……此其所以爲短也〔註35〕。
此舉《史記》而含括《漢書》。紀傳體的優點是有以時間爲主的本紀和年表。本紀以
綜述歷代帝王大事，形式近於編年體，但較爲簡略。表亦以時間爲中心，可補本紀、
世家、列傳在時序上的不足。世家和列傳是以人物爲主，配合本紀而記載關係當時
歷史變動的重要人物與事件。書志則以事類爲主，記載同類性質的史事及其發展過
程。三者總合敘述，自可更加完備無缺。其缺點則會有「每論家國一政，而胡、越
相懸；敘君臣一時，而參、商是隔。」之失〔註36〕。同樣的，因以類爲序，故亦有
年月先後失序的情況發生。

　　《漢書》的體裁同於《史記》，惟《史記》是通史體而《漢書》則斷西漢一代
爲史，因之《漢書》就無如《史記》因「疆宇遼闊，年月遐長」而產生的上述之弊
〔註37〕。所以他說：

　　　　如《漢書》者，究西都之首末，窮劉氏之廢興，包舉一代，撰成一書。

　　言皆精練，事甚該密，故學者尋討，易爲其功。自爾迄今，無改斯道〔註38〕。
由上可知，劉知幾於紀傳體中，美《史記》而抑《漢書》，贊許斷代爲史的編寫體例，
而不甚推崇通貫古今的通史體例，這是他從斷代史可「包舉一代，易爲其功」的「全」
「易」角度來看的。此外，劉知幾論編、紀二體優劣之時，亦有其偏心與目的－爲
編年古體爭得與紀傳體國史同列「正史」之地位，故亦多美編年一體，於此已有人
研究，茲不再贅述〔註39〕。以下就來看書志的特性及其與編、紀二體的關係。

　　劉知幾曾談及書志的特性，他說：

　　　　(書志)……紀傳之外，有所不盡，隻字片文，於斯備錄。語其通博，

　　信作者之淵海也〔註40〕。
劉氏認爲書志特點有二：第一、書志可在紀傳未盡以外，網羅天下遺逸。此說與魏
收看法一致，見前。第二、書志具有「通」、「博」兩大特性。前者如以時間而言，
可謂是以「史識」達通古今之變；後者如以空間來說，就應是依「史學」來究天人
之際，最後，則以作者之「史才」來博采貫通，以成一家之言。劉氏的看法可謂已
擴括以上所談諸點。

〔註35〕《史通》卷2「二體」，頁28。
〔註36〕《史通》卷1「六家」，頁19。
〔註37〕《史通》卷1「六家」，頁19。
〔註38〕《史通》卷1「六家」，頁22。
〔註39〕參雷師家驥，〈漢唐之間二體論與古今正史之爭〉(《東吳文史學報》第五期，民國75
　　　　年8月)，頁50。
〔註40〕《史通》卷三「書志」，頁57。

承上所述，紀傳體可謂在體裁結構上，較能包容總全性歷史的發展與特色。至今正史皆以紀傳一體爲之，良有以也。但，除《史記》等少數外，多取斷代爲史，其志互不銜接，或竟無志，而典章制度和社會經濟的發展原不能以朝代爲斷限，這是紀傳體史書所不能克服的一個盲點，自《通典》成書後，方得妥善的解決。

而編年體雖能簡要的記載大事，便於考查史事發生的具體時間，可提供讀者大略概念，並且避免敘述重覆。但其缺點是史事敘述分散，前後不易連貫，並且偏詳政治事件而忽略經濟和文化等情況。此等缺陷如能以書志補之，一方面可充實內容，另一方面亦可連繫部份史事而使體裁結構益形完善。

總之，我們如視《通典》爲書志的「化身」，承上所言，我們如從《通典》體裁結構的角度來看，其能從二體角力爭先中脫穎而出並非無因。此由《通典》與編年、紀傳二體有著互容性以及互補性的關係來看，應可做爲解釋的部分原因。但何以致此？這就是以下所欲進一步分析的。

二、內部史學理念的繼承——以劉知幾《史通》爲討論中心

唐代以前，雖有不少史家透過其著述而表現出自己對歷史編纂學的獨特見解，但是，並沒有人也沒有專門著述把歷史編纂，尤其是以史書體裁、體例作爲考察對象，做出較爲全面、系統的總結性研究。劉知幾可說是全面考察中國古代的歷史編纂的第一人，《史通》則是系統總結中國古代的史書體裁、體例的第一部專著。這亦是本文以劉知幾《史通》做爲討論中心的原因所在了。

劉知幾《史通》成書後，對往後史學的發展產生了既深且遠的影響作用。《史通通釋》的作者浦起龍說：「繼唐編史者，罔敢不持其律」並且「陰用其言，而顯訾其書」〔註41〕，又徐堅亦說：「爲史氏者宜置此坐右也」〔註42〕此言誠然。在此，本文只欲探究與《通典》創新編纂體裁相關者，餘不贅述。研究的重點有二：一是史學理念的運用發展；二是體裁結構的啓發應用。此二方面皆可在《史通》中找到啓發與指導的理念基礎；另一方面，在《通典》中亦可看出實際的應用與實踐。

劉知幾《史通》和杜佑《通典》（爲行文方便，以下簡稱《兩通》）是唐代前、中期的兩部史學名著，雖因彼此所處時代背景不同，因而撰述宗旨以及關心角度亦有差距，前者是史學理論的名著；後者是典章制度的專史。那麼，現在的問題是：《兩通》是否存在著聯繫的關係？如有，此兩者的關係又如何？關於前一個問題，因無

〔註41〕《史通》卷10「自敘」，頁293。
〔註42〕《新唐書》卷132列傳第57「劉子玄傳」，頁4521。

現存的明確「文字證據」可爲《兩通》直接關聯做說明，故筆者在此所採取的角度與處理方式是：借著《史通》的相關史學理論來看《通典》的編纂創新及其史學思想，而目的則是爲了加深對《通典》的認知與研究。

至於後一問題，本文處理進行的方式：首先，是以杜佑的治史宗旨爲展開基點，其次，探討其歷史觀，此兩者可說是其思想理念的核心，故最關乎內容結構的建構型態，最後，則以杜佑對劉知幾歷史編纂學的意見取捨做個總檢討。

（一）、《通典》對劉知幾《史通》史學理念的運用發展

杜佑「進通典表」中，首先，借言人生三不朽事－立德、立功、立言－而引出其撰述《通典》的宗旨是：「將施有政，用乂邦家」。在此，姑不論其治史宗旨是否達成，但明顯而可以肯定的是：杜佑已因《通典》而名留青史，至少達到立言不朽的層次階段。而杜佑亦頗有「成一家之書」的自許與抱負〔註43〕。關於此，劉知幾云：

> 夫人寓形天地，其生也若蜉蝣之在世，如白駒之過隙，猶且恥當年而功不立，疾沒世而名不聞。上起帝王，下窮匹庶，近則朝廷之士，遠則山林之客，諒其於功也名也，莫不汲汲孜孜焉。夫如是者何哉？皆以圖不朽之事也。何者而稱不朽乎？蓋書名竹帛而已〔註44〕。

此劉氏亦明乎人生「恥當年而功不立，疾沒世而名不聞」的成名不朽意職，故有借史立言以圖不朽之事也。但，何以致此不朽事業？他云：

> 自古探穴藏山之士，懷鉛握槧之客，何嘗不徵求異說，採摭群言，然後能成一家，傳諸不朽。……至班固《漢書》，則全同太史。自太初已後，又雜引劉氏《新序》、《說苑》、《七略》之辭。此並當代雅言，事無邪僻，故能取信一時，擅名千載〔註45〕。

這與他所說的「史傳所書，貴乎博錄」〔註46〕是同理的，而「學者博聞，蓋在擇之」〔註47〕。關於前一項，可謂是「史學」收集史料的功夫；後一項，則是就「史識」的擇別獨斷而言。又他云：

> 夫爲史之道，其流有二。何者？書事記言，出自當時之簡；勒成刪定，

〔註43〕《通典》卷163「刑法」序云：「今捃摭經史，該貫年代，若前賢有誤，雖後學敢言，亦庶幾成一家之書爾」，頁4190。
〔註44〕《史通》卷11「史官建置」，頁303。
〔註45〕《史通》卷5「采撰」，頁115。
〔註46〕《史通》卷6「浮詞」，頁158。
〔註47〕《史通》卷10「雜述」，頁277。

歸於後來之筆。然則當時草創者，資乎博聞實錄，若董狐、南史是也；後
來經始者，貴乎儁識通才，若班固、陳壽是也〔註48〕。

可知「當時之簡，資乎博聞實錄」是爲史學；「後來之筆，貴乎儁識通才」是爲史識、
史才。最後，由「明識之士」〔註49〕綜合「編次勒成」，始能「鬱爲不朽」〔註50〕。

此外，劉知幾亦相當強調史學的致用功能，他說：

夫史之爲用，其利甚博，乃生人之急務，爲國家之要道。有國有家者，
其可缺之哉！〔註51〕

此是對中國古代史學理論的繼承和發揮，強調史學與政治的密切關係。史家「述往
思來」、「繼往開來」、「古爲今用」的歷史任務，正是處理史學與現實的關係〔註52〕。
此外，我們可從其處理天人關係而進一步批判災異入史的觀點看出其立場－以人事
爲主的歷史觀－反對天命史觀。他云：

夫災祥之作，以表吉凶。此理昭昭，不易誣也。然則麒麟鬥而日月蝕，
鯨鯢死而彗星出，河變應於千年，山崩由於朽壞。又語曰：「太歲在酉，
乞漿得酒；太歲在巳，販妻鬻子。」則知吉凶遞代，如盈縮循環，此乃關
乎天道，不復繫乎人事〔註53〕。

所謂「五行災異」是「詭妄」之談，「祥瑞符命」爲「欺惑」之說。對於歷史上王朝
的興替、人物的成敗，同樣認爲不是天命，而在人事。他云：

夫論成敗者，固當以人事爲主，必推命而言，則其理悖矣。……夫推
命而論興滅，委運而忘褒貶，以之垂誡，不其惑乎？〔註54〕

由上可見，劉知幾有以人事爲主的歷史觀。

承上所言，以人事爲主的歷史觀，是與他在古今關係問題上的考察有關。首先，
劉知幾大膽「疑古」，以爲唐堯盛世的所謂「克明俊德」，「比屋可封」，純粹是「廣
造其說」〔註55〕，他認爲歷史的發展是有變化的，所謂「世異則事異，事異則備異」
〔註56〕，「古往今來，質文遞變」〔註57〕，故不應墨守成規，守株待兔，必與時推

〔註48〕《史通》卷11「史官建置」，頁325。

〔註49〕《史通》卷8「模擬」，頁221。

〔註50〕《史通》卷10「辨職」，頁282。

〔註51〕《史通》卷11「史官建置」，頁303～304。

〔註52〕許凌雲，《讀史入門》（北京出版社，1989年第1版），頁283。

〔註53〕《史通》卷3「書志」，頁63。

〔註54〕《史通》卷16「雜說上」，頁462～463。

〔註55〕《史通》卷13「疑古」，頁383。

〔註56〕《史通》卷8「模擬」，頁221。

〔註57〕《史通》卷1「六家」，頁1。

移，且古猶今也，「後之視今，亦猶今之視昔」〔註58〕，就在這歷史古今變異的基礎上，提出「古今不同，勢使之然」〔註59〕的觀點，這種觀點對後世發生了深遠的影響。

以上劉知幾所言史學功能說——「生人之急務，國家之要道」，似可做爲杜佑以史資治說——「將施有政，用乂邦家」——的絕佳註解。此與杜佑在「食貨」序所言：「所纂《通典》，實采群言，徵諸人事，將施有政」的道理是一樣的。由此可知，《通典》是杜佑政治理想（或改革）的心血作品，內蘊濃厚「以史資治」的實用性思想，可說是一部以經世致用爲取向的著作。

又杜佑的「徵諸人事，將施有政」是在關切古今人事變化的基礎上，以達「經邦濟世，富國安民」的目的。他切「人事」的理念，在《通典》九門的選擇和安排上已見端倪，於此不再贅述。但，他切「人事」的理念何由而生？現茲舉一例以說明之。他在「食貨」卷十二的「論曰」有云：

> 昔我國家之全盛也，約計歲之恆賦，錢穀布帛五千餘萬，經費之外，常積羨餘。……自天寶之始，邊境多功，寵錫既崇，給用殊廣，出納之職，支計屢空。於是言利之臣繼進，而道行矣。……既而隴右有青海之師，范陽有天門之役，朔方布思之背叛，南羅鳳之憑陵，或全軍不返，或連城而陷。先之以師旅，因之以薦饑，凶逆承隙構兵，兩京無藩籬之固，蓋是人事，豈唯天時。……今甲兵未息，經費尚繁，重則人不堪，輕則用不足，酌古之要，適今之宜，既弊而思變，乃澤流無窮〔註60〕。

杜氏因有感大唐國勢已不如往昔，並且認爲弊端的造因是繫於「人事」而非「天時」，故在國難當頭之際，乃須「酌古適今」以爲「既弊而思變」，如此方能解決「邦之所急，理道之所先」的問題——「財足而食豐，人安而政洽」〔註61〕。由此可知，杜佑在徵諸人事之際，有其酌古適今的通變思想爲理念指導，而後達到將施有政之目的。

在對以上《兩通》的關係做一小結之前，須再對前面曾提及司馬遷《史記》的開創，對《通典》的成書有啓發與指導的作用加以補充。如以上杜佑所主張的「酌古適今」、「將施有政」的思想理念，可說是司馬遷所提出的「通古今之變」、「承敝通變」的思想的繼續與發展。這一系的傳統史學思想，如以一字概括的話，即「通」

〔註58〕《史通》卷6「言語」，頁153。
〔註59〕《史通》卷9「煩省」，頁269。
〔註60〕《通典》卷12「食貨」12「論曰」，頁294～295。
〔註61〕見上註，頁295。

〔註62〕。現在就略述如下。

司馬遷的思想如以三句話做總括，此即是「究天人之際，通古今之變，成一家之言」，這也是他治史宗旨所在，此後更成爲中國史學，甚至中國學術最高的目標與境界。司馬遷歷史思考的出發點是要「論治」。此於全書百三十篇中皆可見，但與十表及八書尤有關係，其中八書爲司馬遷論治之言，所記的乃是國家的大政、大法，咸與治道或治法有關〔註63〕。八書爲司馬遷《史記》的一部分，杜佑不僅在編纂形式上加以採用，且在內容上，甚至精神上亦有一定程度的繼承以及進一步的發揮。今茲舉「平準書」一例說明如下。

「太史公自序」中所提的「承敝通變」即是言「平準書」的旨趣，而「平準書」是寫漢代財政及與此相關的事，記述漢代百年間由「無事」而「多事」，由安民而擾民，寫武帝因征伐、興利、酷法、賣官鬻爵、大興土木等事，弄得天下蕭蕭然，民窮財竭，盜賊滋起，故提出警告說：「物盛而衰，固其變也」。其後贊曰亦云：「物盛則衰，時極而轉，一質一文，終始之變」是歷史的法則，「事勢之流，相激使然」是歷史的趨勢。由上得知，司馬遷對當代的時弊認識很深刻而且批判亦從嚴，此與杜佑在《通典》中，首列「食貨」一門且對時代的反映意見亦見端倪。但本文在此關注的焦點是：司馬遷用「原始察終，見盛觀衰」的方法「以觀事變」，所述皆是「切近世，極人變」的事，於是在「略協古今之變」之後，就能啓「承敝思變」的作用，最後，以達到「究天人之際，通古今之變，成一家之言」的效用與境界。此不論在思想內容上或觀念方法上，都值得後人借鏡和採用。

綜上所論，可得以下幾點認識：首先，可知兩作者皆蘊涵有以史成名的不朽意識，且皆有「成一家言」的理想與抱負，此或多或少與史著的完成以及留傳有關。其次，承上所言，《史通》雖亦強調史學功能說，但不如《通典》在「徵諸人事」上做史學批判外，更在「將施有政」上追求積極作爲，此因《兩通》的時代背景和治史宗旨不同使然。第三、《通典》「切人事，重通變」的歷史觀，與《史通》「主人事，講變通」的歷史觀，雖出發點不同，但在思想理念上，則有「貌異而心同」的呈現，又此理念皆與《兩通》的內容以及結構有關，是另一值得注意的現象。第四、以上《兩通》的相關思想理念，又都可視爲司馬遷一系史學理念的繼承與闡揚，尤其《史記》中「八書」一體，對杜佑《通典》在史學理念上與組織結構上應有一定的作用。

〔註62〕參施丁，〈說"通"〉一文（《史學史研究》第 2 期，1989 年）。

〔註63〕參阮芝生，〈試論司馬遷所說的「通古今之變」〉（本文原載於沉剛伯先生八秩榮慶論文集，1976 年 12 月，現收入杜維運、陳錦忠編《中國史學史論文選集》（三），華世出版社，民國 69 年 3 月初版，民國 71 年 2 月再印），頁 185～188。

（二）、《史通》對杜佑《通典》體裁結構的啟發應用

　　一般而言，治史宗旨與思想理念是最攸關體裁結構的建構，前已談及。現在，再以史體的角度做進一步分析如下。大體而言，「古者刊定一史，纂成一家，體統各殊，指歸咸別」〔註64〕，此是當然之理。指歸有別，體統亦殊，但「指歸」必藉「體統」而表現出，則亦然也。如在此前提下，則「名以定體」〔註65〕就顯得重要了。就以史例而言，劉知幾強調說：「夫史之有例，猶國之有法。國無法，則上下靡定；史無例，則是非莫準」〔註66〕，由此可見，體裁的建構大有利於史著內容的完成。

　　劉知幾認爲：「古往今來，質文遞變，諸史之作，不恆厥體」，又強調「時移世異，體式不同」〔註67〕。這是劉氏認爲史體隨時代環境變遷而有所變革，此一觀點與其「古今不同」的看法有密切關係，見前。而知幾亦由此「史體變革說」爲中心而展開其對體裁結構的總批判性工作。今僅舉三點與本節相關者言之。

　　第一、劉知幾在「編次」篇中論述馬遷、班固「統體不一，名目相違」問題之餘，曾對書志一門提出一個十分富啓發性的看法，他說：

　　　　尋夫本紀所書，資傳乃顯；表志異體，不必相涉。舊史以表志之帙介於紀傳之間，降及蔚宗，肇加釐革，沈、魏繼作，相與因循。既而子顯《齊書》、穎達《隋史》，不依范例，重遵班法。蓋擇善而行，何有遠近；聞義不徒，是吾憂也〔註68〕。

知幾所謂「表志異體，不必相涉」，應指表志一體與紀、傳二體在內容上不同，故曰異體；在編次上，可隨時之義而不必因循成習。此說雖未明言書志一體可獨立成書，但已爲《通典》獨取歷代書志一體成書鋪好前奏。另外，知幾常從「簡」和「易」觀點論史書，也爲書志一體從紀傳體脫離獨立成書做好預備工作。

　　第二、劉知幾在總論「六家二體」之後，緊接著在「載言」篇中，主張在紀傳表志以外，應「更立一書」。他說：

　　　　案遷、固列君臣於紀傳，統遺逸於表志，雖篇名甚廣而言無獨錄。愚謂凡爲史者，宜於表志之外，更立一書，若人主之制冊、誥令，群臣之章表、移檄，收入紀傳，悉入書部，題爲「制冊」、「章表書」，以類區別。他皆放此。亦猶志之有「禮樂志」、「刑法志」者也。……夫能使史體如是，

〔註64〕《史通》卷20「忤時」，頁591。
〔註65〕《史通》卷4「題目」，頁91。
〔註66〕《史通》卷4「序例」，頁88。
〔註67〕《史通》卷1「六家」，頁1、8。
〔註68〕《史通》卷4「編次」，頁104。

庶幾《春秋》、《尚書》之道備矣〔註69〕。

劉氏此說亦是從「前史之所未安，後史之所宜革」的史學理念下所提出的。知幾認為在紀傳體中有「言無獨錄」之失，故主張增「制冊章表書」，專收有史料價值之「人主之制冊誥令，群臣之章表移檄」，此類似今日之文獻彙編（documentary collection）〔註70〕。

第三、劉知幾在贊賞書志一門，能網羅遺逸及具「通博」特性外，主張刪天文、藝文、五行等三志，而立都邑、氏族、方物等三志。他認為天文、藝文、五行等三志有「妄入編次，虛張部帙」積非成習的部份則主張刪除。其理由如下（以下詳「書志」篇）：

他主張刪除天文志，是因為「古之天猶今之天也，今之天即古之天也，必欲刊之國史，施於何代不可也？」不若記錄「九州萬國，廢置無常」的人事變化來得有意義。如必欲作志，則只應載當代的日月之蝕，星宿移動，而不必重覆天體的概論。

他主張刪除藝文志，是因為「前志已錄，而後志仍書，篇目如舊，頻煩互出，何異以水濟水」。如此欲作志，則只應列取當時撰者所撰之書即可。

他主張刪除五行志，是因為五行志多載「詭妄」、「虛說」、「游詞」等事，而「不復繫乎人事」。

另外，知幾主張增加都邑、氏族、方物等三志。其理由如下：

他主張增立都邑志，是因「京邑翼翼，四方是則」而為全國的政治中心。「兼

〔註69〕《史通》卷3「載言」，頁34～35。按，章實齋亦頗贊同此說，章氏曰：「論事章疏，本同口奏，辨難書牘，不異面論，次於紀傳之中，書言無所分析，後史恪遵成法可也。」接著論及杜氏《通典》，其後又曰：「史遷之書，蓋於《秦紀》之後，存錄秦史原文。惜其義例未廣，後人亦不復踵行，斯並記言記事之窮，別有變通之法，後之君子所宜參取者也。」（《文史通義》「書教中」）。由上可知，章氏雖未明言杜氏取法劉氏，但依行文路徑以及體統指歸，筆者相信，章氏亦蓋有深意焉。

〔註70〕許冠三，《劉知幾的實錄史學》（香港中文大學出版社，1983年初版），頁95。又許氏同書有「《史通》與唐後史學」的專門討論，他說：（《通典》）全書二百卷，共分食貨、選舉、職官、禮樂、兵、刑法、州郡、邊防八門，而言禮者竟達百卷，其「意在於禮」，當不問可知。此固不免與唐人重禮儀之風尚有關，然考其源流，實有承於《史通》之遺意，所謂「班、馬著史，別裁書志，放其所記，多效禮經」是也。此外，至少尚有三事，係從《史通》之說。一是於《通典》正文之外，「別取公私論撰，刪蕪撮英，以次本條之後」，為「禮議」二十餘卷，專載「言談有中」之議論；一則用以避免載言繁瑣有妨敘述，一則借以存其嘉言名理，以待後世參考。二是一百卷禮典之中，「開元禮類纂」獨佔三十五卷，而歷代沿革僅佔六十五卷。此一「遠略近詳」之安排，顯然是本「煩省」篇之意。三是《通典》全書不志天文，不錄災變，「無天文、五行門。」（頁133）以上所言，已有部分點出《史通》與《通典》的連繫關係，讀者可自行參考。

復土階卑室，好約者所以安人；阿房、未央，窮奢者由其敗國」，如此可有「其惡可以誡世，其善可以勸後」的作用。同時，「宮闕制度，朝廷軌儀，前王所爲，後王取則」。所以，「凡爲國史者，宜各撰都邑志，列於輿服之上」。

他主張增立方物志，是因各種方物「或百蠻攸稅，或萬國是供」，而與經濟社會有關。所以，「凡爲國史者，宜各撰方物志，列於食貨之首」。

他主張增立氏族志，是因「帝王苗裔，公侯子孫，餘慶所鐘，百世無窮」可藉此記錄留傳。另外，「用之於官，可以品士庶；施之於國，可以甄別華夷」。所以，「凡爲國史者，宜各撰氏族志，列於百官之下」。

在此姑不論劉知幾的主張是否完全得體無失，但有點是必須注意的，就是劉知幾刪增取捨的標準是根據時代演變的特點而決定的。

以上所述，是劉知幾對「史體變革說」的主張與內容。現在來看《兩通》的關係又如何？杜佑《通典》並無明顯的相應理論提出，但實際上，《通典》一書本身即是最佳應用說明的作品。第一、《通典》是典制體通史的創新者，這點足以說明杜佑亦有「史體變革說」的理念，甚且有具體作品的呈現。第二、《四庫全書總目提要》曾說：「《通典》博取五經群史及漢魏六朝人文集奏疏之有裨得失者，每事以類相從，凡歷代沿革，悉爲記載，……皆爲有用之實學，非徒資記聞者可比。〔註71〕可知《通典》纂錄頗具史料彙編的性質〔註72〕，此與劉氏主張「更立一書」似有不謀而合之處。第三、劉知幾對於書志內容的主張，雖對杜佑《通典》的內容和結構亦具有啓發性作用，然杜佑個人主觀取捨的標準與客觀的歷史背景因素亦不容忽視，詳前。最後，以杜佑自述讀書心得的一段話做爲本節的結束，他說：

　　　凡閱古人之書，蓋欲發明新意，隨時制事，其道無窮，而況機權之術，

　　千變萬化，若一二模楷，則同刻舟膠柱耳，他皆類此〔註73〕。

杜氏此言頗具啓發性，視爲其自己「創作發明」的準則亦可。

第二節　編纂特點

杜佑所著《通典》，是中國史學史上第一部典制體通史，即專述歷代典章制度

〔註71〕同註5。

〔註72〕有關此說，可參考 *Etienne Balazs : Chinese Civilization and Bureaucracy*（Yale University press, 1964）, pp.143～147.

〔註73〕《通典》卷12「食貨」「輕重」條，頁279。

的通史，此在歷史編纂學上是一大突破性和開創性的工作，可說在編、紀二體之外取得另一發展的空間，即增加了史書體裁選擇的多樣化與運用的實用性。

而本節的重心，則是欲探究此一新史體的編纂特點及其價值所在。關於此跟杜佑約同時的李翰──曾自稱頗詳《通典》旨趣，他在《通典》序中云：

> （杜佑）採五經群史，上自黃帝，至於我唐天寶之末，每事以類相從，舉其始終，歷代沿革廢置及當時群士論議得失，靡不條載，附之於事。……今之人賤近而貴遠，昧微而睹著，得之者甚鮮，知之者甚稀，可爲長太息也。

此一段話，概括了《通典》在歷史編纂學上的四大特點，即：一、在編纂思想上主會通；二、在編纂形式上立分門；三、在編纂精神上重論議；四、在編纂內容上切近代。其中主會通的理念思想，可視爲《通典》編纂之指導原則和基礎，而通觀全書經脈；立分門的編纂方法有其功用所寄；重論議的編纂技巧有其批判精神，兩者可說是處理《通典》一書體系上的技術性問題；切近代的經世致用，則是《通典》全書內容的指歸所在。而《通典》對此四方面的綜合運用，更顯出杜佑在歷史編纂學上的創新精神和特色。以下就依此四方面敘述。

一、在編纂思想上主會通

上節曾提到杜佑在編纂體裁上的創新，其間談及杜佑有「酌古適今的通變思想」，此一史學理念不僅關乎其編纂體裁上的創新，於此相關的「主會通」思想，亦可由其作品中具體的表現出來，此兩者之思想觀念可謂是互相輝映，息息關連。

在進入主題討論之前，有必要對以下兩個問題加以說明：一是通的涵義；二是會通的特色。

首先，說通的涵義。《說文》訓通爲達，章學誠則據此將「通」的涵義分爲兩種：一曰縱通，一曰橫通。他說：

> 通人之名，不可以概擬也，有專門之精，有兼覽之博。……通之爲名，蓋取譬於道路，四衝八達，無不可至，謂之通也。亦取其心之所識，雖有高下、偏全、大小、廣狹之不同，而皆可以達於大道，故曰通也。然亦有不可四衝八達，不可達於大道，而亦不得不謂之通，是謂橫通。橫通之與通人，同而異，近而遠，合而離〔註74〕。

當然，章氏此說是強調「四衝八達，無不可至」的「縱通」（或曰「泛通」），其間雖

〔註74〕《文史通義》卷4內篇4「橫通」，頁389。

有「高下、偏全、大小、廣狹」等四個不同的向度和層次，但因皆可以「達於大道」，故曰「通」。而其所謂「橫通」，雖「足以資用，以佐君子之縱」〔註75〕，但實應是不通也。於此章氏不僅為通下定義而已，進而將通的思想和方法具體的運用到歷史上的研究。他指出：

> 古人離合撰著，漢人以通為標目，梁世以通入史裁，則其體例，蓋有截然不可混合者矣。杜佑以劉秩《政典》為未盡，而上達於三五，《典》之所以名通也〔註76〕。

其後魏了翁的《國朝通典》因斷代為史，章氏批評其是「循名而不思其義」。但對「通史人文，上下千年」的《通典》之類，則因「義例所通」，故亦有「隔代不嫌合傳」的編纂主張〔註77〕。

以上透過實例說明，相信對通的涵義有更清晰的概念。其次，則欲究明會通的特色。關於會通的特色，我想以兩點加以分析：一是內部的含蘊思想——成一家言的著書之旨。二是外部的著作規模——範圍千古、牢籠百家的作史規模〔註78〕。

在《文史通義》「答客問上」中，章學誠表彰春秋家學。他說：

> 史之大原，本乎《春秋》。《春秋》之義，昭乎筆削。筆削之義，不僅事具始末，文成規矩已也。以夫子「義則竊取」之旨觀之，固將綱紀天人，推明大道。所以通古今之變，而成一家之言者，必有詳人之所略，異人之所同，重人之所輕，而忽人之所謹，繩墨之所不可得而拘，類例之所不可得而泥，而後微茫杪忽之際，有以獨斷於一心〔註79〕。

此段話誠值得注意。首先，章氏在此明白地揭櫫孔子家學的終極目標－成一家言－此言直可奉為全人類欲「立言不朽」者的最高追求目標與境界。其次，章氏提出如何致此的方法、條件以及原則。此即應用「詳人所略，異人所同，重人所輕，忽人所謹」的比較方法與運用「繩墨不可拘，類例不可泥」的變通方法，然後以「獨斷一心」的心裁來完成「筆削之義」的「一家之言」。

章氏在強調《春秋》家學是獨斷一心而成一家言之餘，並肯定「史遷絕學」是「《春秋》之後，一人而已」〔註80〕。在他看來，司馬遷「範圍千古、牢籠百家，

〔註75〕同上註。
〔註76〕《文史通義》卷4內篇4《釋通》，頁377。
〔註77〕同上註。
〔註78〕此部分多參許凌雲，《讀史入門》，頁231～234。
〔註79〕《文史通義》卷5內篇5「答客問上」，頁470。
〔註80〕《文史通義》卷5內篇5「申鄭」，頁464。

惟創例發凡，卓見絕識，有以追古作者之原，自具《春秋》家學耳」〔註81〕。在此，我們如視孔子是中國史學之祖，則馬遷可謂是中國史學之父，自此奠基並開展中國二千餘年的史學，今試觀馬遷名言：「究天人之際，通古今之變，成一家之言」之三句，就足爲其達到立言不朽而名垂青史了。

由上可知，成一家之言的可貴性和重要性，但其「宗旨」何在？現在就來看看。

關於《春秋》之義，莊子指出《春秋》「以道名分」可謂已一言中的。此「義」字，即章學誠所言的「意」。他認爲：「作史貴知其意」，接著徵引孔夫子「我欲託之空言，不如見諸行事之深切著明也」的話，指出「此則史氏之宗旨也」〔註82〕。也就是孔子作《春秋》「上明三王之道，下辨人事之紀」，別善惡，明禮義的「道義」之旨；司馬遷「述往事，思來者」，「厥協六經異傳，整齊百家雜語，藏之名山，副在京師，俟後世聖人君子」以通其道的解釋〔註83〕。

章學誠對上述的思想亦加以闡發，而明確的提出「史學所以經世」之旨。他說：

> 史學所以經世，固非空言著述也。且如六經，同出於孔子，先儒以爲其功莫大於《春秋》，正以切合當時人事耳。後之言著述者，舍今而求古，舍人事而言性天，則吾不得而知之矣。學者不知斯義，不足言史學也〔註84〕。

誠哉斯言。所謂「切合當時人事」，是標示兩個重點：一是切當時，二是講人事。如此才能用於今，以發揮史學經世之目的，這便是成一家言的著述宗旨之精義所在。

現在，再來看會通的第二項特色：範圍千古、牢籠百家的作史規模。王充曾言：「人不博覽者，不聞古今，不見事類，不知然否」，「人含百家之言，猶海匯百川之流」〔註85〕，王氏在此強調人博覽古今，匯納百家的重要性。又說：「好學勤力，博聞強識，世間多有；著書表文，論說古今，萬不耐一。然則著書表文，博通所能用之者也。」〔註86〕，此言博必須通，只有博通才會有「範圍千古、牢籠百家的作史規模」以達到「通古今之變，成一家之言」。

在中國史學史上，司馬遷可說是贏得博通的第一人。班固批評他說：「所涉獵者廣博，貫穿經傳，馳騁古今上下數千載間」〔註87〕，張守節說他：「貫紬經傳，

〔註81〕同上註。
〔註82〕《文史通義》卷2內篇2「言公上」，頁172。
〔註83〕參「太史公自序」。
〔註84〕《文史通義》卷5內篇5「浙東學術」，頁524。
〔註85〕王充，《論衡》「別通篇」（《論衡注釋》，北京大學歷史系《論衡》注釋小組，北京，中華書局，1979年10月）。
〔註86〕見上註，「超奇篇」。
〔註87〕《漢書》卷62「司馬遷傳」第32。

旁搜史子」,「筆削貫於史籍,題目可以經邦」〔註88〕,以上皆言他以博通見長。至於鄭樵則曰:

> 司馬氏世司典籍,工於制作,故能上稽仲尼之意,會《詩》、《書》、《左傳》、《國語》、《世本》、《戰國策》、《楚漢春秋》之言,通黃帝、堯、舜至於秦漢之世,勒成一書,分爲五體。……使百代而下,史官不能易其法,學者不能舍其書,六經之後,惟有此作〔註89〕。

鄭氏在此揭櫫馬遷具有「會通」的功力,足爲百代斯法,是「自《春秋》之後,惟《史記》擅制作之規模」,但自班固斷漢爲書以致「周、秦不相因,古今成間隔」,遂失會通之旨。並因劉知幾之徒尊班抑馬,而有「千之於固,如龍之於豬」之譏,以及「奈何諸史棄遷而用固」之嘆!〔註90〕

以上對通的涵義以及會通的特色說明,將有助於瞭解杜佑在編纂思想上主會通特色。現在,就以此爲基點來看看。

杜佑在「進通典表」中,自謙才庸識淺,對於前賢諸書「率多記言,罕存法制」,以及「歷代眾賢高論,多陳紊失之弊,或闕匡拯之方」深表不滿,故欲立言,見志後學。他在思想方法上,是主張「寧詳損益,原始暢終」〔註91〕的主會通思想,並奉爲其編纂思想上最高指導原則。這與他說:「佑誠懵學,輒議前賢。儻遇精鑒達識,庶幾要終原始,幸詳鄙見,竊俟知音」〔註92〕是有一致的理念思想,此與其「酌古之要,適今之宜,既弊而思變」的觀點亦是互通的,而李翰所說的「條貫」原則:「舉中知本,原始要終」〔註93〕、「參今古之宜,窮始終之要」、「舉其始終」的思想理念亦是同一道理。

前節提過,杜佑有成一家言的理想與抱負,又欲藉著《通典》以「徵諸人事,將施有政」,此是依「隨時」之義,以爲「師古立事」,終達「經邦致用」〔註94〕的「史學所以經世」之旨,這些皆符合主會通特色的第一原則。詳前,於此不贅述。

關於主會通的第二點特色,就《通典》本身而言,亦有具體的形構表現。在「範圍千古」上,始自傳說中的黃帝,下迄有唐德宗之時,約有三千餘年。在「牢籠百

〔註88〕張守節,「史記正義序」。
〔註89〕鄭樵,「通志總序」。
〔註90〕同上註。
〔註91〕原文爲「臣既庸淺,寧詳損益,未原其始,莫暢其終」。
〔註92〕《通典》卷166「刑法」4,頁4288。
〔註93〕原文爲「舉其中而不知其本,原其始而不要其終」。
〔註94〕參李翰「通典序」。

家」上，根據陳光崇先生的統計，《通典》引書至少有二四八種〔註95〕，是一部二百卷的巨著。但，更值得注意的是，《通典》在時間斷限上幾與杜佑已身同時，在敘述內容上唐代約佔全書四分之一以上〔註96〕。此詳後。

總之，杜佑在編纂思想上主會通，是具有通觀思想的－縱觀千古，而加以融會貫通。由上述已知杜佑《通典》皆具主會通的二項特色。在此擬轉借牟宗三的話來看，則成一家言的著書之旨，是具有通時代性的意義－史學經世；範圍千古、牢籠百家的作史規模，是具有通學術性的要求－古爲今用〔註97〕，二者相輔相成，相得益彰。如此而言，主會通的思想理念，除實有指導《通典》的編纂創新外，同時亦有其外顯的編纂特點呈現。

二、在編纂形式上立分門

在第二章第二節，曾對《通典》九門的排列次序做一分析，以見杜佑的篇第之旨，參前。又上一節亦曾對編次的「分門」有一說明。今更將進一步的析論，以見其在編纂形式上立分門的特色——「將施有政，用乂邦家」的九大部門功用的憑藉。

現擬以「食貨」門做一主要的分析對象，其原因如下：一、就作者本身認知而言，以「食貨」爲先，是杜佑有意識的安排，於此可見其旨意所在；另外，杜佑擅長此門，由此亦可見其精華部分。二、以歷史編纂學的發展來看，將「食貨」置於首位，有其突出的見解與特色，於此又可在歷史編纂學上見其價值和地位。

杜佑在「食貨」序中對九門的次序安排與用心，有一扼要說明，曰：

> 所纂《通典》，實采群言，徵諸人事，將施有政。夫理道之先在乎行教化，教化之本在乎足衣食。《易》稱聚人曰財。《洪範》八政，一曰食，二曰貨。《管子》曰：「倉廩實知禮節，衣食足知榮辱。」夫子曰：「既富而教。」斯之謂矣。夫行教化在乎設職官，設職官在乎審官才，審官才在乎精選舉，制禮以端其俗，立樂以和其心，此先哲王教致治之大方也。故職官設然後興禮樂焉，教化墮然後用刑罰焉，列州郡俾分領焉，置邊防過戒敵焉。是以食貨爲之首，選舉次之，職官又次之，禮又次之，樂又次之，刑又次之，州郡又次之，邊防末之。或覽之者庶知篇第之旨也。

〔註95〕陳光崇，〈杜佑在史學上的貢獻〉（收入吳澤、袁英光主編，《中國史學史論集》（2），上海，人民出版社，1980年1月），頁195。
〔註96〕參《中國史學史辭典》（明文書局，民國75年6月初版），頁387。
〔註97〕參牟宗三，《中國哲學之會通十四講》（牟宗三主講，林清臣記錄，學生書局，民國79年3月初版），頁5～6。

其中強調「理道之先在乎行教化，教化之本在乎足衣食」，並徵引古書典籍以爲「食貨」門置首做理論根據的張本。所謂理道有先後，而以行教化爲先；教化有本末，而以足衣食爲本。其間理道之急緩、先後、本末層次分明，有條不紊。而「兵」一門有遺漏，在此略加補充：杜佑認爲「制得其宜則治安，失其宜則亂危」〔註98〕，故列有「兵」一門。由上可知，從九門次第和內容組織的編排來看，上述九門不僅皆與「國計民生」的「實學」相關，同時，九門之間存在著一種嚴緊的邏輯關係，猶如人體之大循環，而各門內部又自當爲小循環，兩者乃一體兩面，共組生命的譜曲。

杜佑以「食貨」爲九門之首，而其中田制又拔得頭籌，對此杜佑有一番說明如下：

> 穀者，人之司命也；地者，穀之所生也；人者，君之所治也。有其穀則國用備，辨其地則人食足，察其人則傜役均。知此三者，謂之治政〔註99〕。

人類以食爲天，而以地爲憑，其後始有人君，始有治政，此誠人類演化之跡也。要之，地要人食足，穀要國用備，人要傜役均，人君知此三者，才能理國治政。接著又曰：

> 夫地載而不棄也，一著而不遷也，安固而不動，則莫不生殖。聖人因之設井邑，列比閭，使察黎民之數，賦役之制，昭然可見也〔註100〕。

地由人生殖，故以地爲先，首論田制；以人爲本，後論鄉黨，次及賦稅。於此可見杜佑是有意識的安排，其間有著嚴密的邏輯聯繫，而非一般纂錄所能及的。以下，將以「食貨」門爲分析對象，以見「小循環」的全貌與作用。

杜佑對「食貨」門的安排，似有兩條路徑可尋。一、主線：是由土地、人口及賦稅三者組合而成，其中關於土地的有田制、水利田、屯田；關於人口的有鄉黨、歷代盛衰戶口、丁中；其餘大體皆與賦稅有關，此主線可視爲生產力層。另一輔線，則可視爲流通調節層，如錢幣、漕運、平準、輕重等。大體而言，土地是生產的基本資源，人口是最具決定影響因素，因爲它是穩定產值的保證，故需有效的掌握與控制，最後，賦稅不僅是提供維持國家有效運作的基本動力之一，其變動與否亦攸關整體社會經濟的發展和走向，故需對貨幣流通、交通運輸、工商業、價格均衡理論等變動因素加以有效的調節，以維繫國家的正常運作。

〔註98〕《通典》卷147「兵」序，頁3779。
〔註99〕《通典》卷1「食貨」「田制上」條，頁3。
〔註100〕同上註。

　　以上對「食貨」門的安排與用意略做分析後，再來有必要看看杜佑的實際面臨問題，如此才能將理論與實際合而為一，達到經邦濟世之效。此問題在「食貨」十二「論曰」有具體說明如下：「今甲兵未息，經費尚繁，重則人不堪，輕則用不足」這是杜佑面臨的問題，也是帝國實際的難題，其解決的思想指導是「酌古之要，適今之宜」的通變思想，而具體倡導解決的方法是在於「薄斂」與「節用」，終極目標則是欲達「財足而食豐，人安而政治」，此即是「邦之所急，理道之所先」的問題〔註101〕。

　　上述是「食貨」門的邏輯體系，在「通典」其他各門中亦有不同程度的表現。例如，「職官」門共有二十二卷：首論歷代官職要略（第一卷），然後分述三公、宰相、尚書、御史、諸卿、武官、東宮官屬、王侯封爵、州郡、散官（第二卷至第十六卷），最後論祿秩和秩品（第十七卷至第二十二卷）。作者從京官論到外官，從職事官論到散官，從祿秩論到秩品，其間邏輯體系亦十分嚴密。值得注意的是，杜佑亦是采用鳥瞰全局（大循環）和剖析局部（小循環）相結合的方法。如他論宰相，首先是把這個官職放在整個官僚體系中加以考察，然後對此官職做細緻的分析，其間亦是層層推進，條分縷析。如作者在「宰相」條下，列子目是：門下省、侍中、中書省、中書令；進而於侍中之下又分細目：侍中、給事中、散騎常侍、諫議大夫、起居、補闕、拾遺、典儀、城門郎、符寶郎、弘文館教書。可見作者用此方法，將整個官僚體系儘量包舉，以達洪纖無遺的地步。《通典》全書除「兵」一門外，其他各門，亦多類此。

　　在此，如用李翰的話來講，杜佑可說克服了儒家者流，博而寡要，因習之不精；勞而少功，因知之不明的弊病，而《通典》一書九門的內容，皆是「明十倫五教之義，陳政刑賞罰之柄，述禮樂制度，究治亂興亡之由」〔註102〕等有益世教的，可謂是學者「入門行道」之書。至於《通典》分立九門所達到的「功用」他說：

　　　　若使學者得而觀之，不出戶知天下，未從政達人情，罕更事知時變，
　　為功易而速，為學精而要。其道甚直而不徑，其文甚詳而不煩，推而通，
　　放而準，語備而理盡，例明而事中，舉而措之，如指諸掌，不假從師聚學，
　　而區以別矣。非聰明獨見之士，孰能修之〔註103〕。

這些評論，雖有過譽之處，但所講的「推而通，放而準，語備而理盡，例明而事中，舉而措之，如指諸掌」，卻不失為中肯之論。

〔註101〕《通典》卷12「食貨」12，頁295。
〔註102〕參李翰「通典序」。
〔註103〕同上註。

綜上可知，杜佑在編纂形式上立分門有其「功用」所寄，可說全書皆以環繞「徵諸人事，將施有政」為中心，而加以選擇、編纂的，其間又各自成體系，參上。如再與歷代正史相比較，則更可顯出其特色，至少有以下幾點：第一、《通典》不列律曆、天文、五行、輿服、祥瑞等內容。第二、《通典》增加了選舉、兵、邊防等門類。以上增刪的標準，都與杜佑的時代背景和治史宗旨有關，詳前。此外，值得注意的是：自《新唐書》以後，正史大皆有選舉與兵兩志，此是否與《通典》有關，將在第五章討論，於此不贅述。第三、歷代正史書志，雖亦有大致的編纂篇目與排列順序，但除《史記》等少數外，都還不能說是有意識的安排與組織，此與杜佑抱持「將施有政，用乂邦家」宗旨，而用心的選擇、編纂不可同日而語。就以「食貨」而言，歷代正史書志，並無如杜佑般的重視而置之首位，又無專篇形式對田制、賦稅、錢幣等加以論列，故於此就更突出杜佑立門安排的重要功能了。

三、在編纂精神上重議論

所謂「重議論」，即《通典》所記歷代「群士論議得失」，具體而言，就是「漢魏六朝人文集、奏疏之有裨得失者」〔註104〕以及當朝人的許多言論，其中包括作者本人對一些史事的評論。杜佑在編纂精神上重議論，不僅表現在《通典》書中，即在日常生活裏亦見端倪，據《舊唐書》「杜佑傳」云：「（杜佑）與賓佐談論，人憚其辯而伏其博，設有疑誤，亦能質正」〔註105〕，此與杜佑在編纂精神上重論議，是相得益彰的。另外，值得注意的是，《通典》一書應以制度（或記事）為主，於此是否與杜佑所言相違？此不盡然，因為杜佑另一纂錄原則是要「匡拯之方」〔註106〕，獨靠記事是不足成事的，故需兩者適當的配合，才能「窮天地之際，而通古今之變」，對此章學誠即十分重視而給予極高的評價，他說：

> 杜氏《通典》為卷二百，而「禮典」乃八門之一，以占百卷，蓋其書本官禮之遺，宜其於禮事加詳也。然敘典章制度，不異諸史之文，而禮文疑似，或事變參差，博士經生，折中詳議，或取裁而徑行，或中格而未用，入於正文，則繁複難勝，削而去之，則事理未備；杜氏並為採輯其文，附於禮門之後，凡二十餘卷，可謂窮天地之際，而通古今之變矣。史遷之書，蓋於《秦紀》之後，存錄秦史原文。惜其義例未廣，後人亦不復踵行，斯

〔註104〕《四庫全書總目提要》卷81。
〔註105〕《舊唐書》卷147列傳第917「杜佑傳」，頁3983。
〔註106〕「進通典表」。

並記言記事之窮，別有變通之法，後之君子所宜參取者也〔註107〕。

此段話有幾點須加說明：第一、《通典》全書應為九門。第二、「禮典」占全書二分之一，是否因「本官禮之遺」而加詳？此在下章會加以討論，於此不贅述。第三、在對歷代博士經生議論的「繁複難勝」與「事理未備」取捨之際，杜佑處理的方式是：「採輯其文，附於禮門之後」。此舉甚得章氏讚譽，認為是在「記言記事之窮，別有變通之法」，因而收到「窮天地之際，而通古今之變」的效果。另外，杜佑在「禮」序中亦有言：

《通典》之所纂集，或泛存沿革，或博采異同，將以振端末、備顧問者也，……庶乎義類相從，終始無黷云爾〔註108〕。

此話似可做為上述的一些輔助說明。

《通典》在編纂精神上重論議，歸納而言，約可分為二類：一是「群士論議」類；二是杜佑本人論議類。在此先說第一類，其具體表述上主要有三種不同的形式：（1）在有關卷後集中記述「群士論議」；（2）在同卷正文中，記制度沿革與錄「群士論議」雜而有之；（3）在同一卷中，以正文記制度沿革，而多以注文錄「群士論議」，附于有關的正文之下〔註109〕。以下就對此三種形式略做說明。

第一種形式。如上文說到的「禮典」，在六十五卷的歷代沿革禮中，吉、嘉、凶三禮之後所附博士經生的論議占了二十餘卷，即屬此種形式。另外，如「選舉典」共有六卷，前三卷敘歷代選舉制度，後三卷則集中記歷代之「雜議論」；「刑典」凡八卷，前三卷敘歷代刑制，中間二卷記歷代「雜議」，後三卷記述幾個方面的案例，其中亦有不少論議，以上凡此都屬此種形式。這種論議形式的特點，是所論問題比較集中，又皆以時代順序連屬成篇，在一定的程度上具備了「史」的特徵。譬如，「選舉典」的第四至第六，是為「雜議論」上、中、下三篇，所錄皆歷代有關「選舉」的論議。上篇記齊景公時晏嬰、漢哀帝時王嘉、後漢光武時韋彪與張衡、魏文帝時劉廙、晉李重、齊王儉、梁沈約與裴子野、後魏高祐、顯宗、清河王懌、薛琡、後周樂遜、隋李諤等人的論議奏疏；中篇和下篇記本朝人的言論，始於太宗初年而迄於德宗初年，其間包括高宗、武后、玄宗各朝許多人的言論。以「選舉典·雜議論」三篇與「選舉典·歷代制」三篇相配合，恰是同一制度的兩種歷史記述方法，可收互相補充、發明之功。

〔註107〕《文史通義》卷1內篇1「書教中」，頁40。
〔註108〕《通典》41「禮」序，頁1122。
〔註109〕參見瞿林東，〈論《通典》在歷史編纂上的創新〉（《中國史研究》第2期，1985年），頁143～144。

第二種形式。如「食貨典」一至二，敘歷代田制，分為上、下篇。其上篇（「食貨典・田制上」）在敘宋、魏以前田制時，則以戰國孟子，西漢賈誼、晁錯、董仲舒、師丹、孔光、何武，東漢荀悅，崔寔，西晉石苞，劉宋羊希，北魏李安世等人的有關言論、奏疏，分別記於其間。這種論議形式的特點，是把有關論議同制度沿革結合在一起，使言與事相得益彰，清楚地闡明制度發展的過程和變革的原由。

第三種形式。這是在對有關正文所做的注文中，采輯群士論議。如「職官典」之敘「宰相」的緣起、職責、因革變化，在講到秦初有左、右丞相時，注引荀悅的話，說明「秦本次國，命卿二人，是以置左、右丞相」的歷史原因；在講到漢文帝二年「復置一丞相，丞相月俸錢六萬」時，注引文帝、周勃、陳平君臣問對，而以陳平的話說出丞相的職責是「上佐天子理陰陽，順四時，下遂萬物之宜，外鎮撫四夷諸侯，內親附百姓，使卿大夫各任其職」；在講到漢哀帝「復罷大司空」時，注引朱博的奏議，說明此一措施的必要性；在講到唐代「侍中、中書令是真宰相。其餘以他官參掌者，無定員，但加同中書門下三品、及平章事、知政事、參知機務、參與政事及平章軍國重事之名者，並為宰相」時，注引太宗對侍臣的談話，指出：「中書、門下，機要之司，擢才而居，委任實重。詔敕如有不便，皆須執論。比來唯覺阿旨順情，遂無一言諫諍者，豈事道理？若唯署敕行文而已，人誰不堪，何須簡擇，以相委付？自今以後，詔敕疑有不穩，必須執之」〔註110〕，在此強調宰相責任的重大，批評「阿旨順情」的作風等。這些在注文中所引述的論議，對闡明與詮釋正文來說，是必不可少的。此外，需要加以補充說明的是，《通典》自注的內容與範圍十分廣泛，並不只限於論議，此部分筆者會在第五章給予討論，於此不贅述。

以上所舉三種論議形式，從內容與性質上看，皆是《通典》作者采輯歷代「群士論議」，所論大多是有關歷史上典章制度中的一些具體問題。此外，就屬杜佑本人論議的第二類。有關此類的表現形式，綜其名目，有序、論、說、議、評、按等六大型態。現就依《通典》表現形式略說如下。

第一、序：《通典》除九門各有序外，作者還視實際狀況需要，而有「序」。就以「食貨典」來看，「田制」、「賦稅」、「錢幣」等三篇前，皆有類似「序」的性質和形式的輔助說明。此「序」除闡述相關篇章之旨外，有時還可從其間看出作者精要的論議。如「賦稅」上，敘述漢武帝廣開四邊，因而在財政上大加革新後，作者認為是「雖經費獲濟，而下無聊矣」〔註111〕。又「錢幣」上，在提到鑄錢問題時，引

〔註110〕以上參見《通典》卷21「職官」3「宰相」條，頁533～535、540。
〔註111〕《通典》卷4「食貨」4「賦稅上」條，頁70。

昔賢云：「銅不布下，乃權歸於上」，作者甚為贊同而認為是「有國之切務，救弊之良算」，接著說：「況當今人疲賦重，康俗濟用，莫先於斯矣。」〔註112〕。

第二、論：據筆者統計「論曰」有四條。「食貨典」七及十二各一條；「刑法典」七及八各一條。「食貨」部分，前已有引述，參上。現擬以「刑法」部分為例說明之。第一例，在「守正」條，作者談到「武太后革命，欲令從己，作威而作周政，寄情而害唐臣」時，作者贊譽徐有功能「定以枉直，執法守正，活人命者萬計，將死復捨，忤龍鱗者再三」〔註113〕。第二例，在「寬恕」條，作者總結地說：「聖唐刑名，極於輕簡」〔註114〕，由上二例，亦可與作者在「刑法序」所言：刑法「在乎無私絕濫，不在乎寬之與峻」之旨相呼應〔註115〕。

第三、說：對於說、議、評三者，作者自己曾有「定義」的說明。其中「說曰」是：凡義有經典文字其理深奧者，則於其後說之以發明，皆云「說曰」〔註116〕。此部分據筆者統計有十九條，且都集中於「禮典」，其間尚不包括《開元禮》三十五卷在內。在此，如依作者的意見，此「說曰」部分是對「經典文字其理深奧者」加以解說以為「發明」之。現茲舉三例以說明之。第一例，在「郊天上」條，作者首言：「郊丘之說，互有不同，歷代諸儒，各執所見」，但大凡不出二塗：一是王子雍說，二是鄭康成說，接著作者「略舉大綱」以為之說，最後，作者說：「恭惟國章，並行二禮，可謂協於時宜矣。歷代所行，亦參二禮。異同之論，國朝最詳。具在郊天篇下」〔註117〕。第二例，在「社稷」條，作者說：「王者諸侯所以立社稷者，為萬人求福報功也。人非土不立，非穀不生，不可偏敬，故立社稷而祭焉」，但「自經籍灰燼，互執不同」，其後作者舉出鄭玄與王肅二說，再加以「試評」，認為鄭說為長，故得有以上結論〔註118〕。第三例，在「帝王諡號議」條，作者歷引《大戴禮》、《樂記》、《白虎通》、《五經通義》、《郊特牲》等書後，說：「號無質文，諡有質文」，自注云：「號者，始也。為本，故不可變。周以後尤文，以為本生習事善故有善諡，故合言文、武王」，又說：「質家不連號諡」，自注云：「生則為號，死者言諡，故不連號諡，成湯是」，接著又說：「文家連號」，自注云：「欲但言諡，不忍死之；欲但言

〔註112〕《通典》卷8「食貨」8「錢幣上」條，頁168。
〔註113〕《通典》卷169「刑法」7「守正」條，頁4383。
〔註114〕《通典》卷170「刑法」8「寬恕」條，頁4414。
〔註115〕《通典》卷163「刑法」序，頁4189。
〔註116〕《通典》卷42「禮」2「郊天上」條，頁1167。
〔註117〕同上註。
〔註118〕《通典》卷45「禮」5「社稷」條，頁1266。

號，又是實死，故以爲諡，文王、武王是。」〔註119〕。

　　第四、議：作者給它的定義是：凡義有先儒各執其理，並有通據而未明者，則議之，皆云「議曰」〔註120〕。此部分據筆者統計有二十條，其間「禮典」就佔有半數以上。現亦舉三例以說明之。第一例，在「諸侯大夫士冠」條，作者說：「冠者表成人之容，正尊卑之序，而令母兄姑姊與之交拜」，是有「混淆長幼，黷亂人倫」之嫌，且是「未必周公之旨」，造成這種現象，作者認爲有二因：一是「東周衰末，王室已卑，諸侯踰僭，削去典法，重以秦皇蕩滅，十無一存」；二是「編斷簡蠹，傳寫訛謬，先儒注釋，不加參詳，遂令後學，有所疑誤」〔註121〕。第二例，在「男女婚嫁年幾議」條，作者認爲：「王鄭之說，義並未明」，故再據《周官》、《服經》、《左傳》等書以議之，而總結爲「卿士大夫之子，十五六之後，皆可嫁娶矣」〔註122〕。第三例，在「州郡典・序目下」，作者以《史記》、《漢書》等書認爲「九州在十二州之後，乃與「舜典」乖互不同」，後又引馬季長的話，亦與孔安國注相符，因而確認「十二州在九州之後」〔註123〕。

　　第五、評：此定義是：凡先儒各執其義，所引據理有優劣者，則評之，皆云「評曰」〔註124〕。此部分據筆者統計有二條，「選舉典」六與「禮典」十四各一條。另有「試評曰」三條亦應屬此類〔註125〕。現就依序分述如下。作者在「禁約雜條」後「評曰」：「凡爲國之本，資乎人甿，人之利害，繫乎官政。欲求其理，在久其任；欲久其任，在少等級；欲少等級，在精選舉；欲精選舉，在減名目」，如此才能「省吏員，安黎庶」〔註126〕。又在「巡狩」條後有「評曰」，作者認爲：巡狩已是「曠代多闕斯禮」，並分析其原因。其後認爲：「崔生謂堯舜及周帝王行幸車徒禮數，與秦漢以後無異」，直是「不達古今豐約之別，復不詳《周官》之文，輒恣臆度之說耳」〔註127〕。

　　第六、按：此部分如不包括自注部分，據筆者統計有十一條。內容性質，約可分爲三類：一是作者自己按語，如「食貨」六「賦稅下」條、「職官」三「宰相」條

────────────────

〔註119〕《通典》卷104「禮」64「帝王諡號議」條，頁2711～2712。
〔註120〕同註116。
〔註121〕《通典》卷56「禮」16「諸侯大夫士冠」條，頁1585。
〔註122〕《通典》卷59「禮」19「男女婚嫁年幾議」條，頁1676。
〔註123〕《通典》卷172「州郡」2「序目下」條，頁4487。
〔註124〕同註116。
〔註125〕「試評曰」三條：一、卷44「禮」4，頁1234～1235；二、卷47「禮」7，頁1300；三、卷88「禮」48，頁2427。
〔註126〕《通典》卷18「選舉」6，頁456。
〔註127〕《通典》卷54「禮」14，頁1506。

等；二是作者引用昔賢論，如「禮」四十八「嫡孫持重在喪而亡次孫代之議」條、「禮」五十四「大夫士爲慈母服議」條；三是作者引用法令規章，如「食貨」七「丁中」條、「選舉」三「歷代制下」條。總結而言，以上按語部分，都有附加說明與補充正文的性質和作用。

綜上而言，杜佑在編纂精神上重論議是具有批判性與辯議性的，參上。但在此有三點需加補充說明：一是序除有闡明作者之旨外，是全書最具理論色彩的核心部分，因而成爲全書的論議環繞的重心所在。二是此部分的論議，須配合下章的內容討論才能有完整的概念。三是由此部分的結構組織，亦可見《通典》在編纂形式上的另一特色，此是前面所強調的，即四大特點是綜合運用的結果。

四、在編纂內容上切近代

杜佑在編纂內容上切近代，可由兩方面來看，一是略古詳今的史學思想；二是古爲今用的經世思想。現就先談第一點。

略古詳今的史學思想，可說是中國史學史上重要的史學傳統。例如，《史記》一百三十篇，半數以上是寫入漢以來的現代史，其餘近半多寫春秋戰國的歷史，至於三代的歷史寫的很少。誠如劉知幾所云：「然遷雖敍三千年事，其間詳備者，唯漢興七十餘載而已」〔註128〕。現在不妨詳細分析一下：十二本紀，周以前才四篇，漢以前寫了三篇，其中「項羽本紀」實際上是現代史的範圍。從「高祖本紀」起，爲西漢帝王寫了五篇。再如十篇表，三代只做了一篇「世表」，秦以前作了兩篇「年表」。秦楚之際則作「月表」，建漢以來作了六篇表，此是現代史。三十世家，大多是近現代史的內容。七十列傳，更是明顯。總之，《史記》略古詳今的寫作方式，充分的表明其史學思想是相當重視現代史，此與其一再強調的「稽其成敗興衰之理」、「述往事，思來者」的思想理念是息息相關的。劉知幾《史通》亦主張，史之詳略應是「遠略近詳」，而其標準，則是「事無妄載，言無闕書。」〔註129〕。

由上可知，略古詳今的史學思想是中國史學史上重要的史學傳統。此在杜佑編纂《通典》中，亦見其實際的應用與實踐。現就以全書內容所佔比例來看，其中唐代內容約佔全書四分之一以上，取自當代有關詔誥文書、臣僚奏議、行政法規、政令措施以及帳冊、大事記、私人著述等，大多爲第一手資料，具有較高的史料價值

〔註128〕《史通》卷16「雜說上」，頁473。
〔註129〕《史通》卷9「煩省」，頁263、265。

〔註130〕。可謂已盡量囊括收入近現代的重要史事，顯示其「在編纂內容上切近代」的特點與價值。杜佑此種略古詳今的史學思想，是有其重要的目的，此即爲其「將施有政，用乂邦家」做準備基礎性的工作。現在，就來做進一步的探討。

杜佑「徵諸人事，將施有政」的治史宗旨，可說即是古爲今用的經世思想之表現，此與前面章學誠所說：「史學所以經世」之旨是同理的。又杜佑古爲今用的經世思想，有其兩個先決條件，即「酌古之要，適今之宜」〔註131〕，現茲分別舉例，以說明之。

第一、所謂「酌古之要」，實際上包含相互聯繫的兩層意思：一是記述史事要區別經重，撮其要者。他說：

> 凡言地理者多矣，在辨區域，徵因革，知要害，察風土，纖介畢書，樹石無漏，動盈百軸，豈所謂撮機要者乎！如誕而不經，偏記雜說，或覽之者，不責其略焉〔註132〕。

在此杜佑提出記載地理之四要件：在「辨區域，徵因革，知要害，察風土」，而反對「纖介畢書，樹石無漏，動盈百軸」式的史料贅積，因而對於「誕而不經，偏記雜說」是略而不取的。二是對於「往昔是非」要加以總結，以爲「今來龜鑑」〔註133〕。他說「秦漢之後，以重斂爲國富，卒眾爲兵強，拓境爲業大，遠貢爲德盛」的黷武行爲，其結果是：「小則天下怨咨，群盜蜂起；大則殞命殲族，遺惡萬代」〔註134〕。且更有以唐代爲例，說：

> 我國家開元、天寶之際，宇內謐如，邊將邀寵，競圖勳伐。西陸青海之戍，東北天門之師，磧西怛邏之戰，雲南渡瀘之役，沒於異域數十萬人。向無幽寇內侮，天下四征未息，離潰之勢豈可量耶！前事之元龜，足爲殷鑒者矣〔註135〕。

這也是他一再強調「今所存纂錄，不可悉載，但取其朝夕要切，冀易精詳，乃臨事不惑」的原因了〔註136〕。

第二、所謂「適今之宜」，包括兩個方面的內容：一是反對「非今是古」，一是強調「施教得宜」。例如，杜佑在總結魏晉以來學者對封建制與郡縣制的爭議時，指

〔註130〕同註96。
〔註131〕參施丁，〈說〝通〞〉一文（《史學史研究》第2期，1989年），頁4。
〔註132〕《通典》卷171「州郡」序，頁4451。
〔註133〕「進通典表」。
〔註134〕《通典》卷171「州郡」序，頁4450～4451。
〔註135〕《通典》卷185「邊防」序，頁4980～4981。
〔註136〕《通典》卷2「田制下」條，頁29。

出近世：「欲行古道，勢莫能遵」，而認爲實行郡縣制是可達到「立制可久，施教得宜，君尊臣卑尊強技弱，致人庶富，享代長遠」的效果，此實是「爲理之道」〔註137〕，故他又說：

> 自古至周，天下封建，故盛朝聘之禮，重賓主之儀，天子諸侯，卿大夫士，禮數服章，皆降殺以兩。秦皇帝蕩平九國，宇內一家，以田氏篡齊，六卿分晉，由是臣強君弱，終成上替下凌，所以尊君抑臣，列置郡縣，易於臨統，便俗適時。滯儒常情，非今是古。《禮經》章句，名數尤繁，諸家解釋，註疏厖雜。方今不行之典，於時無用之儀，空事鑽研，競爲封執，與夫從宜之旨，不亦異乎！〔註138〕

此段話敘述由封建而郡縣的歷史變化，由分裂而統一，由分權而集權的歷史趨勢，說明郡縣制是「便俗適時」，而批評「滯儒」的「非今是古」，最後，強調「從宜之旨」的不可違背。

綜上而言，杜佑的略古詳今的史學思想與古爲今用的經世思想，反應在編纂內容上切近代是十分突出和醒目的，可謂甚具有現實的意義。

〔註137〕《通典》卷31「職官」13「王侯總敘」條，頁849～850。
〔註138〕《通典》卷74「禮」34，頁2015。

第四章 杜佑的史學思想

第一節 經世致用的史學思想

關於杜佑經世致用的史學思想，前已提及，在此只欲對兩個問題再加說明：一是經世致用的史學思想是如何完構（完成建構）其思想體系？二是經世致用的史學思想其特點和內涵又如何？現就第一個問題進行討論。

對於第一個問題，李翰的「通典序」有較完整的敘述，他說：

> 今《通典》之作，昭昭乎其警學者之群迷歟！以爲君子致用，在乎經邦，經邦在乎立事，立事在乎師古，師古在乎隨時。必參今古之宜，窮始終之要，始可以度其古，終可以行於今。

此段話誠值得仔細地分析與推敲。首先，李翰已蓋括的提出：杜佑經世致用的史學思想是如何完構的整個程序上步驟和問題。茲分析如下：李翰認爲《通典》之作的目的是在「致用」，而其對象是在「經邦」，但所憑爲何？或者說整體行動準則爲何？答曰：「立事」，即建立一套制度以爲行事的規範和標準，但此套制度何由而來？答曰：必也「師古」，即在歷史事實中，借取其經驗，達成其「度古」爲始，「行今」爲終的目的，而「師古」的取捨指標，則在以「隨時」爲最高原則，即以「參今古之宜，窮始終之要」爲取捨的標準和基礎。其次，如以杜佑的話來看亦然。所謂「經邦」「致用」，即「將施有政，用乂邦家」；所謂「師古」「隨時」，即「徵諸人事」以爲「酌古」「適今」；所謂「立事」，《通典》一書，即是也。綜上可知，杜佑經世史學的建構，即依此邏輯推演而來。

第二、經世致用的史學思想之特點以及涵義如何？關於前一問題，近人討論頗

多，今舉蘇雲峯的意見，以見梗蓋，約有四點：〔註1〕

（一）經世思想，是一種淑世（入世）的思想（精神），且以發生於政治社會動
盪不安的時代較為顯著。

（二）具有強烈的使命感與憂患意識。

（三）具有強烈的實用主義傾向，因經世之目的在謀求解決社會國家的困難，及
為人民造福祉，必須尋求有效的方法與工具。

（四）經世思想的內容，包括政治、經濟、軍事、文教與社會等層面，然以政治
為主導，有強烈的任官趣向。因為必須能「在其位」才能「謀其政」，以
實現理想。

由上述來看，經世思想是由於關心社會國家的前途，積極參與，並提出解決問題或
危機主張的一種思想態度〔註2〕。

關於後一問題，所謂經世致用，約可分經世性與致用性而言。經世性偏重政教
之道德教化意識形態，注重精神層面；致用性則偏重知識主義實用論，注重實用層
面〔註3〕。如以《通典》九門來看，可謂兩者兼具。現就來看《通典》經世致用的
史學思想，於此茲分四個部分來講：一、注重民生經濟，故以食貨為首。二、重視
官僚政治，故以選才設官為綱。三、致治人文化成，故以禮樂教化為本。四、安民
保國為要，故以國防地理為輔。現就依序而論。

一、注重民生經濟，故以食貨為首

在上一章，筆者曾提到，杜佑對「食貨」門的安排，有兩條路徑可尋，一是主
線：此由土地、人口及賦稅三者組合而成，可視為生產力層；另一輔線，則可視為
流通調節層，此就編纂特點而言，參前。在此，似有進一步補充說明的必要。有人
指出：國家有事，則財用不足，「興利」的方法，大約有三種：即財政政策，貨幣政
策，與公營事業政策〔註4〕。以上所言，直可視為杜佑經濟理論的核心所在，這也
是本文所欲分析與討論的重心所在。但本文仍以前說做為行文路徑。

〔註1〕蘇雲峯，〈張之洞的經世思想〉（收入《近代中國經世思想研討會論文集》，中央研究
院近代史研究所編，民國73年4月出版），頁531～532。另外，李紀祥，〈明末清初
儒學之發展〉（私立中國文化大學史學研究所博士論文，民國78年12月），其中第1
章對此頗有綜合討論。

〔註2〕《近代中國經世思想研討會論文集》，頁661。

〔註3〕參雷師家驥，《中古史學觀念史》（學生書局，民國79年10月初版），頁689、706。

〔註4〕侯家駒，〈司馬遷的自由經濟思想〉（上、下）（《台北市銀》第10卷第4、5期，民
國68年4月25日、5月25日），頁70。

杜佑以「食貨」為先，而置田制為首，此前亦有提到。今再深入分析如下，他說：

　　穀者，人之司命也；地者，穀之所生也；人者，君之所治也。有其穀
　　則國用備，辨其地則人食足，察其人則徭役均。知此三者，謂之治政。夫
　　地載而不棄也，一著而不遷也，安固而不動，則莫不生殖。聖人因之設井
　　邑，列比閭，使察黎民之數，賦役之制，昭然可見也〔註5〕。

此段話，可謂已粗略地表明其經濟思想的基本架構，誠值得注意。如他認為：穀，
是人所賴以生存的憑藉；地，是穀所賴以生長的條件；人，是君所賴以治理的依靠。
而所謂「治政」，應是在上位者以百姓的民生問題為優先考慮，以達到國富、人足、
力均的境界，但如何達到此目標？杜佑認為，須先做到——「地載而不棄，一著而
不遷，安固而不動」－這種人、地緊密聯繫關係的基礎性工作後，則自然而然「莫
不生殖」，因此之故，聖人為之「設井邑，列比閭」，其目的正是為了使察「黎民之
數，賦役之制」，以完成其富、足、均的追求終極目標。

　　接著他引秦孝公用商鞅計，廢井田，制阡陌，其結果是「雖獲一時之利，而兼
并踰僭興矣」，且「降秦以後，阡陌既弊，又為隱覈」，行文至此，杜佑至少指出兩
點：一是土地兼并的問題；二是人口（或指土地）隱覈的問題。隨後直指「胥吏」
應為以上的行為與現象負責，因為在「紀人事之眾寡，明地利之多少」的過程中，
已無法與百姓之間建立「互信」的共識，於此可見，杜佑不僅指出土地、人口等問
題的癥結所在，還更深層且深刻的揭出官僚行政（尤其基層行政人員）運作過程的
重要性，否則是不會有「雖申商督刑，撓首總算，亦不可得而詳矣」之嘆的。最後，
搬出《春秋》大義，認為「專封」（占田過制）和「專地」（賣買由己）的行為是啟
「流冗」之端〔註6〕。

　　以上所言，是由杜佑置田制為首，所引發或引伸的一些問題。這些問題，當然
是杜佑極度關心的，故其以下的內容，視為其「印證」的引例，亦無不可，他皆類
此，不再贅述。在進入探討其具體主張前，有必要對均田制－實行時間在北魏孝文
帝太和九年（485）至唐德宗建中元年（780）－的特點做一說明。「均田制可說是以
按勞力分配給廣大農民土地為目的的制度。而產生這種制度的前提是土地佔有的不
均」〔註7〕。如此說來，在均田制崩潰瓦解後，又逐漸回到中國歷史上以土地私有
為主體的土地所有權制度。故有學者認為：這種制度實行的結果可以很明顯地反映

〔註5〕《通典》卷1「食貨」1「田制上」條，頁3。
〔註6〕以上引文，同上註。
〔註7〕〔日〕堀敏一，《均田制研究》（弘文館，民國75年9月初版），頁147。

出從人力制約到土地制約的過渡情形〔註 8〕，是不無道理的。但筆者所更關心，或說是注意的焦點是：以均田制做爲支配人民的手段，而環繞於此中心的軍事／兵役制度（府兵制）、租稅體系（租庸調制）、村落組織（鄉里制）等一系列機能組合成的整個有機體的有效運作，是唐代中央集權統一國家的保證，故不允許出現任何破綻，特別是以阻礙分配到土地上的農民移動與沒落爲基本，否則運作定必發生問題，所以，如欲探究唐代中期以後的任何變貌，都須以此爲基點才能解說〔註 9〕。行文至此，筆者所欲說明的是，杜佑正是以此「基點」來展開其論說，使人不得不佩服其識見確實超人一等。

現就從第一部分的土地問題著手，以見其具體主張。關於此已有人做過分析，茲擇其要點說明之〔註 10〕。

1、**主張給農民土地**。筆者按：有土斯有根，有根斯有財，故主張給農民土地是杜佑最基本的主張之一。且在均田制破壞之後，產生流民、逃戶等的現象，故杜佑主張給農民土地以恢復生產力，達到「一著而不遷也，安固而不動也，則莫不生殖」的目的。

2、**明確土地歸屬**。筆者按：有土斯有財，一方面可確實掌握人民的動向；另一方面又可確保賦稅的正常收入，故以法令規定以保障之。

3、**關於土地兼并**。筆者按：杜佑是堅決反對的，茲舉一例以證之，當他在講到「其城居之人，本縣無田者，聽隔縣受」後，自注云：「雖有此制，開元之季，天寶以來，法令弛寬，兼并之弊，有踰於漢成哀之間」〔註 11〕，可見其重視此問題。

4、**關於勸農、重農**。筆者按：杜佑曾說：「農者，有國之本也」〔註 12〕，可見其有濃厚的重農主義色彩。

〔註 8〕趙岡、陳鐘毅，《中國土地制度史》（聯經，民國 71 年 4 月初版，民國 74 年 4 月第 3 次印行），頁 161。

〔註 9〕參姚大中，《中國世界的全盛》（三民書局印行，民國 72 年 1 月初版），頁 255、260。

〔註 10〕此部分，參曾貽芬，《通典·食貨典》與《食貨志》比較研究》一文（《史學史研究》第 1 期，1981 年）。

〔註 11〕《通典》卷 2「食貨」2「田制下」條，頁 32。

〔註 12〕《通典》卷 12「食貨」12「論曰」，頁 295。杜佑認爲：「工商雖有技巧之作，行販之利，是皆浮食不敦其本」、「末盈則本虧，反散淳朴之風，導成貪叨之行」等言論，均可做爲杜佑重農主義的補證。（《通典》卷 4「食貨」4「賦稅上」條，頁 69～70）。另侯家駒，〈我國重農輕商思想之研究〉（《國立政治大學學報》第 40 期，民國 68 年 12 月）一文對崇本抑末的原因、背景、措施以及影響，有較全面性的討論，值得參考。

5、興修水利。筆者按：水利是發展農業不可或缺的重要條件之一，故杜佑特載「碾磑用水，洩渠水隨入滑；加以壅遏耗竭，所以得利遂少」的事〔註13〕。

6、關於屯田。筆者按：杜佑在「御夷狄論」中，亦視屯田為禦敵妙方，他說：

> 秦以區區關中，滅六強國，今竭萬方之財，上奉京師，外有犬戎憑陵，陷城數百，年內有兵革，未寧三紀矣；豈制置異術，古今殊時乎？周制步百為畝，畝百給一夫，商鞅佐秦，以為地利不盡，更以二百四十步為畝，百畝給一夫，又以秦地曠而人寡，晉地狹而人夥，誘以三晉之人耕，而優其田宅，復及子孫，使秦人應敵於外，非戰與農，不得入官，大率百人，以五十人為農，五十人習戰，故兵強國富，……誠能復兩渠之饒，誘農夫趨耕，擇險要，繕城壘，屯田蓄力，河隴可復，豈惟自守而已〔註14〕。

此外，據鞠清遠的研究，指出：屯田經營可使國家財政充裕，能供給軍隊的食糧，及可在邊境上積集糧米，具有安內攘外之功效，又屯田的收入額比例亦復不少。在安史亂後，為應付龐大的軍費，內地亦廣興屯田，如杜佑就曾在淮南雷陂屯田，此又為其「親身經歷」的歷史變動做一見證人〔註15〕。

綜上而言，土地問題，主要是有關分配與經營，故前三項可歸納為土地分配問題，講究的是公平；後三項則可視為發展農業生產行之有效的措施，追求的是效率，所以，杜佑在透過對分配方式和經營形態的分析後，提出其對當時社會的經濟結構的看法與改革意見〔註16〕。此是其發揮史學經世致用的結果，這些看法與改革意見，都與其整體經濟思想有關。以下再來看人口的問題。

對於人口問題，其具體主張，據筆者看法，約有兩點：

1、做好地方基層組織

鄉黨可謂是村落的基層組織，杜佑對上古的井田制度曾列舉了十大優點，而對井田的精神－鄉黨則主張繼續推行，他認為如此可收「始分之於井則地著，計之於

〔註13〕《通典》卷2「食貨」2「水利田」條，頁39。

〔註14〕「御夷敵論」，見《全唐文》卷477。另此文亦收入《通典》卷174「州郡」4，頁4563～4564。惟兩文文字有異。

〔註15〕參鞠遠清，《唐代財政史》（食貨出版，民國23年10月上海初版，民國67年12月臺灣再版），頁84～85、88。

〔註16〕參註10，頁40、42。另參戴晉新，〈有土有財——土地分配與經營〉（收入《中國文化新論》（經濟篇），聯經，民國71年10月初版，民國76年2月第5次印行），頁146。

州則數詳」之效〔註17〕。此與開頭所說的道理是一致的,詳前。今再舉一例以說明之。徐偉長「中論」曰:夫治平在庶功興,庶功興在事役均,事役均在民數周,民數周爲國之本也。……使其鄰比相保愛,賞罰相延及,故出入存亡臧否逆順可得而知也。及亂君之爲政也,戶口漏於國版,夫家脫於聯伍,避役逋逃者有之,棄損者有之,浮食者有之。於是姦心競生而僞端並作,小則濫竊,大則攻劫,嚴刑峻令不能救也。人數者,庶事之所自出也,莫不敢正焉。以分田里,以令貢賦,以造器用,以制祿食,以起田役,以作軍旅,國以建典,家以立度,五禮用修,九刑用措,其唯審人數乎?〔註18〕

此段話,可謂對地方基層組織的功能和角色,做了很好的說明。此外,如以長距離的歷史眼光來看,從秦漢的鄉亭里制、魏晉南北朝之三長制到隋唐的鄰保制,歷代鄉村組織設立的目的,最初都是爲了徵收賦役而設,後來卻負有勸農、教化及維持治安等任務〔註19〕。尤其在安史亂後,戶口逃亡嚴重,致其功能不彰,故杜佑亦頗力主做好地方基層組織〔註20〕。

2、注意人口盛衰的變化

《通典》中除記載周、西漢、西晉、隋、唐等五個朝代的戶口「極盛」數目外,還說明其盛衰變化的原因與影響。茲舉一例以明之:

> 漢高帝定天下,人之死傷亦數百萬,……孝文偃武修文,與人休息,……孝景承平,賦役減省,……至武帝元狩中,六十餘年,人眾大增,太倉之粟紅腐而不食,都內之錢貫朽而不校。孝武帝乘其資稸,乃屬兵馬以攘戎狄,廓地遐廣,征伐不休,十數年間,天下之眾,亦減半矣。……昭宣之後,罷戰務農,戶口漸益。至孝平元始二年,人戶千二百二十三萬三千,口五千九百五十九萬四千九百七十八,此漢之極盛也。及王莽篡位,續以更始、赤眉之亂,率土遺黎,十纔二三〔註21〕。

於此可知,人口盛衰的變化原因,主要是「窮兵黷武,遠事經略」,且「戰爭不息,

〔註17〕《通典》卷3「食貨」3「鄉黨」條,頁54。
〔註18〕見上註,頁56。
〔註19〕參張哲郎,〈鄉遂遺歸──村社的結構〉(收入《中國文化新論》(社會篇),出版地、時參註16),頁221。
〔註20〕另據楊遠,〈唐代的人口〉(香港中文大學,《中國文化研究所學報》第10卷第2期,1979),指出「就唐代來說,其賦稅繁重的主要癥結,已不是稅額的高低問題,而是免稅的戶口過多」,然而對人口動向與基本資料的掌握,無疑是有助稅收的。
〔註21〕《通典》卷7「食貨」7「歷代盛衰戶口」條,頁143～144。

人戶流離」，小則「財力，自此衰耗」，大則甚至到「身喪國滅」的地步〔註22〕。而欲「人戶滋殖」，則「務在養民」，「克勤理道，克儉資豐」〔註23〕，由上可知，人口盛衰的變化是與歷朝的治亂及戰爭密切吻合的。至於杜佑如此重視人口盛衰的變化，據筆者看法，是因安史亂後人口嚴重銳減，此對生產力自然會有影響，相對而言，稅收亦隨之減少，甚至造成不足的現象，故杜佑對玄宗開元年間，宇文融的「括戶政策」亦特有記載〔註24〕。此外，杜佑對「丁中」問題亦有所留意，因爲它是田賦一系統以外，屬於人頭稅一系統的「定額稅」（lamp sumtaxes）〔註25〕，故在《通典》中也有記載。

綜上而言，杜佑對「人者，君之所治」的人口問題給予高度的關懷，有其歷史背景與時代認知。關於此，他在《通典》卷七亦有較完整的敍述說：

> 古之爲理也，在於周知人數，乃均其事役，則庶功以興，國富家足，教從化被，風齊俗和。……所以《周官》有比、閭、族、黨、州、鄉、縣、遂之制，維持其政，綱紀其人。……及理道乖方，版圖脫漏，人如鳥獸，飛走莫制。家以之乏，國以之貧，姦冗漸興，傾覆不悟。斯政之大者遠者，將求理平之道，非無其本歟？〔註26〕

這也是他「寧免賦闕而用乏，人流而國危」〔註27〕的重要考慮因素了。

關於賦稅問題，筆者想從兩方面來看：一是其經濟政策；二是其財政思想〔註28〕。對於前一問題，是要處理好「國足」和「家足」的關係。杜佑說：

> 國足則政康，家足則教從，反是而理者，未之有也。夫家足不在於逃

〔註22〕見上註，頁146、148。

〔註23〕見註21，頁144、147。

〔註24〕見註21，頁150～152。

〔註25〕參註8，頁180～181。

〔註26〕《通典》卷7「食貨」7「丁中」條，頁158。

〔註27〕《通典》卷12「食貨」12「論曰」條，頁296。又杜佑在分析中唐以來，農業經濟凋弊，每況愈下的根源有二因：一是地利損耗；二是人力散分。關於前者，他說：「聖唐永徽中，兩渠（按指鄭、白二渠）所漑，唯萬許頃。洎大曆初，又減至六千二百餘頃，比於漢代，減三萬八九千頃。每畝所減石餘，即僅校四五百萬石矣」；關於後者，他說：「仕宦之途猥多，道釋之教漸起，浮華浸盛，末業日滋。今大率百人方十人爲農，無十人習戰，其餘皆務他業」（見《通典》卷174「州郡」4「議曰」條，頁4563），由上可見，杜佑深刻的觀察力，從「地利」到「人力」，自經濟而政治，因此有人認爲：「這是迄唐爲止，對于社會發展變化原因的最深入的分析」，誠是也（見高國抗，《中國古代史學史概要》，廣東高等教育出版社，1985年），頁216。

〔註28〕參瞿林東，〈論《通典》的方法和旨趣〉（《歷史研究》第5期，1984年），頁122～123。

稅，國足不在於重斂。若逃稅則不土著而人貧，重斂則多養贏而國貧，不

其然矣〔註29〕。

此「國足」和「家足」這一組命題，是可與「濟用」和「人安」這一組命題相配合
的。因「逃稅」起於「黎民之力竭」；「重斂」起於「賦斂之數重」。「不土著而人貧」
則會有「人流而國危」之患；「多養贏而國貧」則會有「賦闕而用乏」之弊。故解決
之道，在「抑兼并」、「周知人數」以「免流離之患」；「制國用」、「均其事役」以「益
農桑之業」，如此才能「食豐」而「人安」，「財足」而「政治」，以達到「國富家足，
教從化被，風齊俗和」的境界〔註30〕。

而後一問題，杜佑則主張「薄斂」和「節用」。他說：

夫欲人之安也，在於薄斂，斂之薄也，在於節用。若用之不節，寧斂

之欲薄，其可得乎？〔註31〕

故對初唐的「薄賦輕徭」給予「澤及萬方，黎人懷惠」的高度評價。而其具體措施，
則「先在省不急之費，定經用之數」，如此則可「使下之人，知上有憂恤之心，取非
獲己，自然樂其輸矣。」〔註32〕。

以上所言，「節用」是具有積極性，如在「省不急之費」的具體做法方面，《通
典》有記載說：

北齊文宣受禪，……後南征，頻歲陷沒，士馬死者以數十萬計。重以
修創臺殿，所役甚廣，兼并戶口，益多隱漏。……由是姦欺尤甚，戶口租
調，十亡六七。是時用度轉廣，賜予無節，府藏之積，不足以供，乃減百
官之祿，徹軍人常廩，併省州郡縣鎮戍之職。又制刺史守宰行兼者，並不
給幹，以節國用之費焉〔註33〕。

至於在「定經用之數」的具體做法方面，「兩稅法」似可做為說明之例。他說：

自建中初，天下編甿百三十萬，賴分命黜陟，重為案比，收入公稅，
增倍而餘。遂令賦有常規，人知定制，貪冒之吏，莫得生姦，狡猾之甿，
皆被其籍，誠適時之令典，拯弊之良圖〔註34〕。

杜佑稱譽「賦有常規，人知定制」的「兩稅法」是「適時之令典，拯弊之良圖」。其

〔註29〕《通典》卷7「食貨」7「論曰」，頁156。
〔註30〕參《通典》卷7「食貨」7「論曰」，頁158；卷12「食貨」12「論曰」，頁295～296。
〔註31〕《通典》卷12「食貨」12「論曰」，頁295。
〔註32〕見上註，頁294～295。
〔註33〕《通典》卷5「食貨」5「賦稅中」，頁94～195。
〔註34〕見註29，頁157。

在自注中，亦說：

> 舊制，百姓供公上，計丁定庸調及租，其稅戶雖兼出王公以下，比之
> 二三十分唯一耳。自兵興以後，經費不充，於是徵斂多名，且無恆數，貪
> 吏橫咨，因緣爲姦，法令莫得檢制，烝庶不知告訴。其丁狡猾者，即多規
> 避，或假名入仕，或託跡爲僧，或占募軍伍，或依倍豪族，兼諸色役，萬
> 端蠲除。鈍劣者即被徵輸，困竭日甚。建中新令，並入兩稅，恆額既立，
> 加益莫由，浮浪悉收，規避無所〔註35〕。

此段話殊爲重要，故全錄於此。所以，筆者認爲，就「節用」方面來看，可見杜佑
有主張務實規範的做法。而在「薄斂」方面，則較具消極性，此話怎講？如以「薄
斂」之反義詞「斂厚」來講，杜佑於此是有一番自己說法的。他說：

> 夫德厚則感深，感深則難搖，人心所繫，故速戡大難，少康、平王是
> 也。若斂厚則情離，情離則易動，人心已去，故遂爲獨夫，殷辛、胡亥是
> 也〔註36〕。

由此可見，杜佑是從道德倫理教化觀點來看「人心向背」的問題。於此筆者暫且不
論其說服力的成效如何。要之，以上這些主張都構成其經濟思想的核心所在，則毫
無疑問。

接下來，則繼續探討其第二部分流通調節層。《通典》卷八至卷十二均可視爲
此部分。此部分的最大特點，是安史亂後，因「國用不足」問題而引發的一連串補
救措施，其目的皆在「將施有政，用乂邦家」，此又是其經世致用思想的具體呈現。
在此，又需補充一點，即此部分是與「公營事業」關係密切，明白這點之後，現在，
先言貨幣部分。杜佑對貨幣的功能與作用，有這樣的看法：

> 原夫立錢之意，誠深誠遠。凡萬物不可以無其數，既有數，乃須
> 設一物而主之。其金銀則滯於爲器爲飾，穀帛又苦於荷擔斷裂，唯錢但
> 可貿易流注，不住如泉。若穀帛爲市，非獨提挈斷裂之弊，且難乎銖兩
> 分寸之用〔註37〕。

在此，杜佑抓住了貨幣的特點是「貿易流注，不住如泉」，此誠爲難得。但其眞正關

〔註35〕見註29，頁157～158。從文中看，杜佑是支持楊炎的兩稅法改革，他雖亦承認兩稅
　　　　法在初行時，存在著「使臣制置各殊，或有輕重未一」的缺點，但比起優點來，則
　　　　顯得微不足道。至於其後的流弊，依杜佑的說詞是：「仍屬多故，兵革薦興」，以致
　　　　「浮冗之輩，今則眾矣。徵輸之數，亦以闕矣。舊額既在，見人漸艱」，由此可見，
　　　　客觀時勢的發展變化是使其無法達到圓滿成效的主因。

〔註36〕同註31。

〔註37〕《通典》卷8「食貨」8「錢幣上」條，頁167。

心是在「令盜鑄滋甚，棄南畝日多」的問題上，故他贊同昔賢之言：「銅不布下，乃權歸於上」是「有國之切務，救弊之良算」的「篤論」，並且他認為「當今人疲賦重」，如欲「康俗濟用」，首務之急，「實在乎錢」〔註38〕。此外，杜佑在通觀歷代言貨幣者，認為只有漢代賈誼和唐代劉秩兩人得其要旨〔註39〕，所以，本文亦以兩人之看法著手討論。在此先看賈誼的意見。

西漢孝文五年，為錢益多而輕，乃更鑄四銖錢，其文為「半兩」。除盜鑄錢令，使民放鑄，此是賈誼上諫的起因。他認為：「銅布於天下，其為禍博矣」，故有「五禍」之說。今為行文方便，茲逐條分述如下：

（1）銅布於天下，則人鑄錢者大抵必雜以鉛鐵，黥人日繁，一禍也。

（2）偽錢無止，錢用不信，人愈相疑，二禍也。

（3）采銅者棄其田疇，鑄者捐其農事，五穀不為多，則鄰於飢，三禍也。

（4）故不禁鑄錢則錢常亂，黥罪日積，是陷阱也。且農事不為，有類為災，故人鑄錢不可不禁，四禍也。

（5）上禁鑄錢，必以死罪。鑄錢者禁，則錢必還重，則盜鑄者起，則死罪又復積矣，其禍五也。

賈誼認為：今博禍可除，而七福可致也。何謂七福？茲亦逐條分述如下：

（1）上收銅勿令布，則民不鑄錢，黥罪不積，一矣。

（2）偽錢不蓄，民不相疑，二矣。

（3）采銅鑄作者反於耕田，三矣。

（4）銅畢歸於上，上挾銅積以御輕重，錢輕則以術斂之，重則以術散之，貨物必平，四矣。

（5）以作兵器，以假貴臣，多少有制，用別貴賤，五矣。

（6）以臨萬貨，以調盈虛，以收奇羨，則官富實而末民困，六矣。

（7）制吾棄財，以與匈奴逐爭其民，則敵必壞，七矣。

以上是賈誼主張應由政府鑄錢的理由，並分析由民間或政府鑄錢的利弊得失。現再看劉秩的意見。在唐代，照法令來講，鑄錢是國家的獨佔事業。故劉秩認為若由民間鑄錢，則有「五不可說」：

（1）今若捨之，任人自鑄，則上無以御下，下無以事上，其不可一也。

（2）夫物賤則傷農，錢輕則傷賈。故善為國者，觀物之貴賤，錢之輕重，夫物

〔註38〕見上註，頁168。

〔註39〕以下兩文參《通典》卷8「食貨」8「錢幣上」條，頁171～173；卷9「食貨」9「錢幣」下，頁201～203。

重則錢輕，錢輕由乎物多，多則作法收之使少；少則重，重則作法布之使
輕。輕重之本，必由乎是，奈何而假於人？其不可二也。

（3）夫鑄錢不雜以鉛鐵則無利，雜以鉛鐵則惡，如不重禁，不足以懲息。且方
今塞其私鑄之路，人猶冒死以犯之，況啓其源而欲人之從令乎！是設陷穽
而誘之入，其不可三也。

（4）夫許人鑄錢，無利則人不鑄，有利則人去南畝者眾，去南畝者眾則草不墾，
草不墾又鄰於寒餒，其不可四也。

（5）夫人富溢則不可以賞勸，貧餒則不可以威禁。故法令不行，人之不理，皆
由貧富之不齊也。若許其鑄錢，則貧者必不能爲，臣恐貧者彌貧，而服役
於富室，富室乘之而益恣。……必欲許其私鑄，是與人利權，其不可五也。

又劉秩爲解決「錢重而傷本，工費而利寡」的問題，不僅主張應禁止私人鑄錢，而
且應當禁止私鑄銅器，最後，他說：「夫銅不布下，則盜鑄者無因而鑄，無因而鑄則
公錢不破，人不犯死刑，錢又日增，不復利矣。是一舉而四美兼也。」

　　綜上賈誼與劉秩兩人意見，其間論說立場，似有差異，筆者認爲，前者似較能
以「就貨幣以論貨弊」的立場來看問題，且頗有以「罪刑不積」爲考量重心；後者
則立論基點較廣，且頗有站在上位者角度來看問題。如「五不可說」的第（1）點，
「上無以御下，下無以事上」的論點即爲顯例。第（2）點，與賈誼「七福」之說的
第（4）之異同，是前者尚考慮到「物賤則傷農，錢輕則傷賈」的問題，此外，兩人
頗有主張「均衡理論」的意味。第（3）點，與賈誼「五禍」之說的第（2）、（4）點，
則隱含「劣幣驅逐良幣」的葛來欣定律之危機意識〔註40〕。第（5）點，則還考慮
到「貧富差距加大」的問題。此外，賈誼「五禍」之說的第（2）點，牽涉到貨幣信
用的問題，亦值得注意。

　　杜佑既稱賈、劉兩人在貨幣方面是「頗詳其旨」〔註41〕，故合理推論而言，杜
佑之看法和主張，亦應與兩人相差無幾才對。

　　其次，再來看漕運部分。杜佑是相當關心與重視漕運的。如在說到：「晉武帝
泰始十年，鑿陝南山，決河東注洛，以通運漕」，自注云：「雖有此詔，竟未成功」
〔註42〕，又在敍述隋煬帝大業元年開運河後，緊接著說：「自是天下利於轉輸」〔註
43〕，其後又大量纂錄唐玄宗開元間裴耀卿有關運河的奏疏，並言及「大曆之後，漸

〔註40〕參註4，頁71。
〔註41〕同註38。
〔註42〕《通典》卷10「食貨」10「漕運」條，頁217。
〔註43〕見上註，頁220。

不通舟」等事〔註44〕。由此可見，杜佑是十分留意此事的〔註45〕。

又前面提過，此部分與「國用不足」的戰時經濟政策息息相關。現就舉幾個例子看看。

第一例，如引桑弘羊《鹽鐵論》中意見：「鹽鐵之利，佐百姓之急，奉軍旅之費，不可廢也」〔註46〕。又自注云：「自兵興，上元以後，天下出鹽，各置鹽司，節級榷利，每歲所入九百餘萬貫文。」〔註47〕。

第二例，如引晁錯意見，認爲「鬻爵」乃是：「順於人心，所補者三：一曰主用足，二曰民賦少，三曰勸農功」〔註48〕。又纂錄肅宗時鄭叔清的奏疏後，自注云：「時屬幽寇內侮，天下多虞，軍用不充，權爲此制，尋爲停罷。」〔註49〕。

第三例，如引：「陳文帝天嘉中，虞荔等以國用不足，奏請榷酤，從之」〔註50〕。又說：「建中三年制，禁人酤酒，官司置店自酤，收利以助軍費。」〔註51〕。

第四例，如在雜稅部分，自注云：「自天寶末年，盜賊奔突，克復之後，府庫一空。又所在屯師，用度不足，於是遣御史康雲閒出江淮，陶銳往蜀漢，豪商富戶，皆籍其家貲，所有財貨畜產，或五分納一，謂之『率貸』，所收巨萬計。蓋權時之宜。其後諸道節度使、觀察使多率稅商賈，以充軍資雜用，或於津濟要路及市肆閒交易之處，計錢至一千以上者，皆以分數稅之。自是商旅無利，多失業矣。上元中，敕江淮堰埭商旅牽船過處，準斛斗納錢，謂之埭程。大曆初，諸州府應稅青苗錢，每畝十文，充百司手力資課。三年十月十六日，臺司奏，緣兵馬未散，百司支計不給，每畝更加五文。」〔註52〕。

第五例，如纂錄漢武帝征伐四夷，國用空竭後，「置均輸以通貨物」，「抑天下之物」，名曰「平準」等〔註53〕。

〔註44〕見註42，頁221～224。

〔註45〕有關此部分，可參全漢昇，〈唐宋帝國與國運〉（《中央研究院歷史語言研究所專刊》，民國45年10月，現收入氏著《中國經濟史研究》上冊，新亞研究所出版，民國65年3月出版）。

〔註46〕《通典》卷10「食貨」10「鹽鐵」條，頁228。有關《鹽鐵論》的問題，可參徐復觀，〈鹽鐵論中的政治社會文化問題〉一文（現收入氏著《兩漢思想史》卷3，臺灣學生書局，民國68年9月初版，民國78年2月第3次印刷）。

〔註47〕見上註，頁232。

〔註48〕《通典》卷11「食貨」11「鬻爵」條，頁241。

〔註49〕見上註，頁244。

〔註50〕《通典》卷11「食貨」11「榷酤」條，頁246。

〔註51〕同上註。

〔註52〕《通典》卷11「食貨」11「雜稅」條，頁250～251。

〔註53〕《通典》卷11「食貨」11「平準」條，頁252。

第六例，「食貨」最後一卷，基本而言，是對管子「輕重篇」的要點再整理和解釋〔註54〕。其目的大體來說，是「制國用，抑兼并」等六個字〔註55〕。

總上而言，由杜佑編纂此「食貨」的內容，我們可見其爲當時大唐帝國國勢日下的情況，相當憂心和關懷，進而有更積極之心，去面對現實環境的困難，以史爲鑑，提供解決的意見和看法，此誠爲史學所以經世致用的佳例，值得後人學習的地方。

二、重視官僚體系，故以選才設官爲綱

毛漢光先生曾指出：

> 自周朝封建體系解體，秦朝統一宇内以來，在中國境内的歷朝皆面臨兩大難題：其一、如何建立一個有效能的官僚體系，以統治龐大帝國；其二、如何在地廣人眾的疆域内覓尋其社會基礎，以建立一個穩定的政權〔註56〕。

在此，本文所欲處理的問題，正是與其第一個「難題」相關。關於此，杜佑曾在「食貨」序中有簡要的說明：

> 夫行教化在乎設職官，設職官在乎審官才，審官才在乎精選舉，制禮以端其俗，立樂以和其心，此先哲王致治之大方也〔註57〕。

由上可知，在杜佑的想法裏，設職官的重要任務是爲了推行教化，則我們可視設職官爲實踐官僚政治的工具，審官才則是爲官僚政治做準備工作，那麼，審官才的重要工作，則在做好精選舉，以選拔精英份子（或官僚行政人員）並做好官僚政治所賦于的工作，前此之說，綜合來看，可視爲官僚政治致治上的實務性工作；而後者的禮樂教化功能，則不仿看做是官僚政治致治上長久性的根本性工作。在此，將先處理前者問題，而於此杜佑關心的重點有二：一是人才思想方面；二是吏治思想方

〔註54〕參内藤虎次郎，〈通典の著者杜佑〉（現收入氏著《内藤湖南全集》第6卷，筑摩書房，昭和47年11月30日發行），頁150，又杜佑曾作《管子指略》2卷，從《通典》的反覆引用《管子》之語來看，可見管子的理財思想在一定程度上影響了杜佑。

〔註55〕同註31。

〔註56〕毛漢光，《中國中古社會史論》（聯經，民國77年2月初版），頁235。又金耀基先生說：「古典中國的政治型態，照韋伯來說是屬於一種『家產官僚主義』（patrimonialism）」，又說：「中國二千年來的政治，實是由以皇帝爲中心的官僚系統所獨佔」（《從傳統到現代》，時報出版公司印行，頁68），由上可知，如何有效的使官僚體系合理的運作，應是古今中外所共同面臨的一大難題和考驗。

〔註57〕杜佑認爲：「行教化在乎設職官；審官才在乎精選舉」，而不是以制禮作樂爲先，這和杜佑具有實際政治豐富體驗是有很大關係的。

面。現茲依序分述如下。

（一）、人才思想方面

　　杜佑認為：「人生有欲，無君乃亂。君不獨理，故建庶官」〔註58〕，此是其「行教化在乎設職官」的立論依據，又此與其一再強調的「爲國之本，資乎人眊；人之利害，繫乎官政」是相輔相成的。但「設職官在乎審官才，審官才在乎精選舉」，於此可見，「精選舉」是杜佑欲達成「致治」「大政」目標的起點，故本文亦以此爲展開基點。

　　杜佑《通典》是典章制度體通史，於此我們可先看看杜佑關於往昔「選舉」的說明。是否可以「度古」以「行今」。杜佑認為：伏羲神農時代，還是「推擇之典，無所聞焉」。唐虞之際就有了「咨于四獄」、「詢事考言」、「三載考績」、「三考黜陟」、「選賢任能」的考選制度。夏商周三代更因選舉而重視學校教育，所謂「立庠塾於鄉閭，建黌學於都邑」是也，必「務勤其教」，以爲「擇於鄉序」做準備工作，最後，才能達到「行備業全，事理績茂」的目標。至兩漢、隋唐，則法制更爲詳備。現在，就來看杜佑的「精選舉」以「審官才」的具體主張。他說：

　　　夫上材蓋寡，中材則多，有可移之性，敦其教方善。若不敦其教，欲求多賢，亦不可及已。非今人多不肖，古人多材能，在施政立本，使之然也。而況以言取士，既已失之，考言唯華，失之愈遠。若變茲道，材何遠乎？〔註59〕

此段話的重點，歸結而言有二：一是主張敦教育材，選取賢能；二是反對「以言取士」。關於前者，杜佑可說深具洞察力，因他看到秦漢以降，選賢任能的方式有異往昔，隨之流弊亦起，此即「其行教也不深，其取材也務速」，如此「欲人浸漬於五常之道，皆登仁壽之域，何可及已」，這是與劉秩所講的「勞不甚者理不極，功不積者澤不深」〔註60〕，是同一道理的。但無論如何杜佑能從「百年樹人」的基礎性工作爲著眼點，且視此爲「施政立本」的大問題，誠爲難得。至於後者，杜佑認為「文詞取士，是審才之末者；書判，又文詞之末也」。如他在評論魏晉南北朝選士時說：

　　　魏晉設九品，置中正，蓋論閥閱，罕考行能，選曹之任，益爲崇重。州郡之刺史、太守，內官之卿、尹、大夫，咸吏部所署，而辟召及鄉里之

〔註58〕《通典》卷18「選舉」6「評曰」，頁454。又以下討論多以卷13「選舉」序，頁308及卷18「選舉」6「評曰」，頁454～456爲主，故如非大段引文，皆不再一一註明。
〔註59〕《通典》卷13「選舉」序，頁308。
〔註60〕《通典》卷15「選舉」3「考績」條，頁372。

舉，舊式不替。永嘉之後，天下幅裂，三百餘祀，方遂混同，中閒各承正
號，凡有九姓，大抵不變魏晉之法，皆亂多理少，諒無足可稱〔註61〕。

顯然，他對「罕考行能」的維護門閥世族利益的選舉制度，也是抱持著批判的態度。
但他認爲隋文帝「罷州郡之辟，廢鄉里之舉」的做法，是啓後代「有司尊賢之道，
先於文華；辨論之方，擇於書判」的主因，其流弊所及，眞難一言道盡。對於此杜
佑是感慨良多，他說：

> 直以選賢授任，多在藝文，才與職乖，法因事弊。隳循名責實之義，
> 闕考言詢事之道。崇秩之所至，美價之所歸，不無輕薄之曹，浮華之伍。
> 習程典，親簿領，謂之淺俗；務根本，去枝棄，目以迂闊。風流相尚，奔
> 競相驅，職事委於群胥，貨賄行於公府，而至此也〔註62〕。

由上可知，杜佑不僅反對「以言取士」的科舉考試，尚且直言不諱的道出官僚腐敗
貪婪的黑暗面，其勇氣是值得贊賞的。

第三項，具體的主張是：採用多種辦法和途徑選拔人才，鼓勵人才發揮作用。
杜佑認爲，在人才問題上：

> 誠宜斟酌理亂，詳覽古今，推仗至公，矯正前失，或許辟召，或令薦
> 延，舉有否臧，論其誅賞，課績以考之，升黜以勵之，拯斯刊弊，其效甚
> 速，實爲大政，可不務乎？〔註63〕

在此，他提出了一套綜合的人才管理方法，包括古今的經驗教訓，當事人的公正態
度，考核制度和升黜制度。杜佑把這些工作視爲「大政」，足見他對人才問題的重視。
正因爲如此，他極不贊成「行教不深」而「取材務速」的急躁作法和「以俄頃之周
旋定才行之優劣」的輕率態度〔註64〕。

（二）、吏治思想方面

杜佑在「選舉」六，「評曰」中說：

> 凡爲國之本，資乎人氓；人之利害，繫乎官政。欲求其理，在久
> 其任；欲久其任，在少等級；欲少等級，在精選擇；欲精選擇，在減名
> 目。俾士寡而農工商眾，始可以省吏員，始可以安黎庶矣。誠宜斟酌理
> 亂，詳覽古今，推仗至公，矯正前失，或許辟召，或令薦延，舉有否臧，

〔註61〕見註58。
〔註62〕見註29，頁157。
〔註63〕見註58，頁456。
〔註64〕參註28，頁123。

論其誅賞，課績以考之，升黜以勵之，拯斯刮弊，其效甚速，實爲大政，可不務乎？〔註65〕

這段話，有人認爲：

中心思想是要求做到「生之者眾，食之者寡」，減少冗官，安定民生。由此而提出一系列主張：久任官員，以求熟民情，見成績；精減官職，簡化選法，以求精選擇；再加上要從實際政治經驗來挑選人才，不專以文章、書判取人，責成各級主管官員推薦或者任命官吏，並根據所選用者的優劣予以獎懲，以免不察實情、濫行任命之弊〔註66〕。

以上所言，可說已大體綜括杜佑對整個官僚體系的見解和主張。其間觀點環環相扣、層層呼應，使其構成一體系完整的理論，實爲不易。歸納而言，杜佑的吏治思想有兩點是十分突出的，一是省吏員；二是用有才。現就進一步的來看看其具體說法如何？

杜佑認爲往昔所論的「官繁人困，要省吏員」、「等級太多，患在速進」、「守宰之職，所擇殊輕」、「以言取人，不如求行」等看法，「是皆能知其失，而莫究所失之由」，其理由據他的看法是：

按秦法，唯農與戰始得入官。漢有孝悌、力田、賢良、方正之科，乃時令徵辟；而常歲郡國率二十萬口貢止一人，日計當時推薦，天下纔過百數，則考精擇審，必獲器能。自茲厥後，轉益煩廣。我開元、天寶之中，一歲貢舉，凡有數千；而門資、武功、藝術、胥吏，眾名雜目，百戶千途，入爲仕者，又不可勝紀，比於漢代，且增數十百倍。安得不重設吏職，多置等級，遞立選限以抑之乎？〔註67〕

由上可知，他對兩漢鄉舉里選的「考精擇審，必獲器能」是相當贊同的，故推崇「二漢號爲多士」，不是沒有其原因的。至開元、天寶之中，「吏員雖眾，經用雖繁，人力有餘，帑藏豐溢，縱或枉費，不足爲憂」，但「比於漢代，且增數十百倍」，且今日情勢，又大迥異往昔，故他相當沉痛的指出：

今兵革未寧，黎庶凋瘵。數年前，天下簿帳到省百三十餘萬戶。自聖上御極，分命使臣，按比收斂，土戶與客戶共計得三百餘萬。比天寶纔三分之一，就中浮寄仍五分有二。出租賦者減耗若此，食租賦者豈可仍舊。如一州無三數千戶，置五六十官員，十羊九牧，疲吏煩眾。顧茲大弊，實

〔註65〕見註58，頁456。
〔註66〕陶懋炳，〈杜佑和《通典》〉（《史學史資料》第3期，1980年），頁15。
〔註67〕見註58，頁455。

思革之〔註68〕。

此「十羊九牧，疲吏煩眾」的「大弊」，又因人情因習，而積非日久，故杜佑再度發揮其依客觀形勢的「困境」，而提出權宜之法：

> 今若以人情因習既久，不能改更制度，併省內官，但且權停省外官別
> 駕、司馬及三軍。州縣額內官，約人戶減縣尉。其被罷者，但有德行才器，
> 委州府長史搜論薦，固亦不遺器能。如或渝濫，先坐舉主，誰敢罔冒，以
> 陷刑章。其有不被舉論，但全舊名，任參常調，自當修進，更俟甄收，暫
> 罷歲時，何負此輩。隨時立制，遇弊變通，不必因循，重難改作。待戎車
> 息駕，百姓稍康，欲增庶官，則復舊制〔註69〕。

此是杜佑「主變通」以「隨時立制」的應變措施，誠為難得。行文至此，似有必要對「省吏員」的相關性問題：「官僚機構及人員的膨脹問題」做一補充說明。據今人研究指出：

> 官僚膨脹的主要原因是封建官僚機構自身的腐化。腐化造成行政效率
> 越來越低。行政效率越低，又要達到強控制的目的，就不得不增加機構和
> 人員，從而造成惡性循環〔註70〕。

以上對「省吏員」的相關問題，已有一番認識後，相信對於杜佑提倡「用有才」的主張，就能有較深入的體認。因為此是一體兩面的問題，就「省吏員」而言，此可避免官僚制度產生疊床架屋之弊，而發生冗官冗員，浪費公帑的現象；就「用有才」來說，一方面可提高官僚行政的運作效率，另一方面，似可做為「省吏員」後的相應措施或補救措施。在知道以上兩者的關係後，現在就來看杜佑是如何說的。

杜佑在引用睿宗時韓琬的奏疏說：「量事置官，量官置人，使官稱其人，須人不虛位」〔註71〕，此話有兩層意義：一是省吏員；二是用有才，正與前說相符。

〔註68〕《通典》卷40「職官」22，頁1108。

〔註69〕見上註，頁1109。

〔註70〕金觀濤、劉青峯，《興盛與危機—論中國封建社會的超穩定結構》（風雲時代出版公司，民國78年11月初版），頁75。又作者說：「歷代官僚數量雖有不同，但有一個趨勢是顯而易見的：任何王朝末期，官僚數量都比王朝初期的大得多，常常膨脹了數倍至十數倍。例如公元627年，精明的唐太宗省并官職，偌大一個大唐帝國的京都—百餘萬人口的長安，只留了643至730名京官，外官數量也相應較少。三十年後，高宗顯慶年間內外官員膨脹到一萬三千四百六十五名。到元和年間（806～820），文武官吏及諸色胥吏已達三十六萬八千六百六十八人。如以當時全國納稅戶一百四十四萬計算，平均每七戶就要供奉兩個官員。」（頁71）以上所說，可做一資料性的補充說明。

〔註71〕註見68，頁1106～1107。

又引他自己在德宗建中年間的「上議」說：「詳設官之本，爲理眾庶，所以古昔計人置吏」，而「約人定員，吏無虛設」才是合乎實際需求的，且更重要的是，杜佑提出：「有才者即令薦用，不才者何患奔亡」〔註72〕看法，此是杜佑在「省吏員」的要求下，應有的認知措施和必然結果。綜上而言，杜佑這些重要見解，實起於其對當代流弊的反思與批判，此又爲其經世致用的思想做一明證，且以上諸說，皆是使官僚體系有效且合理的運作所不可或缺的重要因素之一，亦是其致治大方不可缺少的一環。

三、致治人文化成，故以禮樂教化爲本

牟宗三先生在考察中國文化問題時，曾提出必從兩方面著眼：

> 一是從政治、經濟的現實面看；一是從基本方向的理想面看。後者，即近代所謂「終極關心」的問題；對應於此，前者，我們也可姑稱之爲「現實關心」的問題，或現實性的問題〔註73〕。

本文，在此所欲討論的重點，如以「終極關心」的問題角度來看，是較容易使人了解杜佑的用心所在。杜佑不但強調：「制禮以端其俗，立樂以和其心」，且認爲「此先哲王致治之大方也」，故認爲：「職官設然後興禮樂焉，教化隳然後用刑罰焉」。關於前者，在前稍有提及，此即做爲官僚體系（或說官僚政治）的主體－職官－是負有推行教化的任務和功能，故曰：職官設然後興禮樂焉。至於後者，則可視爲「禮樂教化爲本」的輔助工具，故曰：教化隳然後用刑罰焉。所以，在此單元，首欲處理的問題是「禮樂教化爲本」，其次，則是「刑罰爲用以輔教化」的問題。

《通典》全書二百卷，其中「禮」門就佔了一半，如再加上「樂」門七卷，此在《通典》全書結構上，就不能不讓人注目了，故有必要對此問題稍做說明。

費孝通曾稱傳統中國社會爲「禮治社會」〔註74〕，錢穆先生亦謂：

> 中國政治是一個禮治主義的。倘使我們說西方政治是法治主義，最高是法律，那麼中國政治最高是「禮」，中國傳統政治理想是禮治〔註75〕。

〔註72〕以上所引見註68，頁1107～1108。

〔註73〕牟宗三講演錄，《中國文化的省察》（聯合報出版：聯經總經銷，民國72年11月初版，民國77年9月第5次印行），頁71。

〔註74〕參費孝通，《鄉土中國》（上海觀察社，民國37年4月初版，6月再版，7月3版），頁53。

〔註75〕錢穆，《中國史學名著》（2）（三民書局印行，民國62年2月初版，民國75年3月5版），頁187。

又指出：門第和禮的關係密不可分〔註76〕。以上所引，皆可視為「禮」門佔有一定比例的歷史以及社會背景的部分原因或遠因。此外，陳寅恪先生曾說：

　　　　士族之特點既在其門風之優美，不同於凡庶，而優美之門風實基於學業之因襲。故士族家世相傳之學業乃與當時之政治社會有極重要之影響〔註77〕。

又說：

　　　　佑之父希望實以邊將進用，雖亦號為舊家，并非士大夫之勝流門族〔註78〕。

行文至此，筆者有一疑問，此即：杜佑是否因「非士大夫之勝流門族」，而特加強其「禮」門部份？若此說能成立，則可將之視為杜佑個人因素或近因。又杜佑纂修《通典》時，任職「尚書主客郎」（見李翰「通典序」），按此職「掌二王後及諸蕃朝聘之事」，屬禮部。（見《大唐六典》卷四）故筆者於此又甚懷疑，《通典》「禮」門，是否因杜佑職務上的接觸需要和方便，而大量採錄，以致造成「禮」門份量過多的現象。若此說能成立，則可將視之為客觀因素使然〔註79〕。另外，杜佑將《開元禮》一百五十卷，類例成「開元禮纂類」三十五卷，此亦佔「禮」門一百卷的相當比重，故在一定程度上，《開元禮》對杜佑編纂「禮」門是有助益的。

　　進入主題之前，筆者想提供一些相關禮樂的前景資料，以加強理解此部分。關

〔註76〕錢穆說：「那些大門第怎樣維持？這就靠著一種禮，更重要的是喪禮，尤其是服制」（見上註，頁188）。另氏著，〈略論魏晉南北朝學術文化與當時門第之關係〉亦說：「惟有禮法乃有門第，若禮法破敗，則門第亦終難保」（《新亞學報》第5卷第2期，1963年，頁56）。

〔註77〕陳寅恪，《唐代政治史述論稿》中篇〈政治革命及黨派分野〉（現收入《陳寅恪先生文集》(3)，里仁書局，民國71年9月15日，頁72）。

〔註78〕見上註，頁92。

〔註79〕此外，另有二說，一是施丁說：「杜佑出身名門，居高官，享厚祿，手下會有幕僚賓客為其做搜集與輯錄材料等工作的，當時禮儀方面的材料較多，易于收集，故使得「禮典」的份量獨大。」（見施丁，〈說"通"〉，《史學史研究》第2期，1989年，頁6）。關於此說，筆者在此說明兩點：一是前說，杜佑《通典》的編纂是在韋元甫幕下當檢校官時完成初稿的，「居高官，享厚祿」似應為後來之事。二是後說，若說當時相關資料容易收集，或者說有人代為收集，皆有可能，但可惜未能點出杜佑當時任職禮部，是其美中不足之處。二是陶懋炳說：「正史中《志》首列禮樂，成為慣例，杜佑位居宰輔，豈能稍輕禮樂？」（見註67，頁12）關於此說，筆者亦有兩點說明：一是慣例之說，並未能明確說明杜佑對正史中《志》的其它部分的取捨標準所在。二是就時間上而言，亦有顛倒先後之序，因「杜佑位居宰輔」，是在獻《通典》之後，且輕不輕禮樂，是否與「位居輔」有關？都是值得存疑的。故筆者認為欲探討杜佑「禮」門佔到全書之半的問題，至少應從杜佑個人心理補償因素和當時任職客觀因素等兩方面著手，庶幾得其真貌。

於此，徐復觀先生，曾綜合論說禮樂的作用表現有三方面，他說：

> 一是表現在政治方面，此即孔子所說的「禮治」。……禮樂在社會方面的意義，是要建立一個「群居而不亂」（荀子禮論），「體情而防亂」（春秋繁露天道施），既有秩序，又有自由的合理的社會風俗習慣。……禮樂在社會生活中的具體意義，或者可以荀子樂論中「樂合同，禮別異」的兩句話，加以概括。……禮樂的第三意義，是個人的修養。……孔子對禮樂在個人修養上的意義，以論語「興於詩，立於禮，成於樂」三句話說得最完整〔註80〕。

又說：「中國之所謂人文，乃指禮樂之教，禮樂之治而言」〔註81〕。要之，「禮樂」在整個中國歷史上，其所扮演的角色和功能實不容忽視。接下來，就來探討杜佑於此部分的具體說明。

杜佑在「禮」序，引孔夫子的話說：

> 孔子曰：「夫禮，先王以承天之道，以理人之情，失之者死，得之者生。故聖人以禮示之，天下國家可得而正也。」〔註82〕。

所謂「以承天之道，以理人之情」，此「理道」關乎「生死」問題，不得不讓人注目。而杜佑自注云：「人知禮則教易」。並認為：「其實天地唯吉禮也，其餘四禮並人事兼之」，可見杜佑還是相當注重「人事」，故他引「禮序」云：「禮也者，體也，履也。統之於心曰體，踐而行之曰履」，以上主張和說明都是杜佑在「參考今古，更其節文」，「因行事隨時筆削」，「以為時用」、「以通時用」。就以《大唐開元禮》為例，其前身是貞觀、顯慶二禮，此在「援古附今，臨時專定」的「不甚詳明」情況下，又歷經「討論古今，刪改行用」的研撰，方才有「百代之損益，三變而著明，酌乎文質，懸諸日月，可謂盛矣」的《大唐開元禮》誕生〔註83〕。最後，杜佑揭櫫其編纂《通典》的方法和目的。他說：

> 《通典》之所纂集，或泛存沿革，或博采異同，將以振端末、備顧問者也，烏禮意之能建乎！但前古以來，凡執禮者，必以吉凶軍賓嘉為次：今則以嘉賓次吉，軍凶後賓，庶乎義類相從，始終無黷云爾〔註84〕。

〔註80〕徐復觀，〈談禮樂〉（現收入氏著《中國思想史論集》，學生書局，民國77年2月8版（臺6版），頁239～240）。
〔註81〕徐復觀，〈原人文〉，見上註，頁236。
〔註82〕《通典》卷41「禮」序，頁1119。
〔註83〕見上註1119～1122。
〔註84〕見註82，頁1122。

其中「泛存沿革」是爲了建構「禮」門這一部分的制度沿革，而「沿革篇」即可視
爲此部分的纂集，「博采異同」則是爲了「泛存沿革」，此兩者之目標都爲了「振端
末，備顧問」，而最後以達到「禮意」的重建爲終極目的。此外，杜佑又將「五禮」
的次序調整爲：吉、嘉、賓、軍、凶，而與《大唐開元禮》的編排次序一樣〔註85〕，
以要求達到「義類相從，始終無黷」的原則。

　　而「禮」門亦與其它各門一樣，皆存有經世致用的思想和目的，此可從其兩大
原則看出：一是便俗適時；二是從宜之旨〔註86〕。如他說：

　　　　如三代制，天子諸侯至庶人，祭則立尸，秦漢則廢。又天下列國，唯
　　事征伐，志存於射，建侯擇士，皆主於斯。秦漢以降，改制郡縣，戰爭既
　　息，射藝自輕，唯祀與戎，國之大事，今並豈要復舊制乎！其朝宗覲遇，
　　行朝享禮畢，諸侯皆右肉袒於廟門之東，乃入門右，北面立、告聽事，今
　　豈須行此禮乎！賓禮甚重，兩楹間有反爵之坫，築土爲之，今會客豈須置
　　坫乎！又並安能復古道邪？略舉數事，其餘可知也〔註87〕。

由上舉之例可知，杜佑每以「今」的觀點爲考量重心，此皆應呼前講的兩大要求。
如我們說：「禮」門是較具「經世」性的部分，則於此我們又可看到其「致用」性
的一面。

　　現在，我們再來看「樂」門部分，他說：

　　　　舞也者，詠歌不足，故手舞之，足蹈之，動其容，象其事，而謂之爲
　　樂。樂也者，聖人之所樂，可以善人心焉。所以古者天子、諸侯、卿大夫
　　無故不徹樂，士無故不去琴瑟，以平其心，以暢其志，則和氣不散，邪氣
　　不干。此古先哲后立樂之方也〔註88〕。

但「秦漢以還，古樂淪缺」，「知音復寡，罕能制作」〔註89〕，故杜佑遂有「考定音
律，請編諸史冊，萬代施行」〔註90〕的意圖，此實音樂的功能有「著教感人」的作
用，故他說：

　　　　古者因樂以著教，其感人深，乃移風俗。將欲閑其邪，正其頹，唯樂

〔註85〕《通典》「禮」門，共100卷，其中「歷代沿革禮」有65卷，「開元禮纂類」有35
　　　　卷。《大唐開元禮》，本150卷，經杜佑「刪改」而爲35卷，其目的是「翼尋閱易周」。
　　　　（見《通典》卷106「禮」66，頁2761）。
〔註86〕《通典》卷74「禮」34，頁2015。
〔註87〕《通典》卷58「禮」18「公侯大夫士婚禮」，頁1653。
〔註88〕《通典》卷141「樂」序，頁3587。
〔註89〕同上註。
〔註90〕《全唐文》卷477，杜佑「改定樂章論」。

而已矣〔註91〕。

此由他引《樂記》的話，或可為以上說法做一解釋與證明：

> 《樂記》曰：「宮為君，商為臣，角為人，徵為事，羽為物，……宮
> 亂則荒，其君驕；商亂則陂，其官壞；角亂則憂，其人怨；徵亂則衰，其
> 事勤；羽亂則危，其財匱。五者皆亂，迭相陵，謂之慢，如此則國之滅亡
> 無日矣。……是故志微、噍殺之音作，而民思憂；嘽諧、慢易、繁文、簡
> 節之音作，而民康樂；粗厲、猛起、奮末、廣賁之音作，而民剛毅；廉直、
> 勁正、莊誠之音作，而民肅敬；寬裕、肉好、順成、和動之音作，而民慈
> 愛；流辟、邪散、狄成、滌濫之音作，而民淫亂。」〔註92〕。

其次，再看第二部分「刑罰為用以輔教化」的問題。所謂「禮者禁於將然之前，
而法者禁於已然之後」〔註93〕，一為事前的預防，一為事後的補救。前者可說是以
禮治為體，後者則可視為以法治為用。關於禮治和法治兩者之關係是相當密切，此
據瞿同祖先生的看法是：

> 其實，禮與法都是行為規範，同為社會約束，……我們如從制裁的性
> 質及方式來看，或可得一重要的分別。禮是藉教化及社會制裁的力量來維
> 持的，……可以說是一種消極的制裁。法律則藉法律制裁來執行，可以說
> 是一種積極的或有組織的制裁〔註94〕。

此話誠然。現在，就來看杜佑對於「法治」意見的具體主張，他說：

> 歷觀前躅，善用則治，不善用則亂。在乎無私絕濫，不在乎寬之與峻。
> 又病斟酌以意，變更屢作〔註95〕。

由上可知，此段的重點有三：一、用法善不善與國家治亂興衰是息息相關的；二、
用法的最高原則在「無私絕濫」的公正立場和處理態度，而用法的「寬之與峻」倒
是次要的考慮問題了；三、刑法一經定制，不可隨意更改，以免擾民。以上三點，
可說是杜佑對刑法最重要的主張和看法。此外，他在論述歷代刑法時，杜佑主張：
應輕刑而反苛暴，他說：

> 原夫先王之制刑也，本於愛人求理，非徒害人作威。……令王則輕，
> 虐后遂重。於善也，則云「罰不及嗣」；其不善也，乃云「罪人以族」。斯

〔註91〕見註88，頁3588。
〔註92〕《通典》卷143「樂」3「五聲八音名義」條，頁3636～3637。
〔註93〕《大戴禮記》卷2，「禮察」。
〔註94〕瞿同祖，《中國法律與中國社會》（里仁書局，民國73年9月25日），頁422。
〔註95〕《通典》卷163「刑法」序，頁4189～4190。

　　　　則前賢臧否之辨歟？秦法苛峻，天下潰叛。漢祖蠲除，約定三章，大辟之
　　　　罪猶誅三族。孝文雖罷肉刑，新坦亦罹斯酷。其後顏異陷反唇棄市，楊惲
　　　　坐諷議腰斬。洎乎曹、馬經綸之際，忤者三族皆夷。後魏有門房之誅〔註96〕。
故杜佑總結性的認為：「歷代蓋治時少，罕遇輕刑；亂時久，多遭刑重。」〔註97〕。
　　　　又杜佑認為：唐初的「輕簡刑章」是「徵之前代，未有其比」，甚至以此為是
安史亂後，國家仍能在內憂外患下維繫人心的緣故〔註98〕，而對於「代治則刑重，
代亂則刑輕。欲求于治，必用重典」的話，他並不贊同而斥為是「一端之見，諒非
適時通論」〔註99〕，其理由是：

　　　　夫「刑者，成也。一成而不可變，故君子盡心焉。」……佑以為
　　　　條章嚴繁，雖決斷必中，似不及條章輕簡，而決斷時漏。故老氏云：「其
　　　　政悶悶，其人淳淳；其政察察，其人缺缺。」又語曰：「寧失不經。」
　　　　仁惻之旨也〔註100〕。

於此可知，杜佑力主用刑慎重，務以活人為念。如他在出仕潤州司法參軍時，不但
能對盈庭鬥辨積歲疑留之懸案，「片言以聽斷」，而對許多含冤自誣具獄論殺者更能
「覆視而全活」，故而「江介吏師以為神明」〔註101〕。及至後來，他先後出仕嶺南、
淮泗等地節度使時，亦皆能惜民愛物，處處受到百姓的愛載，既而為當時人所譽，
如鄭餘慶稱他「重人惜費，惠恕周布」〔註102〕，權德輿讚他「在臨川有愷悌之化，
涖南海有威懷之略」〔註103〕，亦為後人所美，如《舊唐書》稱其「為政惠人，
審群黎利病之要」〔註104〕，《新唐書》稱其「為人平易遜順，與物不違忤，人皆
愛重之」〔註105〕，而清代學者朱止泉亦讚佑不以刑法陷民而能以禮教變風俗，
真乃中肯之言〔註106〕。

〔註96〕《通典》卷165「刑法」3「刑制下」條，頁4262。杜佑主張輕刑而反苛暴，是和唐
　　　　律的崇禮教精神相呼應的，此可參林茂松，〈唐律之法律哲學—崇禮教〉(《中國一周》
　　　　第674期，民國52年3月25日出版，頁12)。
〔註97〕見上註，頁4262～4263。
〔註98〕見註96，頁4263。
〔註99〕同上註。
〔註100〕同上註。
〔註101〕《全唐文》卷496，「杜公淮南遺愛碑銘并序」。
〔註102〕《全唐文》卷478，鄭餘慶「祭杜太保文」。
〔註103〕《全唐文》卷505，權德輿「杜公墓誌銘并序」。
〔註104〕《舊唐書》卷147列傳第97「杜佑傳」，頁3981。
〔註105〕《新唐書》卷166列傳第91「杜佑傳」，頁5090。
〔註106〕以上參葉鴻灑，〈杜佑《通典》中民本思想的分析〉(《中國歷史學會史學集刊》第
　　　　12期，1980年5月)，頁16。

綜上而言，在「出乎禮」就「入乎刑」的情況下，就統治者的觀點來看，是會先主張和倡導「禮樂教化爲本」的，欲以此收到人文化成的效果，企求國家永久穩定的局面，但只要在「德治」無法發揮其功能時，也就是說，只有在「教化隳」後，才會考慮「用刑罰」的強硬手段來補救之，但此兩者永遠是會有「呈現辯證式交錯紛紜的現象」〔註107〕，而禮法以軟硬兼施，實具一體兩面性，又同爲維護國家安定所不可或缺的要素，則是毫無疑問的。最後，再補充一點，即不論此部分所收到的實效性如何，但有一點是可以肯定的，就是《舊唐書》稱其：「禮樂刑政之源，千載如指諸掌，大爲士君子所稱」〔註108〕。

四、安民保國爲要，故以國防地理爲輔

杜佑在「兵」序，首言：

> 三皇無爲，天下以治。五帝行教，兵由是興，所謂「大刑用甲兵，而陳諸原野」，於是有補遂之戰，阪泉之師。若制得其宜則治安，失其宜則亂危〔註109〕。

杜佑由此點出「兵」的重要性：因「戎事，有國之大者」，其間制度是否得宜，是與國家治亂安危息息相關的。而所謂「大刑用甲兵，而陳諸原野」，又和杜佑在「食貨」序，所說：「教化隳然後用刑罰焉，列州郡俾分領焉，置邊防遏戎敵焉」，是有著密切關係的。因目的同爲行教化，故有「大刑用甲兵」之舉，其中州郡的「畫野分疆」以「俾分領焉」，旨在明乎「以一人治天下」的行政區劃，又此兼具戰略區域統合的功能；邊防的「防遏戎敵」係「治國之要道」，旨在熟悉四方鄰國，以爲「前事之元龜，足爲殷鑒者矣」。綜上而言，杜佑是具有一整體的「國防地理」概念。現首就「兵」的部分做一探討。

「兵」門在《通典》的編纂體例上，是一破例，於此暫不討論。但如從當時的安史亂後，藩鎮割據，且甲兵未息的現實面來看，則似更能突出其「經世致用」的思想。關於杜佑此部分的軍事思想，茲分戰略思想和戰術思想兩方面來看。在戰略思想方面，杜佑力主：「強幹弱枝」，此是著眼於強化中央，安定全國，並認

〔註107〕參盧建榮，〈使民無訟・朴作教刑——帝制中國的德治與法治思想〉（收入《中國文化新論》（思想篇1），聯經，民國71年10月初版，民國76年2月第5次印行），頁195。

〔註108〕見註104，頁3983。

〔註109〕《通典》卷148「兵」序，頁3779。又以下討論多以卷148「兵」序；卷171「州郡」序以及卷185「邊防」序爲主，故如非大段引文，皆不再一一註明。

此爲「實安邊之良算，爲國家之永圖」。他認爲：

> 緬尋制度可采，唯有漢氏足徵：重兵悉在京師，四邊但設亭障；又移天下豪族，輳居三輔陵邑，以爲強幹弱枝之勢也。或有四夷侵軼，則從中命將，發五營騎士，六郡良家。貳師、樓船，伏波、下瀨，咸因事立稱，畢事則省。雖衛、霍之勳高績重，身奉朝請，兵皆散歸。斯誠得其宜也〔註110〕。

又說：

> 國朝李靖平突厥，李勣敬滅高麗，侯君集覆高昌，蘇定方夷百濟，李敬玄、王孝傑、婁師德、劉審禮皆是卿相，率兵禦戎，戎平師還，並無久鎮。其在邊境，唯明烽燧，審斥候，立障塞，備不虞而已。實安邊之良算，爲國家之永圖〔註111〕。

而對於前代本末倒置的做法和現象，亦指出「誠失其宜」之例，他說：

> 其後若王綱解紐，主權外分，藩翰既崇，眾力自盛，問鼎輕重，無代無之，如東漢之董卓、袁紹，晉之王敦、桓玄，宋謝晦、劉義宣，齊陳達、王敬則，梁侯景，陳華皎，後魏爾朱榮、高歡之類是矣。斯誠失其宜也〔註112〕。

至於何以出現此種情勢之因，杜佑則以唐代的「現例」－安史之亂，做了分析，他說：

> 玄宗御極，承平歲久，天下乂安，財殷力盛。開元二十年以後，邀功之將，務恢封略，以甘上心，將欲蕩滅奚，契丹，翦除蠻、吐蕃，喪師者失萬而言一，勝敵者獲一而言萬，寵錫云極，驕矜遂增〔註113〕。

其後安史之亂的發生，即是「邊陲勢強」、「朝庭勢弱」的緣故，再加上「姦人乘便，樂禍覬欲，脅之以害，誘之以利」，而爆發一場改變歷史的戰亂。但杜佑認爲：「祿

〔註110〕見上註。又杜佑此「強幹弱枝」的主張，到宋代成爲其立國的國策，誠值得吾人注意，唯其相關研究的溯源問題大多止於唐末五代，故似可再對杜佑的主張，來重新評估和檢討此一問題。有關此方面的文章，可參（1）蔣復璁，〈宋代一個國策的檢討〉（《大陸雜誌》第9卷第7期，民國43年10月15日出版）。（2）趙鐵寒，〈關於宋代「強幹弱枝」國策的管見〉（《大陸雜誌》第9卷第8期，民國43年10月31日出版）。此外，雷海宗先生，曾稱中國自東漢以下爲「無兵的文化」，似亦可爲杜佑美漢制度做一旁證（見氏著，《中國文化與中國的兵》，里仁書局，民國73年3月1日，頁108）。

〔註111〕見註109，頁3780。

〔註112〕見註109，頁3779～3780。

〔註113〕見註109，頁3780。

山稱兵內侮，未必素蓄凶謀，是故地逼則勢疑，力侔則亂起，事理不得不然也」，此實是「形勢驅之」，可見杜佑是以客觀的歷史發展「形勢」之變動因素，來看待此事件，誠爲難得。

但爲了「實安邊之良算，爲國家之永圖」，杜佑認爲可采取兩項原則，以使兵權不外移，此即慎選將帥和不事遠略。關於前者，他說：

> 兵法曰：「將者，人之司命，國家安危之主。」固當先之以中和，後之以材器。或未馴其性，苟求其用，授以鈇刃，委之專宰，利權一去，物情隨之，噬臍之喻，不其然矣〔註114〕。

杜佑此段話，有人認爲是：對唐玄宗起用安祿山等番將的批評〔註115〕。但杜佑論將是以人性「中和」爲先，而以「材器」之用爲後，是亦有其現實環境的考量與限制。

至於後者，杜佑主張對待邊防應以防禦爲主。他對秦皇、漢武，頗有微詞，對隋煬帝，更加譴責。他說：

> 秦氏削平六國，南取百越，北卻匈奴，築塞河外，地廣而亡，逮戰國之酷暴也。漢武滅朝鮮、閩越，開西南夷，通西域，逐北狄，天下騷然，人不聊生，追悔前失，引咎自責，下詔哀痛，息戍輪臺，既危復安，幸能覺悟也。隋煬逐吐谷渾，開通西域，招來突厥，征伐高麗，身弒祀絕，近代殷鑒也。夫天生烝人，樹君司牧，是以一人治天下，非以天下奉一人，患在德不廣，不患地不廣。秦漢之後，以重斂爲國富，辛眾爲兵強，拓境爲業大，遠貢爲德盛，爭城殺人盈城，爭地殺人滿野，用生人膏血，易不殖土田。小則天下怨咨，群盜蜂起；大則殞命殲族，遺惡萬代，不亦謬哉？〔註116〕

戰術思想方面，杜佑認爲：「勝負頃刻之間」，必「隨地形而變陣」，「因我便而乘敵」，此亦即其一再強調的「凡兵以奇勝，皆因機而發」的道理，故其主張戰役須具備有「應變」的思想〔註117〕，而軍隊的訓練應講求實際操演。另外，對於主控疆場的靈

〔註114〕見註109，頁3780。
〔註115〕見註66，頁16。
〔註116〕《通典》卷171「州郡」序，頁4450。又《舊唐書》卷147列傳第97「杜佑傳」，對以上的主張，有一概括性的說明：「今戎醜方強，邊備未實，誠宜慎擇良將，誡之完葺，使保誠信，絕其求取，用示懷柔。來則懲禦，去則謹備，自然彼懷，革其姦謀，何必遠圖興師，坐致勞費。」（頁3980～3981）。
〔註117〕杜佑主「應變」思想，於《新唐書》卷166列傳第911「杜佑傳」則稱：「佑於出師應變非所長，因固境不敢進，乃詔授愔徐州節度使，析濠、泗二州隸淮南」（頁5088），

魂人物－將帥亦需善於「憮眾」，以發揮「用無弱卒，戰無堅敵」的效果。因此之故，杜佑以《孫子兵法》十三篇爲主，取「事類相類」者纂之，而爲《兵》門十五卷，下列子目一百三十餘條，大多是有關戰術方面的理論，其間並配合實際作戰經驗，以「知往昔行師制勝」之理，而見成敗之所在。所以，在一定程度上，杜佑此種編纂方式，可謂是成功的，因宋代蘇東坡就曾說過：「世之言兵者，咸取《通典》」〔註118〕的話，亦可做爲一佐證，又就整體而言，亦明顯的印證其「徵諸人事，將施有政」的宗旨。

其次，再來看「州郡」和「邊防」兩部分。兵於古代，不能「憑空而爲」，如現代的空戰，甚至星際戰，故必以「地理」爲最基本的歷史「戰場」舞臺，且不論是「政令推行，政情溝通，軍事進退，經濟開發，物質流通，與夫文化宗教之傳播，民族感情之融和，國際關係之親睦」〔註119〕，皆與地理關係密切。

而杜佑對於州郡的「畫野分疆」以「俾分領焉」，「是以一人治天下」的「立國宰物」爲出發點，他說：

　　　　天下之立國宰物尚矣，其畫野分疆之制，自五帝始焉。道德遠覃，

　　四夷從化，即人爲治，不求其欲，斯蓋羈縻而已，寧論封域之廣狹乎！

　〔註120〕

於此，杜佑又認爲：道德教化爲治，是遠比封域廣狹問題來得重要，此不論是對內的治理百姓或對待四境的外族皆然，故他主張言地理應在「撮機要」的原則下，做到「辨區域，徵沿革，知要害，察風俗」等四項基本工作。此不僅有明乎的行政區劃的功能和特色，且在「知要害，察風俗」的情況下，明乎地區性的特點和資源，此實有利戰略區域統合的功能發揮。例如，在杜佑敘述「州」——「郡」——「縣」時，於「州」名下，記載四方里數以及戶口數，此在地廣人眾的中國且在尚未發展成「地球村」的八、九世紀，是有其意義和重要性的，即就今日而言，亦不容忽視。其次，杜佑於每「州」之最後，必有一「風俗」專篇，此部分對了解地方民俗風情的特色有很大的助益，就以上兩點來看，即能見杜佑相當注重國防地理的整體概念。

現再來看最後一門，邊防的「防遏戎敵」係「治國之要道」，旨在熟悉四方鄰國，以爲「前事之元龜，足爲殷鑒者矣」。

　　　　可見實際應戰，是比「紙上談兵」困難得多。

〔註118〕《東坡志林》卷4。

〔註119〕參嚴耕望，《唐代交通圖考》（1），序言（《中央研究院歷史語言研究所專刊之83》，民國74年5月出版），頁1。

〔註120〕見註116。

　　杜佑主張在「強幹弱枝」的政策下，達到「主威張而下安，權不分而法一」的安民保國任務和要求。除前已言及的「不事遠略」外，更堅決反對「窮兵黷武」式的對外族政策，綜觀黷武主義者的下場，「小則天下怨咨，群盜蜂起；大則殞命殄族，遺惡萬代」，故他提出對待外族的一大原則和方針，此即：「來則禦之，去則備之」，因而對於「討伐戎夷，禍患代有」的史例，指出：

　　　　始皇恃百勝之兵威，既平六國，終以事胡為弊。漢武資文景之積蓄，
　　務恢封略，天下危若綴旒。王莽獲元始之全實，志滅匈奴，海內遂至潰叛。
　　隋煬帝承開皇之殷盛，三駕遼佐，萬姓怨苦而亡〔註121〕。

但對後漢光武的「深達理源」，有所節制，則給于讚揚，而其結論是：「持盈知足，豈特治身之本，亦乃治國之要道歟！」

　　綜上而言，杜佑是具有一整體的「國防地理」概念。一切做為與理念，皆以安民保國為要。在軍事政策上，以主張「強幹弱枝」為最高原則，在國防地理上，以統合和利用區域資源為主，在對外族政策上，則以羈縻政策為指導原則。要之，杜佑的主張皆以「經世致用」為出發點，亦以它為回歸點。最後，再以「御製重刻通典序」所言，作為本節的結束：

　　　　觀其分門起例，由食貨以訖邊防，先養而後教，先禮而後刑，設官以
　　治民，安內以馭外，本末次第，具有條理，亦恢恢乎經國之良模矣。

第二節　歷史進步的史學思想

　　有關杜佑在歷史進步思想方面的觀點，已有人做了研究，今本節之作，只是將前面諸說統貫起來，以求脈絡一貫，條理分明而已。又如前文已說，則視本節需要與否，而再加以申述或點出，餘則讀者可自行參看，不再一一贅述。現茲分三方面來看杜佑有關歷史進步的思想〔註122〕。

一、歷史是不斷變革和進步的──
　　「古今既異，形勢亦殊」，不應「非今是古」

〔註121〕《通典》卷185「邊防序」，頁4980。
〔註122〕有關杜佑歷史進步思想方面的文章，可參李之勤，〈杜佑的歷史進化論〉一文，李
　　　　文舉例較多且詳，本文亦多參考（收入吳澤、袁英光主編《中國史學史論文集》（二），
　　　　上海，人民出版社，1980年1月，頁170～190）。

　　杜佑在論述歷代典章制度沿革廢置損益變化的過程，及其所以如此或沿或革、或廢或置、或損或益的道理時，得知這些典章制度所以不斷發生變革的原因，正是因為人類歷史在不斷的變化發展和日趨進步，故有「古今既異，形勢亦殊」之語。另一方面，杜佑亦意識到自身的處境亦在歷史進展的洪流裏，故不是今不如古，而是古不如今。

　　例如，他在論禮儀時說：

　　　　上古人食禽獸之肉，而衣其皮毛，周氏尚文去質，玄衣纁裳，猶用皮為韠，所以制婚禮納徵，用玄纁儷皮，充當時之所服耳。秦漢以降，衣服制度與三代殊，乃不合更以玄纁及皮為禮物也。又有用虎皮豹皮者，王彪之云「取威猛有斑彩」，尤臆說也。人之常情，非今是古，不詳古今之異制，禮數之從宜。……詳觀三代制度，或沿或革不同，皆貴適時，並無虛事。豈今百王之末，畢循往古之儀？〔註123〕

杜佑批評此種「非今是古」，乃是「滯儒常情」，其實是「未達禮從宜及隨時之義」〔註124〕。

　　又他對「古之中華，今之夷狄」的問題，亦抱同樣態度。他說：

　　　　古之人樸質，中華與夷狄同，有祭立尸焉，有以人殉葬焉，有茹毛飲血焉，有巢居穴處焉，有不封不樹焉，有手搏食焉，有同姓婚娶焉，有不諱名焉〔註125〕。

又說：

　　　　人之常情，非今是古，其樸質事少，信固可美；而鄙風弊俗，或亦有之。緬惟古之中華，多類今之夷狄〔註126〕。

由上可知，杜佑從歷史的不斷變革和進步中，歸結出：「古今既異，形勢亦殊」，不應「非今是古」的歷史進步思想的觀點，誠為難得。

　　此外，宋儒朱熹，亦認為《通典》的節要本《理道要訣》「是一箇非古是今之書」〔註127〕，於此亦可窺知杜佑確有「非古是今」的思想傾向。但筆者現在有興趣的問題是：杜佑除於歷史研究中得有此觀念外，是否有受前人思想的影響？筆者今試以劉知幾為例，來加以說明之。

〔註123〕《通典》卷58「禮」18「公侯大夫士婚禮」條，頁1652～1653。
〔註124〕《通典》卷73「禮」34，頁2015；卷86「禮」46「葬儀」條，頁2348。
〔註125〕《通典》卷48「禮」8「立尸義」條，頁1355。
〔註126〕《通典》卷185「邊防」序，頁4979。
〔註127〕（宋）黎靖德編，《朱子語類》（八），（華世出版社，1987年1月台一版），頁3250。

　　劉知幾認爲：世異則事異，事異則備異。對於「必以先王之道持今世之人」，劉氏以爲是「守株之說」而不足采〔註 128〕。此是因「古今有殊，澆淳不等」〔註 129〕，故須「因地而變，隨時而革」〔註 130〕，方能與世推移，日有所進，以上簡述可視爲是劉氏的進步史觀。又劉氏甚富懷疑精神，此可由其「疑古」、「惑經」兩篇爲代表之作。此兩篇與其「歷史的求眞」（historical truth）精神有密切關係，忌無疑問〔註 131〕。要之，在懷疑精神和求眞精神的雙重史學理念要求下，必然會對古史做重新的評估和探討工作，在此暫不論其「求眞」目的是否達到，但有一點是可以肯定的，此即劉氏顯然對上古「黃金之說」，抱持著相當保留的態度，甚至可說極盡「懷疑」和「不信」，故後人對其「工訶古人」的不滿，恐亦與此有直接的關系。行文至此，筆者所欲說明的是：在劉知幾的觀念中，已顯見其具有反傳統的「是古非今」和「今不如古」的思想。此觀念，並不是劉氏一人獨具，而是有其歷史脈絡可尋，如孟子、王充等人即是，因思想觀念，總是在潛移默化中進行，故如說：杜佑此種歷史進步思想受劉知幾的影響，或不無可能。

二、歷史發展的原因不在「冥數素定」，而在「人事」和「形勢」

　　杜佑認爲：歷史發展的動力，在「人事」而不是「天時」；在「形勢驅之」而不是「冥數素定」。於此最明顯的例子，是他回顧安史之亂的由來，他說：

> 　　自天寶之始，邊境多功，寵錫既崇，給用殊廣，出納之職，支計屢空。於是言利之臣繼進，而道行矣。割剝爲務，岐路多端。每歲所入，增數百萬。既而隴右有青海之師，范陽有天門之役，朔方布思之背叛，劍南羅鳳之憑陵，或全軍不返，或連城而陷。先之以師旅，因之以薦饑，凶逆承隙構兵，兩京無藩籬之固，蓋是人事，豈唯天時〔註 132〕。

杜佑於此強調人謀不臧，姦冗漸興，使安史之亂得以乘隙叛亂。然而，他又認爲：此實「事理不得不然」，他說：

> 　　開元二十年以後，……哥舒翰統西方二師，……於是驍將銳士、善馬精金，空於京師，萃於二統。邊陲勢強既如此，朝廷勢弱又如彼，姦人乘

〔註 128〕《史通》卷 8「模擬」篇，頁 221。
〔註 129〕《史通》卷 9「煩省」篇，頁 266。
〔註 130〕《史通》卷 17「雜說中」篇，頁 495。
〔註 131〕參閱沁恆，〈劉知幾的疑古惑經說與歷史的求眞〉（《國際漢學會議論文集》，民國 70 年 10 月 10 日），頁 653。
〔註 132〕《通典》卷 12「食貨」12「論曰」，頁 294。

便，樂禍覬欲，脅之以害，誘之以利。祿山稱兵內侮，未必素蓄凶謀，是

故地逼則勢疑，力侔則亂起，是理不得不然也。……語曰「朝為伊、周、

夕成桀、跖」，形勢驅之而至此矣〔註133〕。

由上可知，杜佑認為：安史之亂乃是當時歷史發展的必然結果。

　　又杜佑在討論封建制和郡縣制的優劣爭論中，對於李百藥的觀點，甚不能同意。因李氏認為：

　　　　自古皇王，君臨宇內，莫不受命上元，飛名帝籙。……祚之長短，必

在天時，政或盛衰，有關人事。宗周卜世三十，卜年七百，雖淪胥之道斯

極，而文武之器猶在，斯則龜鼎運祚，已懸定於杳冥也〔註134〕。

於此李氏雖亦注意到「人事」問題，但杜佑對其「祚之長短，必在天時」，則並不能苟同，故杜佑批評說：「觀李、馬陳諫」，乃稱「冥數素定，不在法度得失，不關政理否臧」〔註135〕，正是反對用所謂「冥數素定」的神祕主義觀點來解釋歷史的現象。

　　於此筆者再以劉知幾為例，以說明此觀點的沿承軌跡。他說：

　　　　夫論成敗者，固當以人事為主，必推命而言，則其理悖矣。……夫推

命而論興滅，委運而忘褒貶，以之垂誡，不其惑乎？〔註136〕

原注：虞世南《帝王略論》曰：永定元年，有會稽人史溥為揚州從事，夢人著朱衣武冠，自天而下，手執金版，有文字。溥看之，有文曰：「陳氏五主，三十四年。」諒知冥數，不獨人事〔註137〕。又劉氏亦有「古今不同，勢使之然」之語。故由上可知，劉氏對於歷史發展的動力不在「冥數素定」，而在「人事」和「形勢」，是有相當明確的看法和主張。

三、正確的處理態度應是採用變革的手段和辦法——
　　「欲行古道，勢莫能遵」，「既弊而思變，乃澤流無竭」

　　做為此部分最佳的兩例說明，一是「欲行古道，勢莫能遵」的封建制。此因「建國利一宗，列郡利萬姓」、「君尊則理安，臣強則亂危」，且「尊君抑臣，列置郡縣，易於臨統，便俗適時」，故「為理之道」實在郡縣制，此因可達到「立制可久，施教

〔註133〕《通典》卷148「兵」序，頁3780～3781。
〔註134〕《唐會要》卷46「封建雜錄上」條，頁824。
〔註135〕《通典》卷31「職官」13「王侯總敘」條，頁850。
〔註136〕《史通》卷16「雜說上」篇，頁462～463。
〔註137〕見上註，頁463。

得宜，君尊臣卑，強榦弱枝，致人庶理，享代長遠」等效果也〔註138〕。

第二例，是被杜佑稱譽爲「適時之令典，拯弊之良圖」的兩稅法。此於前文已有論及，故於此不再贅述。要之，杜佑於許多地方，皆強調應「隨時立制，遇事通變」〔註139〕，「隨時拯弊，因物利用」〔註140〕，「便俗適時」，「詳古今之要，酌時宜可行」〔註141〕，以爲「既弊而思變，乃澤流無竭」〔註142〕。而劉知幾亦說：「取叶隨時不藉稽古」，「變通其理，事在合理」〔註143〕。由上可知，在「通變」和「適時」的兩大原則下，亦可作爲前節所言的「經世致用」主張，提供了理論上的基礎，故此節所言杜佑的歷史進步思想，可與上節參看，如此方能構成杜佑較爲完整的史學思想體係。

〔註138〕《通典》卷31「職官」13「王侯總敘」條，頁849～850；卷74「禮」34，頁2015。

〔註139〕《通典》卷40「職官」22，頁1109。

〔註140〕《通典》卷185「邊防序」，頁4979。

〔註141〕《玉海》卷51《理道要訣》自序，頁1014。

〔註142〕見註132，頁295。

〔註143〕《史通》卷4「稱謂」篇，頁107、109。

第五章　《通典》的影響和局限

　　本章論述的重點有四：第一、《通典》對往後中國史書體裁和史學思想的啓發與影響。第二、《通典》在史料學上的價值和貢獻。第三、《通典》「自注」的史學思想及其對歷史編纂學的發展。第四、《通典》的內容局限和體裁缺失。現就依序分述如下。

第一節　《通典》對往後中國史書體裁和史學思想的啓發與影響

　　梁啓超於《中國歷史研究法》中，曾說：

　　　　細數二千年來史家，其稍有創作之才者，惟六人：一曰太史公，誠史界之造物主也。……二曰杜君卿。……三曰鄭漁仲。……四曰司馬溫公。……五曰袁樞。……六曰黃梨洲。……若夫此六君子以外，（袁樞實不能在此列）則皆所謂公等碌碌，因人成事〔註1〕。

梁氏此說，應是就史書體裁和創作成分來立說的。其中《三通》的作者有兩位，佔了三分之一比例。而做為開創之作的《通典》，其對往後所謂「三通」、「十通」、會要體等史書體裁和史學思想的啓發與影響，已是一般的常識，故筆者所欲言者僅鄭樵《通志》和馬端臨《文獻通考》兩人，餘不贅述。現就首論鄭樵的《通志》。

　　筆者在第三章中曾提到杜佑的《通典》，在史學思想上和編纂特點上，均有「主

〔註1〕梁啓超，《中國歷史研究法》(里仁書局，民國 73 年 10 月 25 日)，頁 7～8。又同書說：「要之自有左丘、司馬遷、班固、荀悅、杜佑、司馬光、袁樞諸人，然後中國始有史：自有劉知幾、鄭樵、章學誠，然後中國始有史學矣。」，頁 69。

會通」的觀念以及具體表現，而此「會通」觀念的具體提出者，即爲《通志》的作者鄭樵。「會通」的觀念和主張，可說是鄭樵整個學術思想體系的核心部分和展開基點。就「會通」本身而言，「會」指的是：學術的綜合，要求做到「同天下之文」；「通」指的是：歷史先後發展之次序，要求做到「貫通爲一家」，而後可達「極古今之變」。但「會通」的邏輯根據是什麼呢？有人認爲是一「類」字〔註2〕。此即他推崇司馬遷的「"書"以類事」的分類方式以及自稱「總天下大學術而條其綱目」的編纂方法。以上簡述「會通」的概念和性質，相信對我們了解鄭樵在歷史編纂學上的主張和意見是有助益的。

鄭樵是主張通史，而反對斷代史的。他認爲：

> 自班固以斷代爲史，無復相因之義。雖有仲尼之聖，亦莫知其損益。

會通之道，自此失矣〔註3〕。

於此會造成「後事不接於前事」，「而昧遷革之源」，「遂成殊俗之政」，故「斷漢爲書，是致周、秦不相因，古今成間隔」，故鄭樵譏之曰：「遷之於固，如龍之於豬，奈何諸史棄遷而用固。劉知幾之徒尊班而抑馬！」，所以，如何在「斷緝」之弊和「繁文」之累的進退兩難之中取得動態平衡點，則是鄭樵關心的重點。

於此鄭樵似有以「博雅」爲通史的輔助之法。他說：「大著述者，必深於博雅，而盡見天下之書，然後無遺恨。」所謂「博」應就史料收集而言，要求采摭完備，以「盡見天下之書」；所謂「雅」應就文章表達而言，先對舊文、俚語等加以筆削，才能達到辭語文雅，最後，則以「必自成一家言」爲終極目的。

另一方面，鄭樵對「開基之人，不免草創」所抱持的態度和作法，是認爲：「全屬繼志之士爲之彌縫」，故他以《春秋》爲例說：「《春秋》得仲尼挽之於前，左氏推之於後，故其書與日月並傳。不然，則一卷事目，安能行於世！」，於此可見，開創惟艱，有待後人繼續努力。要之，鄭樵對「史者，國之大典」，主張「當職之人」應「留意於憲章」。但他認爲修史有難易之別，並指出其原因說：

> 江淹有言：修史之難，無出於志。誠以志者，憲章之所繫，非老於典

故者不能爲也〔註4〕。

〔註2〕侯外廬主編，《中國思想通史》第4卷下冊（北京，人民出版社，1960年），第19章，元代馬端臨進步的史學思想，頁844。又以下引述以鄭樵「通志總序」及馬端臨「文獻通考總序」兩篇爲主，故如非大段引文，則不再一一註明。

〔註3〕鄭樵「通志總序」。章學誠於《文史通義》亦曾指出：鄭樵《通志》、杜佑《通典》、司馬光《資治通鑑》和裴潾《太和通選》等四部著作，是「史部之通，於斯爲極盛也」（見「釋通」篇，頁373）。

〔註4〕同上註。又馬端臨「文獻通考總序」亦曾引述之。

並認為：班固之後諸史，是皆「詳於浮言，略於事實」，而其對《通志》「二十略」，則自謂：

> 臣今總天下之大學術而條其綱目，名之曰「略」。凡二十略，百代之憲章，學者之能事，盡於此矣。其五略，漢、唐諸儒所得而聞，其十五略，漢、唐諸儒所不得而聞也〔註5〕。

而「百代之憲章」是謂禮樂兵刑之屬，係制度史範圍；「學者之能事」包括名物訓詁之極深研幾者，屬學術史範圍，故有人認為：「鄭樵是有意在《通鑑》政治史、《通典》制度史以外，向學術專史和百科全書這一方向發展的」〔註6〕，但是否全如鄭樵所言：「臣之二十略，皆臣自有所得，不用舊史之文」，此筆者寧可采取保留和存疑的態度。要之，五十二卷的「二十略」是二百卷《通志》全書的精華所在，則無疑問，這一部分，亦是「三通」在「體裁」上可以並比之處。現再來看馬端臨的《文獻通考》。

馬端臨亦主張以「會通因仍之道」，來作通史式之史。其方法是以「融會錯綜，原始要終」為原則，此仍是杜、鄭等主會通的一系思想之延續。但在鄭氏主張「類」的概念外，馬氏更進一步提出一個「故」字，此即「變通張弛之故」〔註7〕。此理念可說從太史公《史記》推演來的。此話怎講？他認為：紀傳以述理亂興衰，不相因者也；八書以述典章制度，實相因者也，故在「著述自有體要」的前提下，他又說：「其不相因者，猶有溫公之成書；而其本相因者，顧無其書，獨非後學之所宜究心乎」，由上可知，馬氏似有心取配《通鑑》，以為「有志於經邦稽古者，或可考焉。」

而馬氏在《通典》原有的基礎上，自稱是「旁搜遠紹，門分匯別」以「俱效《通典》之成規」，他說：

> 自天寶以前，則增益其事迹之所未備，離析其門類之所未詳。自天寶以後，至宋嘉定之末，則續而成之。曰經籍，曰帝系，曰封建，曰象緯，曰物異，則《通典》元未有論述，而採摭諸書以成之者也〔註8〕。

至其增析之因，馬氏亦於自序中申明之，他說：

> 有如杜書，綱領宏大，考訂該洽，固無以議為也。然時有古今，述有詳略，則夫節目之間，未為明備；而去取之際，頗欠精審，不無遺憾焉。……

〔註5〕同註3。
〔註6〕蘇淵雷，〈劉知幾、鄭樵、章學誠的史學成就及其異同〉（上、下）（《上海師範大學學報》第4期，1979年，頁80～89；第2期，1980年，頁82～89），第4期，頁86。
〔註7〕見註2，頁846。
〔註8〕馬端臨「文獻通考總序」。

> 王溥作唐及五代會要，……後之編會要者仿之，而唐以前則無其書。凡是
> 二者，蓋歷代之統紀，典章係焉。而杜書亦復不及，則亦未爲集著述之大
> 成也〔註9〕。

馬氏所指《通典》的「缺陷」，應是就體裁和內容兩方面而言，又於此頗能見馬氏有「集著述之大成」之志。此於其自釋《文獻通考》書名時，便可見一般，他說：

> 凡敘述，則本之經史，而參之以歷代會要，以及百家傳記之書，信而
> 有徵者從之，乖異傳疑者不錄，所謂文也。凡論事，則先取當時臣僚之奏
> 疏，次及近代諸儒之評論，以至名流之燕談，稗官之記錄，凡一話一言，
> 可以訂典故之得失，證史傳之是非者，則採而錄之，所謂獻也。其載諸史
> 傳之記錄而可疑，稽諸先儒之論辨而未當者，研精覃思，悠然有得，則竊
> 以己意附其後焉。命其書曰《文獻通考》，爲門二十有四，爲卷三百四十
> 有八。其每門著述之成規，考訂之新意，則各以小序詳之〔註10〕。

由上可見，馬氏對史料的收集範疇、取舍原則、先後次序和編排方式等皆作了說明。此不但在史學方法上，取得了相當的成就，且在內容編纂上，稱其爲「中國中世紀僅見的歷史巨製」，亦似非過誇之詞〔註11〕。

大體而言，由於《三通》作者所處的時代、社會地位互異，故其總結歷史的角度亦各有不同，但三者在類例方法、實學主張、會通思想等方面，有著許多共同之處。又都重實際、講沿革，反對空言義理、反對主觀褒貶；著意擴大研究歷史的視野，從更廣的範圍去考察社會結構；要求「酌古通今」，適應社會的變化等方面，從中唐起，逐漸形成史學發展中一種新的趨勢，表現出異於以往史學的一些新特點，從而亦奠定了《三通》等一系列史書編纂的體裁〔註12〕。

〔註9〕同上註。又《四庫全書總目提要》曾對《三通》做一簡要比較說：「宋鄭樵作《通志》
與馬端臨《文獻通考》，悉以是書爲藍本，然鄭多泛雜無歸，馬或詳略失當，均不及
是書之精核也」。此外，「御製重刻通典序」亦說：「鄭樵主於考訂，故旁及細微；馬
端臨意在精詳，故間出論斷；此書則佑自言徵於人事，將施有政，故簡而有要，核
而不文。」

〔註10〕見註8。

〔註11〕見註2，頁832。

〔註12〕參尹達主編，《中國史學發展史》（上、下）（天山出版社，出版時間不詳），頁 186
及 190～191。又有人說：「馬端臨和杜佑鄭樵的歷史工作都是在歷史轉變時期從個人
所持的角度去總結過去的歷史。杜佑是處在唐中葉，從政典的角度上去總結兩稅制
這一法典施行以前的歷史。鄭樵是處在南宋初年，從人物傳記上，特別是從文獻學
上總結了五代以前的歷史。馬端臨是在宋元之際，從典章經制上，總結了宋末以前
的歷史。他們所持的角度不同，但都要求『通』，這正是歷史家要求理解變革思想反
映。」（見註2，頁850）。

第二節　《通典》在史料學上的價值和貢獻

《通典》包括的史料相當豐富。《四庫全書總目提要》就曾說：

博取《五經》群史及漢魏六朝人文集奏疏之有裨得失者，每事以類相從，凡歷代沿革，悉爲記載，詳而不煩，簡而有要，元元本本，皆爲有用之實學，非徒資記問者可比。考唐以前之掌故者，茲篇其淵海矣〔註13〕。

既然說：「考唐以前之掌故者，茲篇其淵海矣」，那麼就舉數例以明之。

第一例，如孫星衍所輯的《漢官》四種，丁孚《漢儀》一卷，引《通典》三條；蔡質《漢官典職儀式》選用一卷，引《通典》四條；衛宏《漢舊儀》二卷，引《通典》十六條；應劭《漢官儀》二卷，補遺二卷，徵引《通典》最多，凡四十四條。王國維所輯《杜環經行記》，即係全據《通典》所引而成〔註14〕。

第二例，如最不爲人矚目的《禮典》，其中就保留了大量三國六朝人的文章。這些文字，是研究三國六朝社會的重要史料。清人嚴可均纂輯《全上古三代秦漢三國六朝文》一書時，其三國六朝文中，很多篇章或片段就是從《通典》「禮典」中輯錄的〔註15〕。

第三例，如劉知幾大力贊美的宋孝王《關東風俗傳》現已亡佚，《通典》錄有二條，很能說明北齊時的重要情況。九品中正制乃是魏晉南北朝時期的重要政治制度，正史記載很少，《通典》職官州佐中正條，歷引干寶《晉記》、晉令和晉起居注等書，使其制度得以稍爲明白。戶口條記沈約論檢籍事，《梁書》失載，《南史》所記很簡略，《通典》都記載完整，足以說明劉宋以來戶籍之弊和士庶混雜的情況。南齊永明中的和買，《齊書·武帝紀》略有記載，《通典·輕重》詳細列舉各州市買之物和支錢數，可見南朝時和買之風盛行。元懌上表奏事，《北史》不載，而《魏書》此卷已佚，賴《通典》記載得以保存。士族門閥時代俗重禮儀，《通典》有六十五卷記歷代禮儀，可以考見那時的社會風俗和議論〔註16〕。劉節說：六朝以來至於隋代，其間，僑置州郡的情況最繁雜，《通典》對於這一部分的工作做得很好，而且所引《輿地志》（《州郡書》十二），以及大家所知道的《太康地志》等，都是亡佚的書。而其在作《好大王碑考釋》時，發現《通典》中關於高句麗的史料中，有些是南北朝七史所未見的。以上所舉，均可彌補史文之缺〔註17〕。

〔註13〕《四庫全書總目提要》卷81。
〔註14〕陳光崇，〈杜佑在史學上的貢獻〉，頁195。
〔註15〕《通典》「點校前言」，頁4。
〔註16〕陳高華、陳智超等著，《中國古代史料學》（北京出版社，1983年1月），頁160。
〔註17〕劉節，《中國史學史稿》（弘文館出版社，民國75年6月初版），頁159。

　　第四例，又《通典》記事還可用以校正史文。如《魏書》記太和均田令，說「諸桑田不在還受之限」，又云「沒則還田」，二者顯然矛盾。《通典》記同一事，並無「沒則還田」四字，因知它是衍文。《魏書》又記租調云「大率十匹為工調，二匹為調外費，三匹為內外百官俸。此外雜調」，文義也不明白。《通典》記之為大率十匹中五匹為公調，二匹為調外費，三匹為內外百官俸」。此乃說明每十匹調的用處，並非每戶所納的數目。諸如此類，甚有益於史事〔註18〕。

　　又《通典》記載有關唐代史事，約佔了全書的四分之一以上，且大多為第一手資料，具有較高的史料價值。此在第三章第二節，筆者已有略述。今再舉數例以明之。

　　第一例，《通典》所記唐代倉儲、天寶計帳，以及唐代不少格式和臣僚們的奏疏，都是有關唐代的重要資料。「選舉典」的記事，乃是《新唐書‧選舉志》的主要資料來源。「兵制」十五卷中，作者則注意到兵法、計謀和戰例，包括了論述漢、唐間有關軍事組織、訓練和指揮等等有關兵制的基本內容，但它卻記錄並保存了唐初李靖的兵法以及包括不少農民戰爭在內的許多戰例，仍然是非常寶貴的〔註19〕。又如全漢昇先生，在研究唐代政府歲入問題時，就曾因《通典》記載了「歲入中錢幣與實物的比重」數據，方才解決此一問題，於此更見《通典》史料的價值和貢獻〔註20〕。

第三節　《通典》「自注」的史學思想及其對歷史編纂學的發展

　　現在一般所謂的「注」，是指附於書或論文章節之後的注而言，英文稱為Footnotes。這種注屬於作者的自注〔註21〕。其目的在於對本文所提出的問，作更深一層的探討與解釋；並輔助讀者對這個問題的了解與認識。它的功用可歸納為下列幾點：（1）說明文中所引的論證與文獻的來源；（2）對於阻礙本文進展的支節，及使讀者困惑，並減低他們閱讀興趣的技術性討論、煩索的考證、餖飣的解說，都置

〔註18〕見註16，頁160～161。

〔註19〕見註16，頁209。

〔註20〕參全漢昇，〈唐宋政府歲入與貨幣經濟的關係〉（《中央研究院歷史語言研究所集刊》第20本，上冊，民國37年），頁190～191。

〔註21〕此處所謂的自注，與章學誠所謂的自注不同。《文史通義》「史注」篇稱：「太史『自敘』之作，其自注之權輿乎？明述作之本旨，見去取之從來，已似恐後人不知其所云，而特筆以標之。」，頁238。

於注中；（3）對本文引用前人或同時代學者對同一問題所作的討論或結論，予以明確的提示；（4）對於有關的參考資料，作一個綜合的分析〔註22〕。

不過，上述的注，與中國傳統所「注」的本意不盡相同〔註23〕。但自從班固《漢書》在年表十篇及地理、藝文二志中，創爲自注之法，魏晉以下，史注漸行。但自注者少，他注者多。劉知幾對於前史多所發明推挹，獨於史注，不表贊成。他認爲：「大抵撰史加注者，或因人成事，或自我作故，記錄無限，規檢不存，難以成一家之格言，千載之楷則」〔註24〕。杜佑卻與劉知幾不同，在《通典》中特別注意到子注的運用。他的注文，大致可分五類：一、釋音義，二、舉典故，三、補史事，四、明互見，五、考史料。這些子注，不但可以補正文的不足，而且指出了材料的出處，便於稽考，特別是對史料的考辨，表現了杜佑謹嚴的治學精神〔註25〕。

另外，據曾貽芬研究指出：《通典》的注包括兩種情況，一是引用前人有注釋的史籍，即將注釋一併採用；一是徵引前人無注釋的史籍，或是記述唐代史實，則是杜佑作注。後一部分，即杜佑自撰之注，是《通典》自注的主要部分，亦是最能表現杜佑思想和撰述宗旨的部分。現如以此內容爲主，約可分爲下列十二種：（一）解釋詞語；（二）注明時間；（三）標明避諱；（四）申明選材標準；（五）解釋制度；（六）存疑；（七）古今變化；（八）點出制度的起始和源流；（九）考辨史料；（十）補充正文；（十一）說明正文；（十二）附加評論〔註26〕。

《通典》的撰述宗旨是「將施有政，用乂邦家」，故除用序、論、說、議、評、按等形式直接闡述自己意見外，用「自注」的方法，是另一表達思想的方式。此在北魏羊衒之《洛陽伽藍記》等書，已見使用子注形式，自己作注〔註27〕。又如南朝宋裴松之《三國志注》，自敘其注三國志的體例，共分四種：「補闕」、「備異」、「懲妄」、「論辯」。前兩者，屬於材料的補述，後兩者，則是對材料的考證和批評〔註28〕。另外，唐玄宗時李林輔等注的《唐六典》，正文記敘職官編制與任務，注文以職官沿

〔註22〕逯耀東，〈裴松之與三國志注研究〉（收入杜維運、陳錦忠編，《中國史學史論文選集》（三），華世出版社，民國69年3月初版，民國74年2月再版），頁231。

〔註23〕參上註，頁231～232。

〔註24〕《史通》卷5「補注」篇，頁133。

〔註25〕見註14，頁194。

〔註26〕參曾貽芬，「論《通典》自注」（《史學史研究》第3期，1985年），頁1～9。

〔註27〕《史通》卷五「補注」篇：「亦有躬爲史臣，手自刊補，雖志存該博，而才關倫敘，除煩則意有所容，畢載則言有所妨，遂乃定彼榛楛，列爲子注。若蕭大圜《淮海亂離志》，羊衒之《洛陽伽藍記》，宋孝王《關東風俗傳》，王劭《齊志》之類是也。」，頁132。

〔註28〕見註22，頁233～234。

革、補充說明、補充史事等三類爲主〔註29〕。以上這些前例，均可作爲杜佑《通典》「自注」所摹仿和參酌的對象，從而使杜佑「自注」的範疇更加擴大，且在內容上更爲充實和具體。

第四節　《通典》的內容局限和體裁缺失

有關《通典》的內容局限和體裁缺失，馬端臨就曾批評說：

> 有如杜書，綱領宏大，考訂該洽，固無以議爲也。然時有古今，述有詳略，則夫節目之間，未爲明備；而去取之際，頗欠精審，不無遺憾焉。蓋古者因田制賦，賦乃米粟之屬，非可析之於田制之外也。古者任土作貢，貢乃包篚之屬，非可雜之於稅法之中也。乃若敍選舉則秀孝與銓選不分；敍典禮則經文與傳注相洰；敍兵，則盡遺賦調之規，而姑及成敗之迹。諸如此類，寧免小疵。至於天文、五行、藝文，歷代史各有志，而《通典》無述焉〔註30〕。

另外，《四庫全書總目提要》及王鳴盛均有論其闕略之處〔註31〕。現今筆者所使用的《通典》版本，乃根據八種版本點校而成，其中補訂了《通典》的許多錯誤，足資參考。但《通典》最爲後人垢病的，主要有兩項的缺陷，一是「禮典」的繁複，一是「兵典」的破例。關於前者，章學誠曾指出：「蓋其書本官禮之遺，宜其於禮事加詳也」〔註32〕，此說並無很強的說服力，筆者於前章，已從歷史社會的背景和個人心理、職務等因素，加以說明。今筆者於此再補充說明一點：即杜佑於「禮序」之後，列舉「自漢興以來，收而存之，朝有典制可酌而求者」，近二百人。此與其自言：「立言，見志後學」，是有其連帶關係的，又此與筆者所推測杜佑的個人因素，也可連繫起來看。

其次，關於「兵典」破例的問題，亦確實是構成《通典》的缺陷之一。而今人陳光崇先生，就主張：「《通典》中的「兵典」很有可能保存了《政典》中兵事一門的主要內容」，其理由如下：

〔註29〕參張弓，〈《唐六典》的編纂刊行和其他〉(《史學月刊》第 3 期，1983 年)，頁 31～32。

〔註30〕馬端臨「文獻通考總序」。

〔註31〕詳見《四庫全書總目提要》卷 81 及王鳴盛《十七史商榷》卷 90「杜佑作通典」條。又嚴耕望先生，〈論唐代尚書省之職權與地位〉一文亦曾指出，杜佑記載唐代前期的職官有誤 (見氏著，《唐史研究叢論》，新亞研究所出版，頁 60～63)。

〔註32〕《文史通義》卷 1 內篇 1「書教中」，頁 40。

　　第一，劉秩善於談兵，曾於此得到房琯的器重。今《通典‧兵典》言兵法而不言兵制，正是劉秩所長。蘇軾說：「世之言兵者，或取《通典》，《通典》雖杜佑所集，然其源出於劉秩。」北宋去唐不遠，蘇軾的話必有根據，不過現今文獻不足，已無從查考了。第二，今《通典‧兵典》敘事但至武則天時為止，而其他各典敘事均下及玄宗天寶以後，為什麼『兵典』於則天以後事不予補敘，不能不使人懷疑『兵典』是承秩之舊。杜佑以財賦見長，兵事似非所擅。他在淮南以重兵討伐徐州張愔，就遭到了失敗。別的地方也沒見他在軍事上有什麼建樹〔註33〕。

以上之說，或可視為「兵典」破例的原因之一。要之，筆者仍認為：談實際的戰略和戰術，是比作一兵制史，來得切乎實用。此在《新唐書‧兵志》亦有類似的觀點：

　　夫兵豈非重事哉！然其因時制變，以苟利趨便，至於無所不為，而考其法制，雖可用於一時，而不足施於後世者多矣，惟唐立府兵之制，頗有足稱焉〔註34〕。

另外，從《新唐書》始才有專立「兵志」的體例，於此又可見《通典》對往後正史的編纂，亦有一定的啟發作用和影響力。

〔註33〕陳光崇，〈劉秩事輯考〉(《史學史研究》第 2 期，1983 年)，頁 34～35。另外，王樹民，於《史部要籍解題》(里仁書局，民國 72 年 9 月 1 日)中則認為：

　　《新唐書》本傳稱：「佑於出師應變非所長」。按杜佑為淮南節度使時，徐州軍亂，佑奉命討之，前鋒軍敗，遂固境不敢進。或許因此自知其短，故取《孫子》而精讀之，並取歷代史例以闡釋之，後乃編入《通典》中，因而在全書中形成為特殊的寫法。

　　筆者按，杜佑為淮南節度使時，已是德宗貞元年間的事，此時《通典》大體已完成，故是否因「自知其短，故取《孫子》而精讀之，並取歷代史例以闡釋之，後乃編入《通典》中」恐怕成書時間是一個考量的重要因素。

〔註34〕《新唐書》卷 50 志第 40「兵」序，頁 1323。

第六章　結　論

綜上所論，得有以下幾點認知和心得：

第一、筆者從世變與史學之互動關係的角度，分析出八世紀中期的安史之亂（755～763），對杜佑（735～812）《通典》（766～801）的產生有著重大的決定性作用和積極性意義。再加上杜佑個人的性味偏好、嗜學無倦和立言不朽意識等因素，以及杜佑豐富的實際政、經歷練等體驗，綜上諸多原因，均是構成《通典》這部史學名著問世所不可或缺的要素。

其次，作爲安史之亂之回應的杜佑《通典》，有其明顯的撰述宗旨，此即「將施有政，用乂邦家」。試觀《通典》的九大部門，均是杜佑爲經邦濟世而精心選擇的，其間次序的先後安排亦見其用心良苦，是一部經世致用的史學著作，尤其以「食貨」爲首，更加突顯出其務實作風和非凡識見。

第二、對於這樣一部「體大思精」的創作名著，筆者所欲研究的重心有二：一是《通典》的編纂創新；二是杜佑的史學思想。就前者而言，《通典》在中國史學史上，或者更精密來說，在中國歷史編纂學上，可說在編年和紀傳二體的激烈競爭當中，開創出「政書體」而獨幟一格。於此筆者所欲分析的，即杜佑如何開創此一史體的原委。此從政書類和正史書志類的外部體裁結構問題，到內部史學理念的繼承分析，均是筆者的關注所在，尤其，後一部分的問題，更是筆者所著力的焦點，亦是能稍補前人不足之處。此部分，筆者以劉知幾《史通》爲討論中心，試圖從劉、杜二人的史學理念和體裁結構等兩方面的沿革流變，以觀兩人在學術上確實有其淵源和繼承的脈絡可尋。於此，不但可考鏡源流，以利學術辨彰，同時亦能對中國史學的發展和演變，有一較深入與完整的了解。而不足之處，則在未能對劉知幾以前的眾史諸家，做一較長的溯源工作，此限於筆者今日的能力和時間，願往後能有機會繼續爲之。

其次，在編纂創新的問題討論之後，筆者亦對《通典》的編纂特點有所論述。綜合而言，得有四大特點：一、在編纂思想上主會通；二、在編纂形式上立分門；三、在編纂精神上重議論；四、在編纂內容上切近代。要之，《通典》以主會通的編纂思想來貫通古今制度的沿革；以立分門的編纂形式來總括有「功能」所寄的九大部門；以重議論的編纂精神來闡述原委、指陳得失；以切近代的編纂內容來做經世致用的社會服務。以上所言，均是《通典》在歷史編纂學上的特色和價值。此外，相關的具體內容，讀者可自行參看，於此不再贅述。

第三、關於杜佑的史學思想。筆者所欲強調的有兩點：一是經世致用的史學思想；二是歷史進步的史學思想。關於前一部分，杜佑主張有四，一、注重民生經濟，故以食貨為首。杜佑的通變思想和適時觀點，可視為其主張經世致用提供了理論的基礎，而杜佑的「徵諸人事，將施有政」的思想，可說均以「務農安民」為首要出發基點和考量重心，故以「食貨」為首。此置「食貨」為首的思想和方法，不但反映了杜佑對現實問題的時代精神，而且在中國歷史編纂學上，筆者相信此舉亦有其歷史的意義和價值。二、重視官僚體系，故以選才設官為綱。任何制度和政策的推行，必賴官僚體系的合理且有效的運作，方能臻於完善，故杜佑相當注重官吏人才的培訓和養成的基礎性工作，其目的則在為「行教化」做準備以及完成任務。三、致治人文化成，故以禮樂教化為本。強調禮樂教化為本，不論就表面性或經世性而言，甚或有無實效性或致用性來看，多受到中國傳統政治上位者的極力提倡和重視，故在「教化墮」的情況下，才考慮到「用刑法」的強硬手段來補救之。通常而言，「禮治為體，法治為用」是統治者統治的慣常手法，不管其表面提倡和實際作為的差距如何？要之，都構成杜佑經世致用所主張的重要一環。四、安民保國為要，故以國防地理為輔。國防以邊族為主要對象，軍隊是作戰的主要工具，地理則是前兩者的落實交會點，故三者有著互涉的關係。但不論對內的安民或對外的保國，在經世致用的要求下，凡此種種均是構成國家穩定和發展的重要因素。

其次，就歷史進步的史學思想而言。杜佑有其一貫的主張：一、歷史是不斷變革和進步的——「古今既異，形勢亦殊」，不應「非今是古」；二、歷史發展的原因不在「冥數素定」，而在「人事」和「形勢」；三、正確的處理態度應是採用變革的手段和辦法——「欲行古道，勢莫能遵」，「既弊而思變，乃澤流而無竭」。

第四、杜佑《通典》的影響和局限。研究的重點有四：一、《通典》對往後中國史書體裁和史學思想的啟發與影響。於此著重對《三通》之間體裁和思想的關聯問題作一探討。二、《通典》在史料學上的價值和貢獻。三、《通典》「自注」的史學思想及其對歷史編纂學的發展。四、《通典》的內容局限和體裁缺失。此部分所言，

請詳參本文第五章。

　　第五、要之，筆者以爲：杜佑《通典》在中國史學史上，開創政書一體，提供了史書體裁的實用性和選擇的多樣化，此與其具有兩大特色，即博通和致用，是息息相關的，故如欲評論《通典》的最大價值和貢獻所在，必以此兩點爲依歸，方能得其精要。

　　第六、最後，本論文未對《通典》取材部分作一核對工作，此乃因筆者心有餘而力未逮之故，但筆者相信，此一工作對了解《通典》的「體大思精」，必能有更深一層的認識和看法。

參考書目

甲、古　籍

1 ：《史記》《漢書》《後漢書》《三國志》《晉書》《宋書》《南齊書》《梁書》《陳書》
　　《魏書》《周書》《北齊書》《南史》《北史》《隋書》《舊唐書》《新唐書》。
　　（以上正史部分使用鼎文書局影印點校本）

2 ：（唐）尹知章注，（清）戴望校正，《管子校正》（上、下冊），世界書局印行，民
　　國 59 年 10 月 3 版。

3 ：（漢）桓寬撰，王利器校注，王佩諍札記，《鹽鐵論校注札記》，世界書局印行，
　　民國 51 年 11 月初版。

4 ：（唐）劉知幾撰，（清）浦起龍釋，《史通通釋》，里仁書局印行，民國 69 年 9
　　月 20 日。

5 ：（唐）李林甫等注，《大唐六典》，文海出版社印行，民國 63 年 6 月 4 版。

6 ：（唐）杜佑撰，王文錦、王永興、劉俊文、徐庭雲、謝方等點校，《通典》（全五
　　冊），中華書局北京發行所發行，1988 年 12 月。

7 ：（宋）王溥撰，《唐會要》（全三冊），世界書局印行，民國 78 年 4 月 5 版。

8 ：（宋）蘇東坡，《東坡志林》，見景印文淵閣四庫全書，第 863 冊。

9 ：（宋）司馬光等撰，《資治通鑑》，西南書局印行，民國 71 年 9 月 1 日再版。

10：（宋）鄭樵撰，《通志》，新興書局，民國 52 年 10 月新 1 版。

11：（宋）黎靖德編，《朱子語類》，華世出版社，1987 年 1 月臺 1 版。

12：（宋）王應麟撰，《玉海》，華文書局，民國 53 年 1 月出版，民國 56 年 3 月再版。

13：（元）馬端臨撰，《文獻通考》，新興書局，民國 52 年 10 月新 1 版。

14：（清）董誥等撰，《欽定全唐文》，經緯書局，民國 54 年 6 月出版。

15：（清）章學誠著，葉瑛校注，《文史通義》，仰哲書局印行。

16：（清）永瑢等撰，《四庫全書總目提要》，商務印書館，民國 54 年。

17：（清）王鳴盛撰，《十七史商榷》，鼎文書局印行，民國 69 年 9 月初版。

乙、專　書

三　劃

1 ：于宗先等編，《中國經濟發展史論文選集》，臺北：聯經出版事業公司，民國 69 年 4 月初版。

四　劃

1 ：中央研究院近代史研究所編，《近世中國經世思想研討會論文集》，民國 73 年 4 月出版。

2 ：《中國史學史辭典》，明文書局，民國 75 年 6 月初版。

3 ：尹達主編，《中國史學發展史》（上、下冊），臺北：天山出版社，不著年代。

4 ：王樹民著，《史部要籍解題》，臺北：木鐸出版社，民國 72 年 9 月 1 日。

5 ：毛漢光著，《中國中古社會史論》，臺北：聯經出版事業公司，民國 77 年 2 月初版。

五　劃

1 ：白壽彝著，《中國史學史》（第一冊），上海人民出版社，1986 年 8 月。

六　劃

1 ：牟宗三主講、林清臣記錄，《中西哲學之會通十四講》，臺北：學生書局，民國 79 年 3 月初版。

2 ：牟宗三講，《中國文化的省察》，臺北：聯合報社，民國 72 年 11 月初版，民國 77 年 9 月第 5 次印行。

3 ：全漢昇著，《中國經濟史研究》（上），香港，新亞研究所，民國 65 年 3 月出版。

七　劃

1 ：吳澤、袁英光主編，《中國史學史論集》（一）（二），上海：人民出版社，1980 年 1 月。

2 ：岑仲勉，《隋唐史》，出版時地不詳。

3 ：李甲孚著，《中國法制史》，臺北：聯經出版事業公司，民國 77 年 10 月初版。

4 ：李宗侗著，《中國史學史》，臺北：華岡出版有限公司，民國 68 年 12 月新 1 版。

5 ：杜維運、黃進興編，《中國史學史論文選集》（一）（二），臺北：華世出版社，民國 65 年 9 月初版，民國 68 年 10 月 2 版。

6 ：杜維運、陳錦忠編，《中國史學史論文選集》（三），臺北：華世出版社，民國 69 年 3 月出版，民國 74 年 2 月再版。

7 ：余英時著，《歷史與思想》，臺北：聯經出版事業公司，民國 65 年 9 月初版。

八　劃

1 ：林時民著，《劉知幾史通之研究》，臺北：文史哲出版社，民國 76 年 10 月初版。

2：金靜庵撰，《中國史學史》，臺北：鼎文書局，民國74年4月5版。

3：金觀濤、劉青峰，《興盛與危機》，臺北：風雲時代出版公司，民國78年11月初版。

九　劃

1：侯外盧主編，《中國思想通史》（上、下冊），北京，人民出版社，1959年。

2：胡昌智著，《歷史知識與社會變遷》，臺北：聯經出版事業公司，民國77年12月初版。

3：胡昌智譯、Johann Gustav Droysen著，《歷史知識的理論》，臺北：聯經出版事業公司，民國75年6月初版。

4：姚大中著，《中國世界的全盛》，臺北：三民書局印行，民國72年1月初版。

十　劃

1：高國抗，《中國古代史學史概要》，廣東高等教育出版社，1985年8月。

2：徐復觀著，《中國思想史論集》，臺北：臺灣學生書局，民國77年2月8版（臺6版）。

3：徐復觀著，《兩漢思想史》（卷三），臺北：臺灣學生書局，民國68年9月初版，民國78年2月第3次印刷。

4：柴德庚著，《史籍舉要》，北京出版社，1982年9月第1版。

十一劃

1：許冠三著，《劉知幾的實錄史學》，香港：香港中文大學出版社，1983年初版。

2：許凌雲著，《讀史入門》，北京出版社，1989年9月第1版。

3：梁啓超著，《中國歷史研究法》，臺北：里仁書局，民國73年10月25日。

4：陳寅恪著，《陳寅恪先生文集》（一）（二）（三），臺北：里仁書局，民國71年9月15日。

5：陳高華、陳智超等著，《中國古代史料學》，北京出版社，1983年1月第1版。

6：張舜徽著，《史學三書平議》，臺北：弘文館出版社，民國75年9月。

7：堀敏一〔日〕著，《均田制度研究》，臺北：弘文館出版社，民國75年9月初版。

十二劃

1：費孝通著，《鄉土中國》，上海：觀察社，民國37年4月初版，民國37年6月再版，民國37年7月3版。

十三劃

1：葉鴻灑著，《杜佑的事功及政經理論之研究》，臺北：弘道文化事業有限公司，1979年4月15日。

2：雷家驥著，《中古史學觀念史》，臺北：臺灣學生書局，民國79年10月初版。

十四劃

1：趙岡、陳鍾毅著，《中國土地制度史》，臺北：聯經出版事業公司，民國71年4月初版。

2：趙岡、陳鍾毅著，《中國經濟制度史論》，臺北：聯經出版事業公司，民國75年3月初版。

十五劃

1：翦伯贊，《史料與史學》，臺北：木鐸出版社，民國76年1月初版。

2：鄭鶴聲著，《杜佑年譜》，臺灣商務印書館，民國66年7月臺1版。

3：劉岱總主編，《中國文化新論》（思想篇一）（制度篇）（社會篇）（經濟篇），臺北：聯經，民國71年。

4：劉節著，《中國史學史稿》，臺北：弘文館出版社，民國75年6月初版。

十六劃

1：錢穆著，《中國史學名著》（一）（二），臺北：三民書局印行，民國62年2月初版。

2：錢穆著，《國史大綱》（上）（下），臺灣商務印書館，民國29年6月初版，民國63年9月修訂1版，民國74年5月修訂12版。

十七劃

1：鞠清遠著，《唐代財政史》，臺北：食貨出版社有限公司，民國23年10月上海初版，民國76年12月臺灣再版。

十八劃

1：瞿同祖著，《中國法律與社會》，臺北：里仁書局，民國73年9月25日。

2：瞿同祖著，《中國文化與中國的兵》，臺北：里仁書局，民國73年3月1日。

3：瞿林東著，《唐代史學論稿》，北京師範大學出版社，1989年3月第1版。

十九劃

1：譚其驤主編，《中國歷史地圖集》，上海：地圖出版社出版，1982年10月第1版。

二十劃

1：嚴耕望撰，《唐史研究叢稿》，新亞研究所，民國58年10月初版。

2：嚴耕望撰，《唐代交通圖考》（一）（二），民國74年5月、（三），民國74年9月、（四），民國75年1月、（五），民國75年5月，中央研究院歷史語言研究所專刊之八十三。

丙、期　刊

四　劃

1 ：王錦貴，〈試論《通典》的問世及其經世致用思想〉，《北京大學學報》第 4 期，1987 年。

五　劃

1 ：（日）玉井是博，〈《通典》的撰述和流傳〉，《史學史資料》第 3 期，1980 年（曾貽芬譯，原載《支那社會經濟史研究》）。

六　劃

1 ：全漢昇，〈中古自然經濟〉，《中央研究院歷史語言研究所集刊》第 10 本，民國 30 年。

2 ：朱維錚，〈論《三通》〉，《復旦學報》社會科學版，第 5 期，1983 年。

七　劃

1 ：李之勤，〈論杜佑《通典》與劉秩《政典》〉，《西北大學學報》第 3 期，1978 年。

2 ：李之勤，〈《杜佑年譜》不夠完善〉，《人文雜誌》第 2 期，1987 年。

3 ：阮芝生，〈試論司馬遷所說的「通古今之變」〉，收入乙類《中國史學史論文選集》（三）。

4 ：岑仲勉，〈杜佑年譜補正〉，《學原月刊》第 3 卷第 4 期，民國 37 年 8 月。

5 ：余英時，〈史學、史家與時代〉，收入乙類《歷史與思想》。

6 ：李樹桐，〈天寶之亂的本源及其影響〉，國立臺灣師範大學《歷史學報》第 1 期，民國 62 年 1 月。

九　劃

1 ：施丁，〈說〝通〞〉，《史學史研究》第 2 期，1989 年。

2 ：侯家駒，〈司馬遷的自由經濟思想〉（上、下），《臺北市銀》月刊，第 10 卷第 4、5 期，民國 68 年 4 月及 5 月 25 日。

十一劃

1 ：梁方仲，〈十三種《食貨志》介紹〉，收入《梁方仲經濟史論文集》，1989 年 2 月。

2 ：陳光崇，〈劉秩事輯考〉，《史學史研究》第 2 期，1983 年。

3 ：逯耀東，〈裴松之與三國志注研究〉，收入乙類《中國史學史論文選集》（三）。

十二劃

1 ：曾了若，〈杜佑的經濟學說〉，《食貨》第 2 卷第 12 期，1935 年 11 月。

2 ：曾貽芬，〈《通典·食貨典》與正史《食貨志》比較研究」，《史學史研究》第 1 期，1981 年。

3 ：曾貽芬，〈論《通典》自注〉，《史學史研究》第 3 期，1985 年。

4 ：張弓，〈《唐六典》的編纂刊行和其他〉，《史學月刊》第 3 期，1983 年。

5 ：張榮芳，〈從《通典》看杜佑的史學〉，《史原》第 9 期，1979 年 12 月。

6 ：陶懋炳，〈杜佑和《通典》〉，《史學史資料》第 3 期，1980 年。

十三劃

1 ：葛兆光，〈杜佑與中唐史學〉，《史學史研究》第 1 期，1981 年。

2 ：雷家驥，〈漢唐之間二體論與古今正史之爭〉，《東吳文史學報》第 5 期，民國 75 年 8 月。

3 ：楊遠，〈唐代的人口〉，香港中文大學《中國文化研究所學報》第 10 卷第 2 期，1979 年。

4 ：葉鴻灑，〈杜佑《通典》中民本思想的分析〉，《中國歷史學會史學集刊》第 12 期，1980 年 5 月。

十五劃

1 ：閻沁恆，〈劉知幾的疑古惑經說與歷史的求真〉，《國際漢學會議論文集》，民國 70 年 10 月 10 日。

2 ：黎子耀，〈魏晉南北朝時期的歷史編纂〉，《杭州大學學報》第 11 卷第 1 期，1981 年 3 月。

十六劃

1 ：盧建榮，〈唐代財經專家之分析——兼論唐代士大夫的階級意識與理財觀念〉，《中央研究院歷史語言研究所集刊》第 54 本，第 4 分，民國 72 年 12 月。

2 ：錢穆，〈略論魏晉南北朝學術文化與當時門第之關係〉，《新亞學報》第 5 卷第 2 期，1963 年。

十八劃

1 ：瞿林東，〈論《通典》的方法和旨趣〉，《歷史研究》第 5 期，1984 年。

2 ：瞿林東，〈論《通典》在歷史編纂上的創新〉，《中國史研究》第 1 期，1985 年。

3 ：瞿林東，〈中唐史學發展的幾種趨勢〉，《史學月刊》第 1 期，1987 年。

二十劃

1 ：蘇淵雷，〈劉知幾、鄭樵、章學誠的史學成就及異同〉（上、下），《上海師範大學學報》第 4 期，1979 年；第 2 期，1980 年。

丁、外　文

1 ：Arthur F. Wright, *The Confucian Persuasion, Stanford University Press*. Stanford, California. 1960.

2 ：Etienne Balazs, *Chinese Civilization and Bureaucracy, Yale University Press*. 1964.

3 ：内藤虎次郎，《内藤湖南全集》（第六卷），筑摩書房，昭和 47 年 11 月 30 日發行。